ÉL/ELLA/ELLE

ÉL ELLA

Schuyler Bailar (él)

Cómo hablamos de género y por qué es importante

TENDENCIAS

Argentina – Chile – Colombia – España
Estados Unidos – México – Perú – Uruguay

Título original: *He/She/They: How We Talk About Gender and Why It Matters*
Editor original: Hachette Book Group, Inc.
Traducción: Carla Bataller Estruch

1.ª edición: junio 2024

Nota: Se han cambiado algunos nombres y detalles identificativos de personas relacionadas con los acontecimientos que se describen en este libro.

Reservados todos los derechos. Queda rigurosamente prohibida, sin la autorización escrita de los titulares del *copyright*, bajo las sanciones establecidas en las leyes, la reproducción parcial o total de esta obra por cualquier medio o procedimiento, incluidos la reprografía y el tratamiento informático, así como la distribución de ejemplares mediante alquiler o préstamo públicos.

Copyright © 2023 *by* Schuyler Bailar
All Rights Reserved
© de la traducción 2024 *by* Carla Bataller Estruch
© 2024 *by* Urano World Spain, S.A.U.
Plaza de los Reyes Magos, 8, piso 1.º C y D – 28007 Madrid
www.reinventarelmundo.com

ISBN: 978-84-92917-26-6
E-ISBN: 978-84-10159-39-6
Depósito legal: M-9.889-2024

Fotocomposición: Urano World Spain, S.A.U.
Impreso por: Rodesa, S.A. – Polígono Industrial San Miguel
Parcelas E7-E8 – 31132 Villatuerta (Navarra)

Impreso en España – *Printed in Spain*

Índice

Nota del autor 9

Introducción. Soy quien soy 11

PARTE I
EL GÉNERO Y YO

1. Encontrar las palabras adecuadas: terminología 23

2. El sexo biológico: ¡más complicado que en el colegio!.... 39

3. ¿Qué es el género? 49

4. ¿Cirugía? ¿Hormonas? ¿Cortes de pelo? 75

5. Los pronombres y por qué son tan importantes 94

6. ¿Cómo sabe alguien que es trans?.................. 112

7. Disforia de género: ser trans no es una
   enfermedad mental 119

PARTE II
EL GÉNERO Y LES DEMÁS

8. Salir del armario... o invitar a alguien dentro.......... 133

9. ¿Así que no crees que seas una persona tránsfoba? 153

10. Qué no decirle a una persona trans 172

PARTE III
EL GÉNERO Y LA SOCIEDAD

11. Lo que les niñes nos enseñan sobre el género 195

12. Atención sanitaria de afirmación de género 202

13. Lo que he aprendido sobre ser trans... ¡de niñes! 225

14. Mear en paz: la gente trans y los baños............... 232

15. Ligar siendo trans 241

16. «Me has mentido»: revelar que eres trans 250

17. Les deportistas trans y los deportes................... 258

18. La masculinidad tóxica desde la perspectiva de un hombre
trans 293

19. Trans, coreano, birracial, atleta: ¡cómo es la
interseccionalidad!.............................. 324

20. La transfobia interiorizada y su antídoto:
la alegría trans radical........................... 343

PARTE IV
EL GÉNERO Y TÚ

21. Ser aliade................................... 359

22. El amor trasciende............................ 390

23. Al embarcarte en este viaje, llévame contigo........... 397

Glosario 399

Apéndice. Guía rápida sobre terminología trans............. 407

Agradecimientos 409

Biografías de las personas entrevistadas 413

Bibliografía y notas 415

Nota del autor

En la creación de este libro he consultado con líderes comunitaries y expertes; he llevado a cabo entrevistas extensas con miembros de la comunidad; he integrado los conocimientos adquiridos en la década que he pasado interactuando con miles de personas trans, los años que he proporcionado orientación vital a miles de clientes trans y a sus familias y los que llevo organizando grupos de apoyo trans y queer. He aprovechado los años de investigación académica y mi trabajo actual en cuatro laboratorios con la finalidad de documentar la exhaustiva investigación necesaria para respaldar mis argumentos en este texto. Finalmente, conté con un puñado de lectores que realizaron una lectura de sensibilidad.

Aun así, es difícil alcanzar un consenso, sobre todo en cuestiones terminológicas, ya que muchos de estos temas cambian a mayor velocidad de la que yo puedo editar. Te animo a leer este libro como forma de invitación y de guía, siempre y cuando reconozcas la naturaleza dinámica de esta obra.

Yo *siempre* estoy aprendiendo y espero que tú también lo hagas.

• • •

Cada vez que menciono por primera vez a una persona incluyo sus pronombres. Cuando ha sido posible, los he comprobado preguntando directamente a la persona en cuestión. Si no, los pronombres se consiguieron a partir de su biografía, redes sociales o una investigación sobre ella. Cualquier error es mío.

Introducción

Soy quien soy

Salimos de uno en uno, en orden alfabético. Mi apellido comienza por la letra be, así que soy el primero. Noto que el corazón me late en los oídos, que el gorro de silicona mantiene el sonido dentro. Una pequeña cámara de eco.

—Desde Washington D. C. llega Schuyler Bailar, estudiante de primer año —brama el anunciador.

Sé que todo el mundo me está mirando. Sé que he hecho esto mil veces. Pero en esta ocasión es diferente.

Debajo del chándal carmesí ya no está el traje de baño que suelen llevar las mujeres, sino que luzco un minúsculo bañador de hombre. Ahora estoy en el equipo masculino.

Se han publicado cientos de artículos sobre mi cambio del equipo femenino al masculino. «Nadador transgénero», escriben. Algunos me atacan por mi historia, dicen que nunca seré un hombre de verdad. Otros dicen que mi historia con un trastorno alimentario solo significa que soy una «mujer ingenua con inseguridades corporales». Muchos afirman que me resultará imposible mantener el ritmo, ni mucho menos vencer a otros hombres. «De mujer preciosa y competitiva a hombre feo y mediocre», escribió un comentador en un perfil nacional sobre mí.

Mientras espero en el borde de la piscina a que el resto de mis compañeros de equipo se unan a mí vuelvo a tener quince años, llevo un traje de baño de mujer y estoy detrás de los tacos de salida con tres chicas de mi relevo. Recuerdo la confianza, la sensación de saber que podía hacer justo lo que me había propuesto. Recuerdo la emoción de la piscina al quedarse en silencio mientras me llevaba la mano al corazón (el ritual antes del encuentro) y extendía los dedos y el pulgar sobre el tirante del traje encima el hombro. Había hecho eso mismo al inicio de cada encuentro durante el himno nacional. Recuerdo mirar hacia la piscina cuando la música terminaba y respirar hondo para imaginarme la última brazada de la carrera.

Ahora respiro hondo y miro la piscina como nadador universitario de primera división. Todo es muy distinto. Nunca me he situado junto a estos otros treinta y ocho universitarios. Estoy en una piscina en la que nunca he competido. Y parece que todas las miradas están fijas en mí. Pero, como siempre, el agua se asemeja a un precioso cristal azul y suelto un suspiro de alivio.

Es diferente, pero también es como siempre. La misma piscina de veinticinco yardas. La misma carrera estilo braza de cien yardas. La misma braza que he hecho desde que tengo uso de razón. El mismo eco con el que cuesta oír. El mismo aire clorado que hace toser a todo el mundo. El mismo «A vuestros puestos… ¡piii!» antes de lanzarnos desde los tacos de salida. Todo es como siempre.

Cuando el equipo completo se ha reunido en el borde del agua, la piscina se queda en silencio. Llevamos ropa idéntica y la expectativa me baila en la punta de los dedos. Cuando estoy así de nervioso, lo más nervioso que me pongo, me imagino que la sangre me corre por las venas como rápidos de agua blanca.

Cuando suena el himno nacional, «The Star-Spangled Banner», comienzo de forma instintiva mi ritual previo para todas las competiciones. Pero en esta ocasión los dedos que buscan el tirante no encuentran nada.

Es en este momento cuando me doy cuenta de que, aunque todo sea como siempre, también es nuevo. Por primera vez en mi vida voy a competir como yo mismo, sin soportar la carga de ser quien todo el mundo me decía que tenía que ser, de ser quien todo el mundo me decía que era, de ser quien yo creía que debía ser.

Hoy soy quien soy, sin más. Soy Schuyler.

Se me llenan los ojos de lágrimas. Han sido más de diecinueve años de tropezones para llegar hasta aquí. Hace tan solo unos meses estaba listo para dejar la natación. Hace un año estaba listo para dejar el mundo y la vida. Pero hoy voy con la cabeza bien alta: soy un orgulloso nadador coreano-estadounidense queer y trans en el equipo de natación masculino de Harvard, el primer atleta abiertamente transgénero que compite en cualquier equipo masculino de primera división en la NCAA*.

Aunque, claro, sobrevivir a mi primera competición (y no quedar último) no significó que todo fuera fácil a partir de entonces. Mis compañeros de equipo tardarían lo que quedaba de curso en usar mi género correcto de forma consistente. Yo tardaría casi tres años en sentirme cómodo con ellos. Y todos los años que han pasado desde que salí del armario siguen sin ser suficientes para borrar todo el odio y la discriminación hacia las personas trans, sobre todo en el deporte.

En los siguientes cuatro años no solo me convertí en el primer (y, en esa época, único) atleta trans en haber competido en el equipo que se corresponde con su identidad de género durante cuatro temporadas universitarias, sino que también me convertí en un orador respetado en temas de inclusión trans.

Al empezar no sabía a dónde me llevaría este viaje. El primer discurso que di fue en mi propio instituto. La noche anterior me quedé despierto hasta las dos o las tres de la madrugada para intentar escribir el discurso. Decenas de borradores en la papelera y no tenía ni idea de lo que quería la gente de mí. *¿Qué les digo? ¿Qué quieren aprender de mí?* Ese discurso fue mejor recibido de lo que había esperado. Algunos estudiantes incluso dijeron que fue la mejor asamblea escolar a la que habían asistido. Se corrió la voz y un discurso llevó a otro. En el segundo año de la carrera, dedicaba la mayor parte de mi tiempo libre a dar discursos. Para cuando me gradué, conté que había dado ciento dos discursos.

---

* Siglas en inglés para la Asociación Nacional de Deportes Universitarios. *(N. de le T.)*

A pesar de que la gente me aseguraba con asiduidad que lo que tenía que decir era valioso para otras personas, a menudo me desconcertaba que quisieran escucharme. Solo era un universitario con ganas de nadar. Cuando los medios de comunicación me llamaban «defensor» o «activista», solía decirles que no lo era. «Creéis que soy activista solo porque soy un nadador trans y hablo sobre ello», les insistía.

Antes de cada discurso, me planteaba lo siguiente: *¿Por qué han venido? ¿Por qué les importa esto?* La respuesta solo era obvia a veces, cuando me dirigía a un grupo de nadadores o de personas trans como yo, cuando eran camaradas. Pero la mayor parte del tiempo hablaba a gente con la que no tenía casi nada en común, o eso creía. Intentaba imaginar la perspectiva del público: estudiantes, entrenadores, personal de administración, profesores, profesionales de la salud mental y de la medicina o el personal de un banco... *¿Cómo puedo conectar con esta gente?* Porque, al final, la incapacidad para conectar con alguien es lo que genera odio y discriminación. Establecer conexiones es la esencia de nuestra humanidad.

En un pequeño colegio al norte de Vermont di un discurso a una sala llena de estudiantes deportistas. Era un evento estándar. Compartí mi historia y proporcioné información sobre temas trans antes de abrir el turno de preguntas. Después, un grupo de estudiantes formó una fila para hablar conmigo.

Un hombre joven se me acercó y me explicó que estaba en el equipo de lucha libre. Dijo:

—¿Sabes qué? Antes de venir hoy a conocerte... —Se calló. Asentí y aguardé con paciencia—. Antes de conocerte me ponía nervioso con gente... gente como tú. La mejor amiga de mi novia es bisexual y eso me incomodaba. No soy homófobo ni nada de eso, pero no quería quedar con ella. —Tenía la mirada fija en el suelo, aunque, al admitir aquello me miró. No dije nada, aún no. No sabía a dónde quería ir a parar—. Pero ahora te he conocido. ¡Y eres igual que yo! Los dos somos... deportistas. Dos chicos sin más. —Me miró directamente a los ojos—. Ahora ya lo entiendo.

Esbocé una sonrisa, aliviado.

En otro discurso en un instituto de Pittsburgh el público estaba compuesto sobre todo por estudiantes que pertenecían a las Alianzas de Género y Sexualidad en sus escuelas públicas, con la excepción de algunes deportistas. Al final, dos futbolistas subieron junto con les responsables de las alianzas al escenario para darme un pequeño regalo. Uno preguntó si podía hablarle al público. Accedí con cierto nerviosismo, porque no sabía lo que iba a decir.

—Mirad, antes de entrar, me sentía incómodo —dijo al micrófono—. En plan: es que no puedo hacerlo, no puedo hablar, solo quiero sentarme en un rincón y pasar desapercibido. Pero al entrar he visto que el ambiente era muy acogedor y me he quedado con cara de ¡eh, que puedo hacerlo! ¡No es nada diferente! Y es que todos somos iguales. —Se giró hacia mí y prosiguió—: Y por eso quiero darte las gracias a ti por abrirme los ojos a un futuro más brillante. —El aplauso del público casi ahogó su voz cuando concluyó—: Así es la realidad. Así es la vida.

Casi me eché a llorar. En serio, tuve que esforzarme mucho para no ponerme a sollozar en el escenario. Y aunque este sigue siendo uno de los momentos más conmovedores que he vivido durante un discurso, ese acto de empatía inesperada no ha sido el único que he presenciado en mi carrera. Momentos como este ocurren una y otra y otra vez, cuando algunas personas piensan que se sentirán incómodas conmigo, una persona trans, pero entonces me conocen y descubren que soy alguien que solo intenta vivir su vida, igual que ellas. Estos momentos son un recordatorio contundente del poder de la empatía y de la humanidad compartida, de que hay mucho más amor del que podemos imaginar, tanto para gente queer y trans como, en realidad, para cualquier persona.

A veces este amor llega en forma de esperanza. Tras un discurso en Carolina del Norte pasé casi una hora hablando con la gente que se quedó y formó una fila que iba desde el escenario hasta la entrada del enorme auditorio. La última persona fue un individuo de estatura baja con el pelo rizado que llevaba un suéter holgado y pantalones vaqueros. Lucía una chapa con el pronombre «él» escrito a mano que seguramente se habría hecho él mismo. Se echó a llorar nada más mirarme a los ojos.

—Esto... —intentó decir, pero se le trabó la voz de nuevo y miró hacia el suelo.

—Tómate tu tiempo —dije con toda la amabilidad que pude. Respiró hondo.

—He conducido seis horas para venir aquí —confesó, limpiándose los ojos.

—Guau —contesté, sorprendido de verdad—. Muchas gracias por venir. Me siento honrado de que hayas viajado desde tan lejos. Espero que tengas un sitio donde pasar la noche, ¡que se ha hecho tarde!

Sonreí para ofrecer un poco de dulzura. El chico se rio y señaló detrás de él. Una persona nos estaba observando a unos veinte pasos de distancia y saludó con la mano cuando la miramos.

—Me ha acompañado mi amiga. Me quedaré con ella —me aseguró—. Tú fuiste la primera persona trans que encontré por Internet... Es que yo también soy trans —compartió; las palabras casi le salieron a trompicones—. Pasé mucho tiempo sin querer vivir. No veía a personas trans adultas... ya sabes, viviendo su vida. Y al verte, al leer tu historia... —Sentí que se me tensaba el pecho mientras lo escuchaba. Yo también intenté contener las lágrimas—. Eso me salvó la vida —dijo tras respirar con dificultad—. Me salvaste la vida. Y quería que lo supieras.

El amor, y compartir amor en forma de esperanza, es algo increíblemente poderoso. Incluso salva vidas. Cada vez que alguien comparte experiencias como esta acabo conteniendo las emociones que amenazan con romperme el cuerpo entero. Sollozos que no sé si podré frenar si los dejo escapar sin control. La experiencia es, sin duda alguna, optimista y muy significativa, porque alguien ha elegido vivir gracias a mí, pero el dolor llena todos los espacios intermedios.

Este es el dolor de vivir en un mundo donde les niñes trans quieren suicidarse y lo hacen. Este es el dolor de ver que muches niñes trans no pueden imaginar un futuro propio ni la capacidad de prosperar y superar los estereotipos del trauma trans. Este es el dolor de ser la primera persona trans, y a veces la única, que mucha gente ha conocido y con la que se ha sentido cercana. Este es el dolor que espero convertir en amor con este libro.

• • •

En 2020 y 2021 se introdujo un número récord de legislaciones antitrans en gobiernos estatales por todo Estados Unidos. La mayoría de estos proyectos de ley se centraban en dos temas: el primero, prohibir a les atletas trans que compitieran en equipos deportivos acordes con su identidad de género; y el segundo, prohibir a les niñes que accedieran a la sanidad de afirmación de género que podría salvarles la vida. Algunos estados también introdujeron proyectos de ley que obligaban al profesorado a sacar del armario a sus alumnes trans, otros prohibían el contenido educativo LGBTQ+ en colegios y otros impedían que el alumnado usara el baño que se ajustara a su identidad de género.

Los dos años posteriores, 2022 y 2023, han sido peores. Con cada revisión que hago de este libro, las prohibiciones legislativas crecen en número y en gravedad. Incluir un resumen completo de cada ámbito atacado era simplemente imposible. Para cuando llegó la última etapa de corrección se habían introducido más de 491 leyes antitrans en cuarenta estados, y eso solo en 2023.[1,2] Las prohibiciones para acceder a la asistencia sanitaria de afirmación de género se han ampliado para incluir a las personas adultas, además de a menores; también existen incontables proyectos de ley que intentan criminalizar la presencia de personas trans o de género diverso en espacios públicos y otros ponen en peligro la legalidad de las actuaciones drag.

La retórica antitrans y la violencia antitrans han alcanzado un máximo histórico, fomentadas por los medios de comunicación y les polítiques que demonizan a la gente trans y la transexualidad.* Cada año ha sido más brutal que el anterior; 2020 y 2021 se han convertido en los años registrados más letales por la violencia antitrans. Aunque la retórica antitrans afirma que la legislación contra las personas trans existe para «proteger a los niños» o «proteger a las mujeres», la transfobia ha aumentado de un modo tan descarado y ostentoso que ya se ha quitado ese disfraz de presunta protección.

En 2023, Michael Knowles (él), comentador del *Daily Wire*, lo dijo alto y claro: «El transgenerismo [sic] debe ser erradicado de la vida pública por completo, hay que erradicar toda esa ideología ridícula. En todos los niveles».

Tras graduarme en la universidad, hice una gira para dar discursos. Fueron unas cuantas semanas bastante ajetreadas: di cuarenta y tres conferencias a lo largo de treinta y nueve días en veintiséis ciudades por todo Estados Unidos. Y la mayoría de estos eventos se celebraron en ciudades republicanas y en estados republicanos. Quería concienciar sobre cuestiones trans en aquellos sitios donde no se pudiera acceder a estos conocimientos. Aunque me emocionaba conocer a gente nueva y continuar con esta labor, también estaba muy nervioso. Durante gran parte de mi vida he vivido en ciudades muy liberales: Washington D. C., Nueva York, Seattle y Boston. Viajar a zonas apartadas y rurales en Kansas, Illinois o al oeste de Pensilvania me abrumaba. No sabía si podría conectar con otras personas en esos entornos tan desconocidos.

---

* En algunos países hispanohablantes como España, «transexualidad» es considerado un término apropiado para referirse a la identidad trans. Sin embargo, en muchos otros, no es tan utilizada e incluso puede tener una connotación negativa. De forma similar al uso de *transexual*, o *transsexualism* en inglés, el uso de «transexualidad» puede patologizar la identidad trans. Ten cuidado con el uso de esta palabra, y asegúrate siempre de emplear el mismo lenguaje que la persona que tienes delante. Puedes utilizar «ser trans», «identidad trans» o «experiencia trans» en su lugar.

En uno de estos discursos estaba con un grupo de deportistas y miembros de la comunidad en la universidad de una pequeña ciudad de Kansas. Cuando llegó la ronda de preguntas, una mujer mayor ataviada con un chal púrpura preguntó:

—¿Qué podemos... eh...? ¿Qué podemos hacer las personas como yo...? —Dudó, claramente nerviosa—. No conozco las palabras adecuadas y no... no quiero equivocarme.

—No pasa nada —la animé—. Lo trabajaremos juntes.

—Vale. —La mujer respiró hondo—. ¿Qué puede hacer la gente como yo para ayudar a... eh... a gente... gente como tú? —dijo al fin. Sonreí.

—Esa es una pregunta maravillosa —contesté—. Lo que estás preguntando es cómo ser una buena *aliada*, una persona que no es ni gay, ni lesbiana, ni trans. Es decir, que no es LGBTQ+, pero que nos apoya y quiere ayudar.

La mujer sonrió con ganas y, antes de que pudiera seguir con mi respuesta, me interrumpió:

—Muchas gracias. Ay, qué maravilla, me has dado una nueva palabra. ¡Aliada! Quiero ser una *aliada*.

Por la mujer de púrpura, y por muchísima gente como ella, es precisamente por lo que creo con firmeza que la mayoría de las personas son buenas. Algunas necesitan tan solo un poco de ayuda para encontrar las palabras adecuadas, sean trans o no. Encontrar las palabras adecuadas no es ninguna panacea para la discriminación horrible, y a menudo violenta, a la que se enfrentan las personas trans, pero sí es un paso en la dirección correcta, el primer paso para establecer una conexión. Así que, tanto si eres trans, igual que yo, como si no, espero que este libro te ayude, en primer lugar, a encontrar formas de conectar contigo misme y luego con más personas.

A fin de cuentas, esas conexiones son la esencia de nuestra humanidad.

PARTE I

EL GÉNERO Y YO

1

Encontrar las palabras adecuadas: terminología

Me llamo Schuyler Bailar. Hay cuatro personas en mi familia, mi hermano, mi madre, mi padre y yo. Mi padre es de Florida. Mi madre es de Corea. Mi madre se llama Terry. Mi padre se llama Gregor. El último es el pesado de mi hermano pequeño que se llama Jinwon. Tengo una mascota. Es un loro. Se llama Chico. Soy poco femenina. Llevo el pelo corto. Voy a un colegio muy multirracial. Se llama Georgetown Day School. Es genial. Tengo muchos amigos. La mayoría son chicos.

Este es el primer párrafo de una redacción que escribí en el último curso de primaria, titulada «Todo sobre mí». En secundaria, me parecía imprescindible que toda persona nueva que conociera supiera que era poco femenina. Era una de las primeras cosas que compartía sobre mí.

Tenían que saber que no era la chica que todo el mundo esperaba que fuera.

—Mi madre dice que ya se nos pasará cuando crezcamos —me contó Alisha Gregg (ella). Estábamos en fila junto a la puerta, esperando a que el profesor nos llevara a la siguiente aula—. Cuando estemos en el instituto, seremos más como las chicas.

Se me cayó el alma a los pies. *Yo no quiero crecer para ser como las otras chicas*, pensé. La idea de convertirme en mujer me aterrorizaba. *Siempre seré yo. Justo así.*

—Bueno, pues *a mí* no se me va a pasar —espeté con enfado.
Alisha no respondió porque teníamos que salir y no podíamos hablar en el pasillo.

Ese momento se reprodujo en mi mente una y otra vez durante meses. *A lo mejor se les pasa a otras chicas, pero a mí no.* En esa época formaba parte de un grupo de chicas que se declaraban poco femeninas u otras personas las consideraban así. Aunque a menudo nos metían en el mismo saco, a mí no me importaba que me relacionaran con ellas. Sabía que mi falta de feminidad era diferente a la de ellas. Y ellas también lo sabían.

Han pasado años y sigo siendo amigo de una de esas chicas. Tras decirle que era trans, reflexionó sobre nuestros años en secundaria. «Vale que ninguna fuera femenina, pero tú no eras como nosotras. Sabíamos que eras diferente».

Cuando al fin descubrí la palabra «transgénero» deseé haberla tenido de más joven. *Esa* era la palabra que había estado buscando. Ese era el permiso que nunca me habían dado en mi infancia para decir: «¡Soy un chico en realidad!».

Solo esa palabra, transgénero, me ha aportado mucha libertad y esperanza. Mucha vida y paz. El lenguaje nunca definirá a una persona por completo o con una precisión perfecta, porque, al fin y al cabo, solo son palabras. Pero un lenguaje que nos permita describir nuestras identidades, no solo para otras personas, sino también para nosotres mismes, puede salvar vidas.

También he aprendido que no era el único que ignoraba el significado de esta palabra. Al final de cada discurso presento seis palabras, y la primera es «transgénero». Pido a un miembro del público que la defina, pero pocas veces son capaces. Si no podemos definir esta palabra, ¿cómo vamos a mantener conversaciones difíciles acerca de temas complejos sobre las identidades trans y nuestro lugar en la sociedad?

Exacto: no podemos.

Al igual que he encontrado las palabras que mejor me describen, también he aprendido que el lenguaje es una de las formas más básicas e importantes que tenemos para mostrarnos respeto, a nosotres mismes y a otras personas, y para intercambiar historias con identidades que quizás no compartamos.

Y por eso comenzamos este libro hablando de lenguaje, para que tengas mejores palabras con las que describirte a ti misme, así como a otras personas.

TRANSGÉNERO

Cada vez que le pido a una persona adulta del público que defina «transgénero», suelo recibir una variación de las siguientes respuestas incorrectas:

> «Es cuando naciste hombre o mujer pero eres lo contrario».
> «Es cuando te cambias el género».

Siempre doy las gracias a todas las personas que se ofrecen voluntarias para responder y luego les ofrezco unas cuantas sugerencias lingüísticas.

«Transgénero» es un adjetivo que describe a aquellas personas cuya identidad de género difiere del género que les asignaron al nacer. A mí me asignaron el género femenino al nacer y mi género es masculino. De ahí que sea transgénero.

Quizás te estés preguntando qué significa «género asignado al nacer». En general, cuando nace une bebé, se presupone su género (y luego se le asigna en el certificado de nacimiento) a partir de los genitales externos. En palabras más sencillas: si le bebé tiene un pene, o algo parecido a un pene, entonces se le asignará el género masculino; si le bebé tiene un clítoris, o algo parecido a un clítoris, se le asignará el género femenino. Si le bebé tiene genitales ambiguos (lo que se suele considerar «intersex»), pueden someterle a una cirugía genital sin su consentimiento para «arreglarle» los genitales a partir de las suposiciones del personal médico. Hablaré más tarde sobre las personas intersex. En resumidas cuentas, el género se suele asignar a partir de la apariencia de los genitales externos.

La idea de que una persona pueda ser «del género contrario» implica que solo hay dos géneros. Esto es incorrecto, ya que el género es más complicado que el binomio entre hombre y mujer o macho y hembra. Hay personas trans que no se identifican ni como hombre ni como mujer y que, por tanto, no encajan en estas etiquetas.

La segunda respuesta seguramente sea el error más habitual y entiendo el motivo. La gente me suele describir con cosas como: «Schuyler era mujer y ahora es hombre». Esto no es acertado, y la mayoría de las personas trans que conozco coincidirán con mi valoración: las personas trans no «cambian» de género, sino que más bien lo afirman.

Por este motivo, ya no uso la sigla FTM, que significa «female to male»* y que empleé en los primeros meses tras salir del armario. A medida que avanzaba en mi transición, pronto me di cuenta de que FTM no acababa de encajar conmigo, ya que implicaba que fui mujer en algún punto y que me estaba convirtiendo en hombre. En realidad, nunca me he sentido mujer, pero no siempre he podido describir mi género como lo que es: masculino. El lenguaje evolucionó para mí. En vez de FTM, ahora digo que soy un hombre trans. Si necesito aclarar algo más, explico que me asignaron el género femenino al nacer, que es diferente a *ser* mujer cuando naces.

Del mismo modo, al comienzo de mi transición la gente me decía que había «nacido en el cuerpo equivocado». Sabía que mi cuerpo no encajaba bien conmigo, con lo que consideré que era cierto. Pero, a medida que descubría más cosas sobre mí mismo y mi cuerpo, me percaté de que esta idea era errónea. Ni «había nacido chica» ni mi cuerpo «estaba mal». No, nací siendo yo, un chico,

---

* En español, el uso de estas siglas en inglés, «FTM», está bastante generalizado, aunque también se ha propuesto MaH («de mujer a hombre»). *(N. de le T.)*

y me *asignaron* el género femenino al nacer. Y mi cuerpo no está «mal»; de hecho, ¡mi cuerpo seguía bastante bien las instrucciones que le daba! Y, aun así, llegó un momento en el que mi cuerpo no encajó por completo conmigo. Algunas partes parecían extrañas y desajustadas. Pero no *cambié* mi género al salir del armario. No me desperté un día y *me convertí* en hombre o *decidí* ser quien soy. No, lo que decidí fue que se lo contaría al resto de gente. Adquirí más confianza y encontré el valor de compartirme con el mundo. Pero siempre he sido yo.

Fijaos en que hay algunas personas trans (una minoría) que sí dirán que han «cambiado de género», ¡y eso es totalmente válido! El idioma es un *intento* de conectar y comunicarnos, pero solo se puede aproximar a nuestras verdades y realidades. Te recomiendo que uses el lenguaje que propongo aquí como referencia, pero cuando una persona trans te pida que uses otras palabras para referirte a ella, deberías hacerlo sin dudar.

Aquí tienes un resumen de algunas sugerencias terminológicas:

- Transgénero se puede abreviar como trans*.
- Hombre trans, mujer trans:
  - «Hombre trans» u «hombre transgénero» se refiere a un hombre al que le asignaron el género femenino al nacer.
  - «Mujer trans» o «mujer transgénero» se refiere a una mujer a la que le asignaron el género masculino al nacer.
- Incluye un espacio entre «trans» y «hombre» o «mujer», porque quienes omiten este espacio a menudo son personas transexcluyentes cuya intención es expresar que los hombres trans no son hombres «auténticos», sino una especie de versión modificada: un transhombre. Esto es similar a decir morenohombre, donde «moreno» no actúa como un adjetivo más, sino como un prefijo que modifica la palabra «hombre» y, por tanto, su significado. Los hombres morenos son

---

* En español, de hecho, se prefiere la abreviación. *(N. de le T.)*

hombres, igual que los hombres trans también son hombres*.

- Algunas personas trans prefieren hablar de sí mismas como «hombre con experiencia trans» o «mujeres con experiencia trans». Usar estos términos implica que la identidad trans es menos una identidad central o que a veces ni siquiera es una identidad, sino más una experiencia y, para algunas personas, incluso podría ser una experiencia *pasada* que ya carece de relevancia. Como resultado, una persona que emplee esta terminología puede que no se identifique como trans y que considere la experiencia trans como algo del pasado.
- Transmasculino, transfemenino**:
  - «Transmasculino» es un término paraguas que puede hacer referencia a una persona a quien le asignaron el género femenino al nacer y que no se identifica como chica ni como mujer.
  - Por ejemplo, yo uso ambas etiquetas, «hombre trans» y «transmasculino», para hablar sobre mí mismo. En pocas palabras: todos los hombres trans son transmasculinos, no todas las personas transmasculinas son hombres trans. Una persona a quien asignaron el género femenino al nacer y que se identifica como no binarie podría usar la etiqueta «transmasc», pero no «hombre trans».
  - «Transfemenino» es un término paraguas que puede hacer referencia a una persona a quien le asignaron el género

---

* Me he tomado la libertad de incluir un ejemplo en español que no se corresponde con el ejemplo en inglés (*chinaman*), ya que se trataba de un caso muy particular del idioma que no se habría entendido en español. En ocasiones, los idiomas comparten referencias y términos, pero en otras no, y por eso estoy yo aquí, sirviéndote de puente entre una realidad y la otra. *(N. de le T.)*

** En español también es habitual verlo abreviado como «transmasc» y «transfem» precisamente para evitar marcas de género (con lo que se puede aplicar también a personas no binarias), de ahí que en la traducción se emplee a menudo en su forma abreviada. *(N. de le T.)*

masculino al nacer y que no se identifica como chico ni como hombre.

- «Transexualidad» es un sustantivo relativo a ser trans. No aconsejo usar la palabra «transgenerismo» porque el sufijo -ismo suele designar doctrinas, movimientos, prácticas, credos o ideologías, ninguno de los cuales se aplica a ser trans.
- «Transexual» es un término obsoleto que se solía emplear para describir a una persona trans que se había sometido a una transición médica, en concreto a la cirugía. Por distintas razones, como que muchas personas consideran «transexual» una palabra peyorativa, no aconsejo usarla a menos que alguien la emplee para describirse a sí misme.

NO BINARIE

El género de algunas personas no encaja en la interpretación actual de la sociedad sobre ser «hombre» o «mujer» y usan «no binarie» para describir su identidad de género. No binarie es un término paraguas que la gente emplea de distintas formas; hablaré más sobre la identidad no binaria en el Capítulo 3.

Unas notas sobre su escritura y la forma de abreviarse:

- En inglés, mucha gente usa el término «*enby*» como palabra más corta para «*non-binary*». Se trata de la escritura fonética de las letras N y B, pero escribir «NB» para referirse a las personas no binarias es menos habitual, ya que se usa como siglas para las personas no negras («*non-Black*»).*
- Hay personas que, en inglés, prefieren escribir la palabra toda junta: «*nonbinary*». Hay quien prefiere escribirlo con

---

* En español, en cambio, sí es habitual usar «NB» para las personas no binarias, ya que estas siglas no tenían asignado un significado previo. También se emplea «enebé» como abreviación fonética. *(N. de le T.)*

guion: «*non-binary*». También hay gente a la que no parece importarle cómo se escriba, mientras que otres han insistido en escribirlo de una forma u otra.
- En una encuesta que realicé en mi Instagram en 2021 pregunté a mis seguidores no binaries cómo preferían escribir esta etiqueta. La mayoría optó por «*non-binary*», mientras que «*nonbinary*» quedó muy cerca en segunda posición y «*non binary*» fue la tercera. Por este motivo, usaré el término más popular para este texto.*

CISGÉNERO

En resumen, si no eres transgénero, eres cisgénero. Es decir, si tu identidad de género encaja con el género que te asignaron al nacer, entonces eres cis.

Algunas personas cis expresan rabia cuando se les dice que son cisgénero.

 ▬▬▬▬▬ No soy cis género. Lo siento, pero ¿por qué no se me permite ser una mujer sin más? Respeto a todos los seres humanos por ser quienes son, pero me afecta mucho que ahora me cambien mi identidad a "cis" cuando soy una mujer que es feliz siéndolo. Respetemos, por favor, la decisión de todo el mundo de identificarse como quiera 🙏 🙏
17h   22 likes   Reply

Aunque no me paro a reflexionar sobre muchos comentarios enfadados, en este caso sí lo hago, porque quiero que se respete la

---

* Del mismo modo, en la traducción también se empleará el término más popular entre les hablantes de español. Aunque existe «nobinarie» y «no-binarie», la opción más utilizada en nuestro caso es «no binarie», con espacio. *(N. de le T.)*

identidad de todo el mundo y la gente que comenta de esta forma cree no recibir este respeto. Pero he ahí una de las piezas centrales del conflicto: algunas personas cisgénero creen que es irrespetuoso que las llamen «cisgénero». A menudo son los mismos individuos que piensan que llamarlos «blancos» es un tanto racista. Estas reacciones revelan lo mismo: cuando las personas que la sociedad considera como estándar corren peligro de no ser consideradas como tales, se enfadan y se sienten discriminadas.

Cuando la sociedad habla de personas con identidades marginalizadas, dichas identidades se suelen nombrar para aclarar que no forman parte de la «norma» o de lo estándar. Según las noticias, por ejemplo, yo no soy solo un nadador. Soy un nadador trans. No soy solo un hombre, soy un hombre coreano-americano. No soy solo un deportista, soy un deportista queer. Y no pasa nada por nombrar estas identidades. De hecho, las reclamo con orgullo.

Pero fíjate en que nombrar las identidades de la gente privilegiada es bastante menos habitual, y eso si lo hacen. Nadie etiqueta a Michael Phelps (él) como «deportista blanco, hetero y cis». Solo es Michael Phelps, nadador olímpico. Nadie dice: «¡Mira, un futbolista cishetero!». ¿Y por qué no lo hacen? Porque esas identidades son las que se esperan, se suponen y no requieren ningún tipo de explicación. La gente no considera que se deba especificar la sexualidad de alguien a menos que esa persona no sea hetero. La gente no considera que se deba especificar el género de alguien a menos que esa persona no sea cisgénero. La gente no considera que se deba especificar la raza de alguien a menos que esa persona no sea blanca. Y así con todo.

Cuando animamos a la gente a usar la etiqueta «cisgénero» y las personas cis se ofenden es porque están considerando que a lo mejor no forman parte del estándar y quizás sea la primera vez que se lo planteen. Es crucial recordar que, si no eres trans, etiquetarte como cis no te quita absolutamente nada.

Vamos a analizar el comentario original:

No soy cis género.

Sí, esta persona es cisgénero, porque, como dice claramente, se identifica con el género que le asignaron al nacer.

¿Por qué no se me permite ser una mujer sin más?

Nadie les está diciendo a las mujeres cisgénero que no pueden llamarse mujeres. Etiquetar a alguien como «cisgénero» no elimina su condición de hombre o mujer. Una mujer cisgénero es cisgénero y mujer. Un hombre cisgénero es cisgénero y hombre. Esta es la función básica de los adjetivos que aquellas personas de identidades predominantes y privilegiadas suelen olvidar: el adjetivo sirve para añadir más descriptivos al sustantivo que lo acompaña. Yo soy un hombre asiático, un hombre estadounidense, un hombre moreno y un hombre bajito. «Asiático», «estadounidense», «moreno» y «bajito» son adjetivos que me describen a mí, un hombre. No menoscaban mi condición de hombre. Solo ofrecen más información sobre quién soy. Lo mismo se aplica al adjetivo «cisgénero» para aquellas personas que no son transgénero.

Respeto a todos los seres humanos por ser quienes son, pero me afecta mucho…

Usar la etiqueta cisgénero para describir a personas cisgénero es una forma de ratificar la existencia de la gente trans. Cuando las mujeres cis reconocen que son mujeres cis están reconociendo de un modo sutil, pero importante, que las mujeres cis no son las únicas que existen, sino que también existen las mujeres trans. Cuando las personas cis creen que usar la etiqueta «cis» afecta de un modo negativo a su propio género, lo que consiguen, de forma errónea, es centrar esta cuestión en sí mismas. Usar el término «cis» solo socava el género de una persona cis si no cree que el género de la gente trans sea válido.

Soy una mujer que es feliz siéndolo…

Las personas trans no se sienten «infelices» con el género que se les asignó al nacer. Yo no soy una mujer infeliz sin más. No, lo que soy es un hombre.

Ahora me cambian mi identidad a "cis"…

Nadie está cambiando la identidad de la gente cis por usar la etiqueta «cis». Las identidades de las personas cis no están cambiando. Solo están aprendiendo una nueva palabra para describirse de un modo apropiado y exacto.

Respetemos, por favor, la decisión de todo el mundo de identificarse como quiera.

Decir «Respeto a todos los seres humanos por ser quienes son» y «Respetemos, por favor, la decisión de todo el mundo de identificarse como quiera» al mismo tiempo que se está rechazando deliberadamente un modo importante de respetar a la gente trans es una forma de manipular y hacer luz de gas. Deduzco que no era la intención de la comentadora, pero respetar a las personas trans incluye comprender que el género no es lo mismo que el sexo, que el género no es una elección y que las personas cisgénero tienen un papel importante a la hora de desmantelar el sistema tránsfobo en el que vivimos y que creó la gente cis. Si eres una persona cis que no está desmantelando de forma activa la transfobia, entonces la estás perpetuando.

Bonus: «¡Cisgénero es una palabra inventada!».

Sí, todas las palabras son inventadas. Aunque «cisgénero» no es que sea demasiado nueva (lleva en circulación desde la década de los sesenta), todas las palabras son combinaciones de sonidos a las que los seres humanos decidieron otorgarles significado. Eso es un idioma. Las palabras en esta página, ya sea cisgénero u otras, no carecen de significado por ser inventadas, sino todo lo contrario.

He aquí un resumen sobre algunas sugerencias terminológicas:

- «Cisgénero» se puede acortar como «cis».
- «Hombre cis» es una forma de abreviar «hombre cisgénero» y se refiere a un hombre al que se le asignó el género masculino al nacer.
- «Mujer cis» es una forma de abreviar «mujer cisgénero» y se refiere a una mujer a la que se le asignó el género femenino al nacer.
- «Cishetero» es un adjetivo compuesto que combina las versiones abreviadas de «cisgénero» y «heterosexual». Describe a las personas que no son ni trans ni queer.

TRANSICIÓN

Es cualquier paso que una persona da para afirmar su identidad de género. Aunque mucha gente piense que se trata de procedimientos físicos o médicos como la cirugía o la terapia hormonal, una transición no siempre incluye estos métodos, pero sí muchos otros, como usar diferentes pronombres, vestimenta, nombre, corte de pelo y más.

Mucha gente hablaba de transicionar como un «cambio de sexo». Este término ha quedado muy obsoleto ya, dado que el sexo no es solo masculino o femenino (consulta la sección sobre sexo biológico) y la mayoría de las personas trans no sienten que la transición sea un cambio de género, sino una afirmación.

Por este motivo, hemos presenciado la introducción del término «afirmación de género». Hay personas que lo emplean junto con «transición» y otras que lo consideran su reemplazo. Aunque «transición» se ha considerado una palabra respetuosa y ya lleva varias décadas en uso, «afirmación de género» resuena en muchas personas. «Transición» implica un comienzo y un final, y no todo el mundo siente que la afirmación de género conlleve esto. Además, «transición» solía ser, y a menudo sigue siéndolo, una forma abreviada de «transición de género», lo que implica cambiar de género. De nuevo, muchas personas, incluido yo mismo, creen que esto no es veraz.

«Afirmación de género» es un término paraguas que se puede considerar más exacto e inclusivo, puesto que refleja justo lo que es: un proceso indefinido y, por tanto, individualizado, para afirmar el género de una persona, una identidad que ya existía antes de que comenzara cualquier proceso de afirmación. Pese a todo, «transición» sigue siendo una palabra válida para mucha gente, sobre todo si obviamos el complemento original «de género». Como resultado, a lo largo de este libro verás una combinación de «afirmación» y «transición».

IDENTIDAD DE GÉNERO

La sensación interior que tiene una persona sobre su género. «Identidad de género» se suele acortar simplemente como «género», aunque a veces esto causa confusión porque muchas personas creen, erróneamente, que el género es igual al sexo. ¡Y esto es falso!

SEXO BIOLÓGICO

A menudo se acorta como «sexo» y en teoría se refiere a la anatomía, fisiología y biología reproductiva y sexual de una persona. Se suele categorizar dentro de un binomio de «hombre» o «mujer», pero sobre todo se usa para referirse al género que se le ha asignado a una persona al nacer. El sexo biológico es mucho más complejo de lo que nos suelen enseñar. Hablaré más sobre por qué el sexo biológico no es ni binario ni simple en el Capítulo 2.

SEXUALIDAD

Es la clasificación de la atracción romántica, sexual o emocional de una persona hacia otras (por ejemplo: gay, hetero, bisexual, pansexual, queer, asexual, etc.).

Cuando anuncié que era transgénero, muches de mis amigues me preguntaron: «Pero... ¿no eres lesbiana y ya?». Otras personas fueron más atrevidas y preguntaron sin más: «¿Por qué no eres simplemente una lesbiana *butch*?».

La sexualidad no es lo mismo que la expresión de género. Sí, las personas trans y homosexuales están incluidas dentro del mismo acrónimo LGBTQ+, pero eso no significa que todes hayamos vivido las mismas experiencias. La gente trans puede tener cualquier tipo de sexualidad, igual que la gente cis. Una persona trans puede ser homosexual, heterosexual, pansexual, etc.

La identidad de género es una flecha que señala hacia dentro: es quién soy. La sexualidad es una flecha que señala hacia fuera: es hacia quién me siento atraíde. Si cambia algo sobre quién soy, eso no significa que vaya a cambiar necesariamente la dirección de la flecha que apunta hacia fuera, aunque sí que se modifique la etiqueta asignada a esa misma flecha. Por ejemplo, yo siempre he sentido atracción por las mujeres. Antes de transicionar y mientras me llamaba mujer, la etiqueta que asignaba a mi flecha de la sexualidad era «homosexual» o «lesbiana». En cuanto me di cuenta de que en realidad no era una mujer, sino un hombre, la etiqueta asignada a esa flecha se convirtió en «hetero», aunque actualmente apenas uso esa palabra para describirme. Más tarde leerás el motivo.

Para la mayoría de personas trans, salir del armario y afirmar nuestro género no «provoca» un cambio de sexualidad. Sin embargo, mucha gente trans sí experimenta cambios en su sexualidad durante su viaje de afirmación. La afirmación puede dar paso al descubrimiento de una expresión sexual en expansión, porque la persona se siente más en sintonía con su identidad. Además, cuanto más se pueda deconstruir el género, menos se necesita catalogar una sexualidad como homosexual o heterosexual, y más fluida puede llegar a ser.

QUEER

Aunque soy hombre y solo he salido con mujeres, uso la etiqueta «queer», un término paraguas que engloba una gran variedad de identidades sexuales y de género. Para algunas personas, lo queer es sexualidad; para otras, es género, y para otras más, lo es todo. Para mí, lo queer abarca mi historia de ser percibido como mujer, lesbiana y todas las presentaciones de mí mismo que he encarnado.

«Queer» se originó en el siglo XVI y procede del escocés o del bajo alemán; significaba extraño, peculiar, raro, excéntrico. En 1922, asumió su primer significado peyorativo para con la sexualidad y empezó a significar desviación. Como resultado, «queer» puede conllevar mucho dolor, sobre todo para generaciones pasadas.

En 2017 di una conferencia en el sur de Florida a un público compuesto sobre todo por mujeres trans de cuarenta años o más. Tras la charla, varias compartieron conmigo que les chocaba oír la palabra «queer». Algunas incluso me informaron que les parecía ofensivo y que deseaban que las generaciones más jóvenes dejaran de usarla en un sentido positivo o incluso neutro.

En 2023, «queer» ha entrado en el vernáculo popular como una palabra tremendamente positiva y parece que hemos conseguido, o casi, reclamarla. Aun así, si no eres queer y una persona te dice que no le gusta esa palabra, respétala y reflexiona sobre el lenguaje que prefiere.

EXPRESIÓN DE GÉNERO

Se refiere a la forma en que cada persona presenta su género, como la forma de hablar, de comportarse y la apariencia. La expresión de género está unida a los roles de género construidos dentro de la sociedad y puede cambiar según la época, la cultura, la localización geográfica y otros factores que reciban influencia social. Leerás más sobre la expresión de género en el Capítulo 5.

EL IDIOMA ES UNA HERRAMIENTA QUE EVOLUCIONA

Elle Deran (elle, ella), actore, cantante y creadore de contenido trans, dice: «*Yo* no soy no binarie. "No binarie" es una palabra que uso para describirme. Pero *yo* no soy esa palabra».[1] Aquí, Elle habla sobre la naturaleza limitante del lenguaje. El lenguaje es una herramienta como mucho, una aproximación a la realidad, una tentativa que siempre será poco exacta y precisa a la hora de comunicarnos a les demás.

«El lenguaje en sí no es limitante —añadió Elle—. Pero nos limitamos cuando nos identificamos por completo con él».

Este enfoque concentra el poder en el conocimiento de una persona sobre sí misma, en la sensación, de Elle o la mía propia, de saber quiénes somos en vez de concentrarlo en sonidos y palabras que pueden ser arbitrarios. Este empoderamiento es clave cuando consideramos cómo el lenguaje se suele emplear para crear categorías estrechas con las que dividir comunidades y relegar a la gente a cajas pequeñas.

Por el momento, podemos admitir que esta terminología, aunque importante, también es un punto de partida. El lenguaje evoluciona con las personas, lo que significa que también cambia de forma constantemente. El lenguaje que proporciono aquí se utiliza mucho y se acepta como habitual y respetuoso, *pero* si conoces a una persona que use distintos términos para describirse, siempre recomiendo reflexionar sobre ese lenguaje.

Escucha a las personas trans que te rodean.

2

El sexo biológico: ¡más complicado que en el colegio!

Era el segundo o tercer día de un campamento de verano que duraba toda la semana. Tendría unos diez años, llevaba mis pantalones de básquet favoritos y una camiseta suave. El pelo lo tenía corto y enmarañado; había elegido un corte de la sección masculina de la revista que había en la peluquería y estaba contento con el resultado. La mayoría de gente se pensaba que era un niño. No solía corregirles.

Estábamos junto a las pistas de tenis, esperando instrucciones de les monitores. Me acompañaban Justin (él) y Daniel (él), dos chicos que había conocido el día anterior. Lucían el mismo tipo de pantalones cortos que yo y charlaban sobre lo que haríamos ese día.

Al cabo de un rato, el monitor nos reunió en un corrillo y dijo:

—¡Bueno, hoy vamos a participar en un pequeño torneo! —Todo el mundo vitoreó feliz, incluido yo. *¡Qué guay!* Me encantaba competir—. Vamos a formar dos grupos. Los chicos venid conmigo y las chicas id con Julia.

Se me hundió el alma hasta los pies.

—¡Venga, vamos!

Justin me propinó un codazo al ver que me quedaba atrás. Los otros chicos ya habían echado a correr hacia otra pista con el monitor de los chicos.

Yo no me moví. Miré hacia donde estaban Julia y las chicas. Sentía pavor de ir con ellas.

—¿Qué haces? ¡Nos vamos a perder el primer juego!

Daniel había regresado corriendo y Justin me tiraba del brazo.

—No puedo… —intenté explicarme.

Al igual que hacía mucha gente por defecto en esa época, se habían dirigido a mí en masculino y, como siempre, no los había corregido. Sabía que era posible que les monitores del campamento supieran mi género legal porque en la solicitud pedían ese dato, pero a veces les monitores no lo miraban. O pensarían que era un error, porque les parecía un chico.

—No… es que no… —Lo intenté de nuevo—. No soy un chico.

—¿Qué? —Justin se rio—. Ya, bueno, venga. ¡Vamos!

—No, en serio…

—Qué graciosete —añadió Daniel. Ninguno me creía.

—Soy una chica —dije. Las palabras se retorcieron en mi boca. Siempre me habían sabido raras, pero era la única opción que tenía.

—Estás mintiendo. ¡Vamos! —repitió Justin. Su regocijo se había tornado en fastidio—. Eres un chico, igual que nosotros. Vámonos.

—¡No soy un chico, soy una chica! —repliqué, más alto esa vez. Estaba frustrado y muy incómodo. Unas cuantas chicas nos miraban con asco.

—¿Sí? Pues demuéstralo —dijo Daniel—. ¡Bájate los pantalones!

—¡Vale! —contesté con furia. No pretendía hacerlo, pero busqué la cintura de los pantalones. Justin y Daniel abrieron los ojos de par en par.

—No, deja, da igual… ¡Caray! —dijo Justin. Alzó las manos y se tapó los ojos. Echaron a correr para reunirse con los otros chicos.

•   •   •

Me han pedido que demuestre mi género durante gran parte de mi vida, ya fueran los genitales con los que nací o mi identidad de género como hombre. Apenas he tenido espacio para conocer sin más mi propio género.

En la ignorancia de la juventud, intenté identificar mi género como me habían enseñado: por los genitales y el género que, por consiguiente, se me asignó al nacer. Por desgracia, ninguno de estos datos era veraz, pero necesitaría tiempo, sanación y mucha deconstrucción en llegar a un punto donde mi género se convirtiera en algo que pudiera aceptar de pleno y mi género asignado fuera al fin una etiqueta que pudiera tirar.

Tras un discurso para les xadres* de un colegio, un miembro del público preguntó:

—¿Por qué dices género «asignado»? ¿Por qué no «género de nacimiento»? «Asignado» suena forzado e impreciso.

¿La respuesta a esta pregunta tan habitual? Resulta que es compleja y sencilla. Primero porque, como mencioné brevemente en el capítulo anterior, el motivo por el que yo y otras muchas personas decimos «asignado» es porque «asignar» es lo que mejor describe esta acción. A les bebés casi nunca se les suele sacar el cariotipo ni se les suelen mirar los órganos reproductivos internos al nacer, sino que, en un hospital, une médique o une enfermere examina los genitales externos de le recién nacide. Si los genitales externos principales parecen ser lo bastante largos para tratarse de un pene, le médique escribe una hache en el certificado de nacimiento y le *asigna* el género masculino. Del mismo modo, si los genitales parecen lo bastante pequeños para ser un clítoris, le médique escribe una eme y le asigna el género femenino.

Es decir que sí, el género literalmente se asigna, lo haga el personal médico u otra persona que deduce el género de le bebé a partir de la apariencia de sus genitales externos. Esto no se ajusta a lo que nos enseñaron a muches. Quizás pienses que XX equivale

---

* Forma alternativa no binaria de «padres» en español. A lo largo de todo el texto, se usa el género no binario, ya que el autor intenta incluir a personas trans, no binarias y queer en general. *(N. de le T.)*

a mujer y que XY a hombre, o que quizás un pene significa hombre y una vagina significa mujer, pero el sexo biológico es, de hecho, mucho más complicado de lo que nos enseñaron en el colegio (¡como muchas otras cosas!).

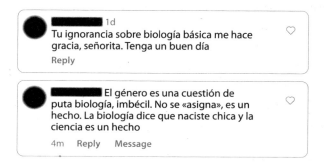

Y segundo, porque el sexo biológico no es binario y no se puede reducir a un único factor. ¡El sexo biológico está formado por cinco componentes principales!

¿QUÉ CONFORMA EL SEXO BIOLÓGICO?

Los cromosomas

En concreto, son los cromosomas sexuales. Mucha gente conoce dos variaciones de estos cromosomas: XX y XY, pero también existen otras variaciones: XXY, XXX, XYY y X. En 2019, el expresidente Donald Trump (él) propuso hacer pruebas genéticas a la gente para averiguar su género… usando los cromosomas. Este proyecto se basa en la creencia errónea de que solo la biología dictamina la identidad de género, pero también en la idea objetivamente incorrecta de que la biología es tan sencilla como XY = macho y XX = hembra. La biología es mucho más compleja que este binomio.

Las hormonas

Seguramente hayas oído hablar de la testosterona y del estrógeno. Y seguro que te han enseñado que la testosterona es la hormona «masculina» y el estrógeno es la hormona «femenina». Pero, de hecho, muchas personas tienen *las dos*, aunque en distintas concentraciones. Existen variaciones hormonales entre mujeres cis y hombres cis, pero también dentro de estos dos grupos. La testosterona y el estrógeno, además, *no* son la única hormona sexual, ¡porque hay muchos tipos! Entre los andrógenos se incluyen la testosterona, la androstenediona y la deshidroepiandrosterona, mientras que entre los estrógenos se incluyen la estrona, el estradiol, el estriol y el estetrol. Estas hormonas, junto a unas cuantas más, pueden afectar al desarrollo de las características sexuales. También tienen muchas otras funciones aparte de la diferenciación sexual.

Expresión hormonal

Se refiere a los efectos de las hormonas, a veces llamados características sexuales secundarias, como la voz grave o el crecimiento del vello corporal con la exposición a la testosterona. Al igual que ocurre con todos los factores del sexo biológico, existen ciertas variaciones: hay gente con la barba más espesa o gente sin nada de vello facial, el tamaño de los pechos varía, algunas nueces de Adán son más pronunciadas que otras, etc.

A lo mejor te estás preguntando por qué la expresión hormonal es una categoría separada de las hormonas: porque no habrá efectos si solo la hormona está presente. Para que haya expresión hormonal se necesitan receptores hormonales que funcionen y que, además, encajen con la hormona correspondiente.

UN ANÁLISIS UN POCO MÁS PROFUNDO

Existe una variedad relativamente habitual en los receptores llamada «insensibilidad a los andrógenos», donde las personas con cromosomas XY no responden en parte o en su totalidad a los andrógenos, incluida la testosterona, y por tanto no exhiben algunos o ninguno de los efectos típicos de la testosterona. Quienes tienen una insensibilidad a los andrógenos completa cuentan con testículos internos, vulva y clítoris, pero no útero; tienen entre poco y nada de vello corporal y olor y carecen de esa piel aceitosa que produce acné. A estas personas se las suele describir como hiperfeminizadas, y en muchos casos se identifican como mujeres.[1, 2]

Los genitales internos

Incluyen los órganos reproductivos internos, como testículos sin descender, conductos deferentes, trompas de Falopio, útero y ovarios.

Los genitales externos

La sociedad parece centrarse sobre todo en esta categoría cuando se habla del concepto de sexo biológico. Los genitales externos son los órganos reproductivos y sus estructuras correspondientes en el exterior del cuerpo, como el pene, el escroto y la vulva (con el clítoris, los labios y la apertura vaginal).

Distinguir entre los genitales internos y los externos es crucial porque estos no siempre se desarrollan a la vez, no siempre «concuerdan». Algunas personas que nacen con testículos también tienen vagina y clítoris.

Aunque muchos cuerpos se desarrollan en pulcras categorías etiquetadas como «macho» y «hembra», no todos lo hacen. A las personas cuyos cuerpos no encajan en estas categorías se las llama intersex, que literalmente significa «entre sexos».

> ██████████ Agradezco tu esfuerzo, pero no creo que sea relevante. Lo que enseñamos es que las personas tienen dos manos y cinco dedos en cada una de ellas, y eso es lo más útil para la aplicación de la medicina y la investigación. Sí, hay gente que nace sin manos, o se las amputan, y también existen las personas con dedos de más o de menos, pero 30 no creo que eso sea una base para decir que el código genético no predispone a los humanos a tener cinco dedos. Las mutaciones no son el objetivo, son una anomalía.
>
> 27w   19 likes   Reply

> **pinkmantaray** ✔ ▬▬▬▬ ¡Te entiendo! Y estás en tu derecho a tener opiniones. Pero te animo a que reflexiones sobre que muchas características de la biología humana son poco frecuentes y, aun así, se consideran «normales». Sin embargo, cuando hablamos de sexo, de repente esta diversidad biológica se considera una «anomalía» o una «aberración». Piensa que las personas pelirrojas nacen en la MISMA frecuencia que las intersex. A las personas pelirrojas no se las excluye de los debates sobre biología y los fenotipos humanos porque es una expresión natural de la diversidad biológica en los seres humanos. Debería ocurrir lo mismo con las características intersex. El hecho de que "no enseñemos" que existen las personas intersex no es culpa de los conceptos o los materiales, sino de un sistema educativo deficiente que excluye los datos que amenazan a las estructuras de poder existentes. ¡Espero que esto tenga sentido! Si no, puedes escribirme a schuyler@pinkmantaray.com 🙏🖤
>
> 27w   228 likes   Reply

«DEJA DE ERRADICAR LA BIOLOGÍA. SOLO HAY DOS SEXOS»

Cuando digo que el sexo biológico es un espectro, los detractores replican con cosas del tipo: «Lo intersex es una anomalía. Deja de erradicar la biología. Solo hay dos sexos». Aunque las personas intersex no conforman la mayoría de la población, decir que solo hay dos sexos es sencillamente falso. Reconocer la complejidad del sexo biológico no niega ni erradica la biología, sino todo lo contrario: definir el sexo con las categorías absolutas de «macho» y «hembra» es lo que erradica la biología.

A pesar de que se me acusa de esto de forma habitual, no estoy diciendo que el sexo biológico sea algo inventado. El sexo biológico es muy real, pero no es tan sencillo ni binario como la gente cree que es.

En vez de emplear un falso binario, el sexo biológico se puede describir con una distribución bimodal, donde la mayoría de los cuerpos se parecen a dos prototipos que, en general, se han categorizado como «macho» y «hembra». Sin embargo, estas etiquetas y estos prototipos no son ni completos ni absolutos, ya que existe diversidad dentro y fuera de ellos. Negar esto es negar la biología.

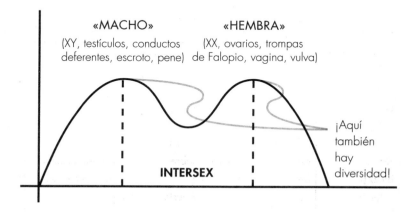

Les científiques estiman que un 2 % de la población es intersex. Muches activistas intersex afirman que esta cifra es bastante baja, ya que muchas personas no saben que son intersex, y sugieren que la cifra se acerca más al 5 % de la población. Sin embargo, aunque tomemos tan solo en cuenta la estimación más baja, el 2 % de la población sigue siendo más o menos 160 millones de personas (a principios de la década de 2020), más que la población de Rusia. Y solo porque les ruses sean el 2 % de la población mundial no significa que no existan. Hay otra comparación estadística similar: cerca del 2 % de la población mundial son personas pelirrojas y cerca del 2 % tienen los ojos verdes. Nadie está afirmando que el pelo rojo o los ojos verdes no existan. Y, del mismo modo, solo porque la gente intersex componga un 2 % de la población no significa que no existan. Los cuerpos intersex existen y también deberían hablarnos de ellos en clase.

Usar el sexo biológico para negar o invalidar las experiencias de las personas trans no solo es una falta de respeto, sino también poco científico. Al igual que muchas cosas de nuestro mundo, el sexo biológico no es binario ni viene determinado por un único factor.

SUGERENCIAS TERMINOLÓGICAS

EN VEZ DE...	PRUEBA ESTO...	PORQUE...
«Sexo biológico» «Hembra biológica» «Mujer biológica» «Macho biológico» «Hombre biológico»	Habla con propiedad. Si estás hablando sobre personas que han experimentado una pubertad por testosterona, di justo eso. Si estás hablando sobre gente con pene, di justo eso. Si estás hablando sobre personas que se pueden quedar embarazadas, di justo eso. Si estás hablando sobre personas cuyo género asignado al nacer fue el masculino, di justo eso.	Como se ha dicho en esta sección, el sexo biológico no es binario. Clasificar a alguien como «biológicamente» hombre o mujer es impreciso; en muchas ocasiones también es tránsfobo y potencialmente inexacto.
«Sexo de nacimiento» «Nació como...»	«Género asignado al nacer» «Asignación de género»	Esto evita hablar sobre los genitales de una persona, ya que no es necesario y, en ocasiones, hasta puede ser erróneo. Además, comentar la biología privada de una persona es a) seguramente irrelevante y b) puede que esa persona no quiera que se hable de ello.

Para mí, descubrir todo esto sobre el sexo biológico y los procesos complejos de la diferenciación sexual fue fascinante... y hasta trascendental. Me educaron para creer que el sexo biológico era algo establecido, binario y simple (como supongo que os pasará a muches de vosotres). Me costó digerir que no lo era. Sigo aprendiendo sobre la amplia diversidad que engloba la biología humana. Con este capítulo no pretendo tratar en profundidad los matices del sexo biológico, pero espero que sirva como punto de partida.

3

¿Qué es el género?

Una persona alta con rizos oscuros se me acercó. Acababa de terminar una noche de formación para xadres en un colegio de Washington D. C. Y, como siempre, había ofrecido al público la oportunidad de acercarse a hacerme preguntas. Esta persona tenía un semblante especialmente serio, una expresión a la que ya me he acostumbrado y, con total sinceridad, os diré que me cansa.

—Vale, mira. Yo soy un hombre y... y... entiendo que tú eres un hombre —comenzó a decir, con aire de desconcierto y frustración—. Pero has dicho que no defines tu hombría por tus... tus partes. Y también que la hombría no se define por cómo te comportas o cómo te vistes. —Asentí. Sí que había dicho todo aquello—. Entonces... ¿cómo definirías la hombría?

Sonreí y asentí de nuevo. *Ah, la infame pregunta. Si no tienes pene, ¿cómo sabes que eres un hombre?*

—Gracias por venir a plantearme esta cuestión —respondí—. Es una pregunta muy interesante... y bastante habitual. Antes de contestar, ¿puedo hacerte yo unas cuantas preguntas?

—Claro —dijo con bastante inseguridad.

—¡Genial! ¿Te identificas como hombre?

—Sí —se apresuró a responder—. Sí.

—Vale, perfecto. Y como me has hecho la pregunta anterior, deduzco que no eres trans, ¿verdad?

—No, solo soy un hombre.

—¡Bien! Yo también soy solo un hombre, pero también trans —señalé. Él se me quedó mirando—. Así que eres un hombre, con lo que seguro que sabrás definir tu hombría. ¿Cómo la defines? —pregunté con sinceridad.

—Bueno, nací hombre.

—¡Vale! Eso suele significar que te asignaron el género masculino al nacer, lo que solo quiere decir que los médicos te miraron los genitales cuando naciste, vieron un pene (o algo que se pareciera a uno) y dijeron: «¡Es un chico!». Así pues, «nacer hombre» en realidad significa que naciste con pene, ¿no?

—Supongo —respondió, bastante incómodo—. Pero es que... —Se calló.

—Sigamos con esto durante un momento. Defines tu hombría a partir de que tienes pene. Entonces, ¿dejarías de ser hombre si sufrieras un accidente y perdieras el pene?

—Pues n-n-no... —tartamudeó.

—¡Vale! Entonces tu hombría no está definida por tu pene. ¿La definirías de otra forma? —dije con una amabilidad practicada.

—Bueno, *parezco* un hombre y *actúo* como un hombre, así que...

—¡Bien! Entonces, si te vistiéramos con la ropa estereotípica de las mujeres, quizás con un vestido largo y vaporoso, te pusiéramos un poco de maquillaje y te dijéramos que «actuaras como una mujer», ¿te convertirías de repente en una?

—¡No! O sea... —Estaba frustrado, su tono había cambiado y hablaba más alto.

—De acuerdo, no pasa nada. Así que tu hombría *no* viene definida ni por tu pene, ni por tu ropa ni por cómo te comportas. Es un poco desconcertante —dije con amabilidad y luego, con curiosidad, añadí—: Entonces, ¿cómo la defines?

—¡No lo sé! ¡Solo sé que soy un hombre! —soltó. Apretaba los puños y unas cuantas personas que aguardaban en la fila detrás de él parecieron sobresaltarse. Respiró hondo unas cuantas veces, consciente de su arrebato. Yo sonreí.

—Bingo. Lo sabes y ya está. Igual que yo, igual que otras personas trans. No todo el mundo tiene una larga explicación sobre la teoría de género ni sobre las raíces biopsicosociales de la identidad de género o el sexo biológico. Pero sí que sabemos quiénes somos, igual que la gente cis lo sabe. —El hombre pareció tranquilizarse, así que proseguí—: Tengo que pasar a la siguiente persona, pero te animo a recordar que las personas cis como tú nunca tienen que defender que conocen su género. Sin embargo, la gente trans siempre se tiene que explicar. La frustración que has sentido a medida que te iba insistiendo con todas esas preguntas es la frustración que sienten muchas personas trans cada día cuando les exigen que expliquen y defiendan sin cesar su identidad. Espero que reflexiones más sobre esto.

—Lo haré, gracias —dijo. Y se marchó.

Con el paso de los años he llegado a la conclusión de que preguntar a una persona trans cómo *sabe* que es de un género concreto es una microagresión*. Esta pregunta implica que esa persona trans no puede saber su propio género del mismo modo que lo hace una persona cis. No concede a la gente trans el respeto básico de suponer que nos conocemos bien. Piensa en que casi nadie le pregunta a la gente cisgénero cosas como: «¿Bueno, ¿cómo sabes *de verdad* que eres un hombre? ¿Cómo sabes *de verdad* que eres una mujer?». Nadie espera que las personas cis den explicaciones largas sobre la validez de su género cimentadas en artículos académicos revisados por expertes. ¡Pero sí esperan que las personas trans lo hagan!

Por consiguiente, no te aconsejo que le preguntes a una persona trans por qué sabe que es de un género determinado (a menos que esa persona te invite a mantener esa conversación), ya que suelen ser intercambios arduos y agotadores. Entiende que es un *privilegio* no tener que ir por el mundo explicando sin parar tu identidad.

---

* Según el diccionario *Merriam-Webster*, una microagresión es «un comentario o una acción que, de un modo sutil, y a menudo inconsciente e involuntario, expresa un prejuicio hacia un miembro de un grupo marginalizado (como una minoría racial)». En palabras de mi amigo Kevin (él): si estás hablando sobre un grupo marginalizado y dices algo que no te parece ofensivo pero que ofende a alguien de ese grupo, entonces es una microagresión.

Aquí hay mucho que explicar, así que vamos a empezar con un poco de contexto histórico clave, porque las identidades trans y no binarias no es que sean precisamente nuevas.

GÉNERO Y COLONIZACIÓN

El binarismo de género

Cuando iba a la guardería, a mis compañeres de clase y a mí nos emparejaron con lo que la guardería llamaba «colega». Tu colega era otre niñe un poco mayor que, una vez al mes, venía a pasar un rato contigo. Era una combinación de amigue y mentore. También debía ser del mismo género que tú. Así pues, como por esa época yo no había dicho que era trans, mi colega era una chica. Me sentí muy decepcionado cuando me enteré de esto; la chica en cuestión no tenía nada de malo, aunque no entendía por qué tenían que asignarme a alguien por género. Sin embargo, enseguida comprendí que el género era una de las categorías más importantes en la vida, al menos para la gente de mi entorno.

Desde la niñez, los libros, los juguetes y la ropa se segregaron según el género asignado. En la guardería teníamos unas tarjetas para aprender el abecedario que perpetuaban estos ejemplos de género: «C de camión. Carlos juega con sus camiones de juguete» o «J de joya. Jésica lleva joyas». En muchos sentidos, el género es una de las primeras cosas que aprenden la mayoría de les niñes, que empiezan a categorizar otras cosas a partir del género. Pero si nos paramos a pensar de un modo crítico sobre las categorías creadas, vemos que la mayoría de las normas son bastante arbitrarias y han cambiado con el tiempo. Al final, cualquiera puede jugar con camiones de juguete o llevar joyas. Así pues, ¿cómo se originaron estas clasificaciones tan rígidas?

• • •

La sociedad eurocolonial (es decir, la denominada «sociedad occidental» que fue desarrollada y creada por la colonización blanca europea a partir de los siglos XV y XVI) presenta una definición muy estrecha y estricta en cuanto al género. En este marco solo existen dos géneros: hombre y mujer, que vienen determinados por una visión reduccionista del sexo biológico que solo se basa en los genitales externos de un individuo al nacer. Esto es lo que se suele denominar «binarismo de género».

Según le doctore Shay-Akil McLean (elle, él), biólogue evolutive, genetista, antropólogue biológique y sociólogue negre transmasc no binarie, el binarismo de género que conocemos hoy en día fue «creado, impuesto y luego *reafirmado* a través de múltiples instituciones porque convenía a la hegemonía».[1] Es decir, este concepto de «género» fue en gran medida construido por la colonización europea con la intención de ganar poder y control.

Las afirmaciones de le doctore McLean encajan con mi propia experiencia y también con las pruebas antropológicas, ya que innumerables sociedades incluían y reconocían la existencia de géneros que se salían del binarismo eurocolonial. Lo que ahora llamamos identidades no binarias y transgénero eran bien recibidas y prosperaban en muchas culturas de todo el mundo. Pero como esta diversidad amenazaba las estructuras coloniales de poder, les colonizadores a menudo respondían con violencia y mataban primero a las personas trans y queer.[2]

Cuando era niño me di cuenta de que el género se usaba como método para categorizar a las personas y, a menudo, como razón para agredirlas. A mí me socializaron como chica, lo que, sinceramente, significa que me socializaron para silenciarme cuando estaba con chicos y hombres, para sentirme pequeño y menos importante. Me socializaron para creer que no podría conseguir lo mismo que los chicos y los hombres ni que tampoco me podrían incluir en sus actividades porque ellos eran chicos y yo «era una chica». En cierto sentido, mi desconexión con la identidad de «chica» que me habían asignado me ayudó a dar un paso atrás. Durante gran parte de mi infancia presencié cómo se usaba el género en pro del poder.

Si el género es un constructo social... entonces, ¿es inventado?

Un día, mi hermano y yo estábamos jugando en el patio de la casa de nuestra infancia cuando mi madre salió a buscarnos. Era hora de ir a cortarnos el pelo. La seguí al interior de la casa y me preguntó:

—¿Qué te parece si te cortas el pelo corto? ¿Te gustaría?

—¡Sí! —respondí sin dudar.

Sentado en la sala de espera, fui hojeando con emoción el tarjetero Rolodex de la vieja peluquería. Señalé el número cuarenta y tres, un pequeño rectángulo en la sección de hombres donde aparecía un modelo masculino al que le caía el pelo revuelto sobre los ojos, un estilo despeinado. Me encantaba. Recuerdo correr por toda la casa eufórico. Cuando me sequé el pelo, lo sacudí como había visto hacer a otros chicos y experimenté una nueva libertad.

Pero al día siguiente sentí un pavor repentino. ¿Qué pensaría todo el mundo de mí, una chica, con el pelo tan corto? *¡Ese corte era para chicos!* Empezó a arraigar en mi interior una vergüenza incómoda y, en vez de lucir con orgullo mi nuevo corte de pelo, fui al colegio con un gorro rosa, la prenda más femenina que pude encontrar.

Tardé tiempo en reunir el valor suficiente para quitarme el gorro.

—Me he cortado el pelo muy corto —le susurré a Dane al tercer día.

—Hala, qué guay —respondió él—. ¡A verlo!

Eché un vistazo por el aula. Todo el mundo trabajaba en grupos y nadie me estaba observando. Me quité el gorro despacio.

—Mola —dijo de forma ambivalente. No había querido recibir una gran respuesta, ni siquiera una positiva. Satisfecho, no volví a ponerme el gorro. Durante los siguientes días ocurrió el primer hecho relacionado con el género que más me impactó: me trataron en masculino. Por el pelo corto, muchas personas que no me conocían pensaron que era un chico y utilizaban el masculino conmigo. Y durante los siguientes meses enseguida descubrí que el pelo no era lo único crucial a la hora de decidir qué género empleaba la gente conmigo. Las camisas, los pantalones, los zapatos, la estrechez general de la ropa, mi forma de sentarme, la gente que me rodeaba, mi modo de hablar… Todas esas cosas parecían tener un efecto en cómo la gente percibía mi género, a pesar de que *yo* siempre era *la misma persona*. ¿Qué implica esto para el género?

· · ·

Comprender la historia del género es vital para contextualizar esta pregunta, que no es tan distinta a la que me planteó el hombre con rizos negros tras mi discurso en Washington D. C. *¿Qué significa ser hombre en realidad?*

Bueno, pues depende de a quién, dónde y cuándo preguntes.

Según le doctore McLean, el género es «una serie de características mentales y de comportamiento que se relacionan, diferencian y superan los conceptos de masculinidad, feminidad y neutralidad».[3] Esta definición, creada junto con la historiadora Blair Imani (ella), se basa en la historia más amplia de las sociedades de todo el mundo en vez del reducido marco del eurocolonialismo.

El género, según afirman le doctore McLean y muchas otras personas, es un constructo social. Esta afirmación causa mucha tensión dentro y fuera de muchas comunidades. Y admito que hasta para mí ha sido una lucha interna. El Schuyler de cuarto de primaria habría aceptado sin dudar que el género era algo que habían inventado los seres humanos con tal de clasificarnos con más facilidad, pero para cuando intenté aceptar mi identidad trans y empecé a plantearme transicionar, ya no estaba tan seguro. *Si el género es un constructo sin más, ¿por qué voy a transicionar?* Estaba muy indeciso y me preocupaba que mi identidad no fuera válida.

Pero la realidad es que mucha gente no sabe lo que es un constructo social de verdad.

Según el diccionario *Merriam-Webster*, un constructo social es «una idea que ha sido creada y aceptada por los habitantes de una sociedad».[4] Un constructo social existe porque los seres humanos han acordado que exista.[5] Los constructos sociales dependen de que la gente se relacione entre sí y, sin esta interacción, podrían carecer de sentido. Sin embargo, precisamente porque los seres humanos interactúan entre sí, los constructos sociales *no* carecen de sentido.

Aquellas personas que aprovechan el marco del género como constructo social con el objetivo de *desestimar* la importancia o la validez de la identidad de género por completo no reconocen que muchos sistemas y conceptos importantes (que incluso pueden salvar y cambiar la vida a la gente) son una construcción social.

El dinero, las divisas, las fronteras, la nacionalidad, la ciudadanía, la belleza, la moda, los trabajos, la religión, el matrimonio y el gobierno son todos constructos sociales que mucha gente considera muy importantes y reales y que tienen un impacto diario en nuestras vidas. No son entidades intrínsecas de la naturaleza que han surgido sin los seres humanos. Pero la idea de que el dinero no existiera sin las interacciones humanas no impide que una persona se muera de hambre si no tiene suficiente dinero. Debido a la importancia socialmente construida del dinero, muchos seres humanos no pueden existir sin él. Del mismo modo, si un día acordáramos de forma colectiva que los papelitos rectangulares verdes y los discos de aleación de metal ya no tuvieran ningún valor, el dólar carecería de sentido.

El género, al igual que otras construcciones sociales, no carece de sentido, sino todo lo contrario: los acuerdos sociales entre los seres humanos son una de las fuerzas más robustas y poderosas que conocemos.

Aun así, muchas personas se aferran a la idea de que el género *no* es un constructo social, de que debe de haber algo biológico que lo sustente. Para la gente trans, esta insistencia es a menudo el resultado de la transfobia interiorizada que nos exige responder a lo siguiente: *Si el género es tan solo un constructo social, ¿por qué vamos a transicionar?*

Las dudas que suscita esto son insidiosas y dolorosas. En este contexto, las personas trans solo tienen permitida la validez si podemos *demostrar* nuestro género a través de la biología. En la universidad, dediqué mucho tiempo a intentar conseguir esto; durante unos años, incluso consideré estudiar las bases biológicas de la identidad de género. Pero fue infructuoso, porque esta tarea no validó mi identidad.

Al final, me di cuenta de que debía confiar en mí mismo y en la comprensión que tenía de mi propio género en vez de intentar confiar en la investigación «científica» (desinformada, tránsfoba y llena de hombres blancos cisgénero), algo que había sabido desde siempre. La afirmación y la validación llegaron cuando al fin me di permiso para *saberlo sin más*.

¿Por qué transicionamos si el género es un constructo?

—Si no me hubieran asignado un género incorrecto al nacer, no me habría hecho falta transicionar —me contó le doctore McLean. Su respuesta me desconcertó bastante.

—¿Cómo? —le interrumpí con incredulidad.

Cuando estaba empezando a procesar mi identidad trans, me hice una pregunta vital: *Si estuviera a solas en una isla sin gente, sin sociedad, sin expectativas externas ni opiniones, ¿quién sería? ¿Con qué cuerpo sentiría más comodidad?* Y mi respuesta siempre era la misma: sería un hombre. *¿Qué ha querido decir le doctore McLean cuando ha comentado que no habría transicionado si le hubieran asignado el género correcto al nacer?* Salté a la única conclusión que se me ocurrió en el momento: que había transicionado para satisfacer a la sociedad.

Me equivocaba, por supuesto.

Si no asignáramos un género a les recién nacides a partir de sus genitales externos y les permitiéramos expresarse como quisieran, «todo el marco sobre lo que significa transicionar sería completamente distinto».[6] Si no hubiera cajas estrictas creadas a partir de una visión reduccionista del sexo biológico, las cirugías de afirmación de género y los tratamientos hormonales no se considerarían como parte de una transición de género, sino más bien como una etapa más del viaje de una persona en su forma de expresarse y de explorarse.

El término «transición» implica la existencia de un inicio y un destino: una persona comienza en su asignación de género y transiciona para expresar su auténtica identidad de género. Pero si no nos forzaran a ceñirnos a un género sin nuestro consentimiento, como mencionó le doctore McLean, entonces no habría necesidad de transicionar de un género a otro. Le doctore McLean enfatizó que, aun así, habría optado por operarse el pecho y tomar testosterona, pero en un mundo donde no se asignara un género al nacer estos pasos no habrían sido «una transición para ser hombre». Simplemente habría sido una forma de expresarse.

Entonces, ¿por qué seguimos hablando sobre biología todo el tiempo?

Aunque a lo largo de la historia existen bastantes pruebas antropológicas para sustentar la construcción social de las categorías de género, prácticamente no hay pruebas científicas que sustenten el fundamento biofisiológico o bioquímico de la identidad de género.[7] (Aclaración: a diferencia del capítulo anterior, aquí *no* hablamos sobre sexo biológico, sino sobre identidad de género. No son lo mismo. La ciencia del sexo biológico se ha investigado mucho, mientras que los fundamentos biológicos de la identidad de género no). Aun así, hay personas tanto trans como cis que suelen intentar basarse en la biología para hablar sobre la validez (o su ausencia) de la identidad trans.

¿Por qué? Pues porque es una herramienta poderosa, nos recuerda le doctore McLean. En un momento de mi vida también fue una herramienta que utilicé (aunque de forma incorrecta) para invalidarme a mí mismo.

—Pero no existe una razón biológica para ser como soy —le dije a mi psicóloga con exasperación. Estaba sentado en su despacho y mi sesión casi había terminado. Habían pasado unos meses desde que usé la palabra «transgénero» para, tal vez, y solo tal vez, describirme a mí mismo y me estaba entrando el pánico.

—Puede que sí o puede que no —respondió Jo (ella)—. No soy bióloga, Schuyler, pero sí sé una cosa. Tienes derecho a buscar lo que te haga feliz, aunque no tengas una razón biológica para ello. Debes darte permiso para ser feliz.

—Uf —repliqué con más dureza de la que pretendía. Ella se rio.

—Lo entiendo, es una movida de la hostia —dijo. A pesar de lo enfadado que estaba, me reí. Agradecía que no se censurara conmigo—. ¿Cómo lo saben los demás? No lo saben. O lo saben *más o menos*. Es posible que exista una razón por la que seas trans. O puede que no. Pero, al final, poco importa, porque vas a tener que encontrar un modo de validarte a ti mismo.

Aunque sabía que tenía razón, seguí devanándome los sesos. *¿Qué me hace ser de esta forma? ¿Le pasó algo a la bioquímica de mi cerebro que me hizo así? ¿Mis cromosomas son distintos? ¿Existe un gen trans?* Como no encontré nada que sustentara una razón biológica para mi identidad trans, intenté rechazarla. *No soy trans, ¡no puedo serlo!* Esta línea de pensamiento, combinada con la retórica antitrans de que la gente trans «se lo ha inventado todo», hizo que me desesperara. Necesité mucha determinación para dejar atrás la biología como herramienta de validación y aprender a confiar en mí mismo, en el conocimiento que tenía sobre mí. Este proceso exigió que diera prioridad a mi felicidad y mi intuición por encima de mi comprensión de la biología, algo que había interiorizado como la verdad definitiva.

A veces pienso: *¿Y qué pasa si al final resulta que nos lo estamos inventando todo? Yo no me lo estoy inventando, pero, si lo hiciera, ¿importaría? Así soy más feliz. No hago daño a nadie.*

Aunque no creo que me esté inventando mi experiencia de género, me encanta pensar en cómo sería el mundo si lo hiciera, si alguien lo hiciera, y la verdad es que estaría... bien. Guay. Normal.

¿Qué más da si alguien está más cómode presentándose de una forma en concreto o de otra? ¿Qué más da si se lo está inventando o es «real»? ¿Qué impacto tiene esto en otra persona, a menos que se demonice la identidad trans y queer?

LA HISTORIA DEL GÉNERO Y DE LAS IDENTIDADES NO BINARIAS

Las personas trans existieron antes que el binarismo de género

«Apoyo a los hombres y las mujeres trans, pero a la gente no binaria no, ¡eso solo es una nueva moda inventada!».

Recibo distintas variantes de este comentario de forma habitual. Aun así, me sorprende cada vez, no por la transfobia manifiesta, sino por la ausencia de contexto histórico. Los primeros registros de identidades no binarias se remontan a la antigua Mesopotamia en el siglo XXIII a. C.[8]

Algunas sociedades del mundo han reconocido un tercer género durante siglos y, en ellas, el género no se clasifica por sexo, sino por identidad de género e incluso por espiritualidad. Como resultado, aquellas personas que se identificaban con un tercer género no actuaban ni se identificaban con lo que les asignaron al nacer, porque no les asignaron nada. Por tanto, la sociedad no clasificaba a los individuos de este tercer género en otra categoría de «transgénero», sino como elles mismes.

Esta idea me pareció bastante radical y me costó procesarla cuando la descubrí. Nos condicionan mucho para creer que el género está determinado desde el nacimiento y que nuestra manera de vestir, actuar y hablar indica de forma inherente el género. Pero imagínate un mundo donde el género es más amplio desde el principio, donde tu género simplemente es una expresión de quién eres, no una forma de conformarse o de rebelarse contra lo que dictamina la sociedad. En ese mundo, yo no sería trans por desafiar los roles de género y mi género asignado al nacer. Solo sería yo mismo.

Historia de las identidades no binarias a través de idiomas y culturas indígenas

Dos espíritus

Antes de 1990 se empleaba el término «bardaje», que se suele considerar ofensivo, para referirse a las personas nativas cuyo género o sexualidad tradicional no se ajustaba al binarismo y la heteronormatividad occidental.

Las personas indígenas adoptaron el término «dos espíritus» en la tercera conferencia anual intertribal de personas nativoamericanas, primeras naciones, gay y lesbianas en 1990.[9] Este término, restringido a los individuos indígenas porque la identidad solo cobra sentido cuando «se contextualiza dentro de un marco nativoamericano», fue un intento de proporcionar una palabra panindígena unificadora en vez de recurrir a las palabras individuales de cada tribu.[10, 11]

El término «dos espíritus» también ha recibido críticas, puesto que sigue reflejando el binarismo de género eurocolonial de los dos géneros, hombre y mujer, que impusieron les colonizadores a los pueblos indígenas. Esto es inconsistente con el concepto de género de muchas culturas indígenas. Además, «dos espíritus» aglutina una multitud de identidades indígenas diversas y diferenciadas en una única etiqueta. Hay quien argumenta que esto reduce más la identidad y pasa por alto diferencias importantes y significados culturales que varían de un pueblo a otro.

Maorocati

Nombre taíno para una deidad que, según se cree, podría ser un tercer género o incluso trans. Indya Moore (ella, elle), una mujer genderqueer afrotaína, se identifica como dos espíritus, pero señala que se han perdido o borrado muchos descriptores indígenas para las personas cuyo género varía.

«Agradecí mucho aprender que [esta palabra] existía», me contó Indya. Le consolaba saber que la sociedad volvía a considerar de un modo positivo a las personas trans.[12]

Quariwarmi

En Perú, en la civilización inca precolonial había *yachaq*, o chamanes, a quienes llamaban quariwarmi (también se puede escribir como *qhariwarmi* o *qariwarmi*). Al significar «hombres-mujeres», les quariwarmi tenían un rol de género mixto en la sociedad. Le cofundadore de Queer Nature, Pınar Ateş Sinopoulos-Lloyd (elle), es una persona no binaria, quechua y turca. Aunque les natives de América del Norte suelen referirse a elle como «dos espíritus», Pınar prefiere emplear términos de su propio idioma nativo y a menudo usa quariwarmi. Este es un recordatorio de que les quariwarmi no solo existen en un contexto histórico, sino que siguen existiendo en nuestro presente y futuro.

Winkte

Las personas winkte del pueblo lakota serían clasificadas como hombres por el binarismo eurocolonial, pero suelen asumir roles pertenecientes a las mujeres, como cocinar y cuidar de les niñes.[13] Las personas winkte también tienen cometidos especiales en la sociedad, como poner nombre a les niñes, resolver conflictos y rezar por la gente enferma.[14]

Nádleehí

Le académique, escritore y creadore de contenido Charlie Amáyá Scott (elle, ella), que es transfem no binarie y diné, comparte que la gente diné reconoce la existencia de les nádleehí, personas parecidas a les winkte. Les diné, al igual que muchas otras culturas indígenas, aceptan los géneros que se alejan del binarismo eurocolonial.*, [15]

---

* Es posible que los pueblos indígenas no usaran el mismo lenguaje sobre género y sexualidad que empleamos hoy en día para describir sus relaciones.

Muxes

Les zapoteques indígenes de la Oaxaca actual, México, han aceptado desde hace mucho tiempo y hasta han celebrado a les muxes (pronunciado «múshes»), personas que «nacieron hombres» (según la clasificación del binarismo eurocolonial), pero, igual que les winkte, tienen cometidos que tradicionalmente se asocian con las mujeres.[16] La aceptación de les muxes y sus identidades podría derivar del hecho de que siempre se han considerado como «parte de la cultura y de sus tradiciones, no como algo ajeno a ella», según un artículo del Museo de Historia Nacional del condado de Los Ángeles.[17]

• • •

Muchas sociedades indígenas de América incluyen géneros que no existen dentro del binarismo eurocolonial, como los pueblos lakota, crow, apache, chickasaw y choctaw, cree, dakota, flathead, hopi, illinois, inuit, diné y muchos otros más.[18] La aceptación indígena y la celebración de las identidades no binarias se extiende por todo el mundo: māhū en Hawái, metis en Nepal, hijra en el sur de Asia, ashtime en Etiopía, mino en Benín, bangala en la República Democrática del Congo, ankole en Uganda, sekrata en Madagascar, acault en Birmania, bakla en Filipinas, whakawahine en Aotearoa (también conocida como Nueva Zelanda), skoptsy en Rusia, burrnesha en Albania, femminiello en Italia, köçek en el Imperio Otomano y mamluk en Egipto.[19] Estas listas no son completas y se podrían escribir libros (¡que deberían escribirse!) sobre cada una de estas identidades.

A menudo me pregunto qué tipo de panorama cultural tendríamos hoy en día si nuestres antepasades trans no hubieran sido discriminades y, lo que es peor, exterminades. O cuántas palabras tendríamos para describir de forma más exacta nuestras experiencias de género y cuánto espacio dispondríamos para poder expresarnos.

Significado divino

En la actualidad, a las personas trans muchas veces no se las representa como figuras familiares: son peligrosas para les niñes, una amenaza para la vida familiar. En cambio, en muchas sociedades indígenas se ha reverenciado a las personas de género diverso como sanadores o como parte de un poder superior. Estaban en el centro de «lo que significaba mantener con vida a la gente, en vez de ser sinónimo de destrucción, muerte y desastre inminente como se nos describe hoy en día».[20]

Esta versión divinizada de la identidad trans se daba en todo el mundo. Le doctore shawndeez (elle), une investigadore independiente irano-estadounidense que completó su doctorado en estudios de género en la Universidad de California, me contó que en varias sociedades indígenas de todo el mundo «nuestra identidad trans era habitual en la cumbre espiritual».[21] A las personas trans se las veía como un «receptáculo muy útil entre este mundo y el espiritual. Nuestra identidad nos daba un acceso extra a la sabiduría divina». shawndeez cree que la experiencia trans exige que cultivemos una «conciencia tan abierta, tan espaciosa, que da pie a un pensamiento superior dimensional que no vemos en este reino tan terrenal, mundano y cotidiano». Es una invitación para comprender que el género y nuestras existencias no tienen que estar limitados por aquellas personas que nos dicen lo que debemos ser, ni por quien la sociedad decida que somos según nuestros genitales o apariencia, ni por esa caja en la que el binarismo de género eurocolonial ha intentado encerrarnos.

Las personas no binarias en la actualidad

Una de cada seis personas de la Generación Z se identifica como LGBT[22] y el 76% de las personas no binarias adultas tienen entre dieciocho y veintinueve años.[23] Hay quien argumenta que ser no binarie debe de ser una moda pasajera o un capricho. ¿Lo es? Si no, ¿por qué de repente todo el mundo es no binarie? ¿Qué significa ser no binarie? ¿Es que no hay solo dos sexos? La Generación Z no puede «inventarse» géneros así como así... ¿verdad?

En resumidas cuentas: te equivocas.

El diccionario *Merriam-Webster* define «non-binary» como: «relativo a una persona que se identifica o expresa una identidad de género que no es ni completamente hombre ni completamente mujer».[*, 24] En la actualidad, «no binarie» se considera en general un término paraguas. Para algunas personas, ser no binarie implica identificarse en un punto intermedio entre «los extremos» binarios (hombre y mujer); para otras, ser una combinación de géneros; al mismo tiempo, también hay quien siente una ausencia total y absoluta del género. Para mucha gente, ser no binarie conlleva liberarse de los estereotipos y roles que van unidos al género que se les asignó al nacer.

El término «no binarie» denota un género para el que ahora mismo no tenemos nombre. «Había un nombre (de hecho, ¡había muchísimos nombres), pero se ha perdido mucha información», me relató le doctore McLean con tristeza. Y, aun así, las personas no binarias siguen existiendo y prosperando a pesar de las limitaciones del idioma. Aquí tienes a unas cuantas personas que comparten lo que significa ser no binarie para elles:

> «*Defino ser no binarie como libertad*».
>
> B. Hawk Snipes (elle, ella),
> artista, icono de estilo y actore[25]

> «*El inglés no proporciona mucho vocabulario para explicar la identidad no binaria. Yo siempre lo diferencio: pronombres "en inglés" o identidades "inglesas". [...] En diné, las presentaciones suelen ser muy largas y extensas y una de las cosas más reconfortantes es el final, donde dices a la gente quién eres y tu*

---

* En español, el diccionario de la Real Academia Española incluyó en su actualización de noviembre de 2023 el término «no binario, no binaria» con la definición: «Dicho de una persona: Que no percibe su identidad de género en términos binarios de hombre o mujer». *(N. de le T.)*

papel y responsabilidad [en la sociedad]. Ákót'éego diné Nádleehí nishłį, que se traduce más o menos como "quien se transforma o quien cambia sin cesar"».

CHARLIE AMÁYÁ SCOTT (elle, ella), académique, escritore y creadore de contenido indígena [diné] transfem no binarie[26]

«Mi definición personal [de no binarie] fluctúa entre "tengo todos los géneros" y "no tengo género" al mismo tiempo».

DYLAN KAPIT (elle), educadore e investigadore queer, trans no binarie, judíe y autista

«Ser no binarie significa que no me identifico exclusivamente con ser hombre o mujer. Esas etiquetas [de hombre/mujer] existen en mi interior y yo existo más allá de ellas. El lenguaje en sí no es limitante. Pero nos limitamos cuando nos identificamos por completo con él. Los seres humanos son mucho más que palabras. [...] Yo no soy no binarie. "No binarie" es una palabra que uso para describirme».

ELLE DERAN (elle, ella), actore, cantante y creadore de contenido trans no binarie comprometide con crear contenido educativo, de entretenimiento y queer[27]

«No soy fan de las definiciones absolutas, pero esta no es una situación donde se esté evitando definir una cosa, porque, en sí mismo, el término no binarie no necesita más definición. Cerrar una definición cierra también todas las posibilidades. Y hay muchísimas formas de ser no binarie».

DR. MCLEAN (elle, él), biólogue evolutive, genetista, antropólogue biológique y sociólogue negre transmasc no binarie[28]

> *«"Trans" no es mi identidad de género; es más bien "no binarie". Para mí, trans describe mi viaje de transcender la etiqueta de género que me asignaron al nacer y recuperar mi género... recuperarme a mí misme».*

ADDISON ROSE VINCENT (elle), educadore y asesore para la inclusión LGBTQ+ transfem no binarie

> *«Ser trans o no binarie es transcender lo que "se supone que deberías ser" según la sociedad».*

DEVIN-NORELLE (ze), defensore de los derechos trans, escritore y modelo negre, birracial y transmasc

> *«Nos enseñan que debemos actuar como el resto de la gente para que nos acepten. Y nunca se preguntan: "¿Qué significa ser yo?". Ser no binarie significa ser mi yo más auténtico y explorarlo con alegría, en vez de obligarme a meterme en el molde de galletas donde ya no sería yo. Ser no binarie es mi "yo-género"».*

MEG LEE (elle), artista y activista trans no binarie asiático-estadounidense

¿La gente no binaria es trans?

Aparte de que las personas cisgénero no consideran la identidad no binaria como válida, muchas personas trans conocidas (que no se identifican como no binarias) han atacado a les no binaries por incluirse dentro del paraguas trans. No vale la pena mencionar a estos individuos, aunque es fácil encontrarles con una rápida búsqueda por Google o YouTube.

Estas afirmaciones suelen comenzar con el argumento de que alguien debe sufrir disforia de género para poder ser trans. Como algunas personas no binarias no experimentan disforia de género, hay personas trans que las excluyen y dicen que no son trans.

El segundo argumento, y quizás el más contraproducente, es que solo hay dos géneros: hombre y mujer. Como ya sabes por lo que he dicho en este capítulo y en el Capítulo 2, esto es falso y difícil de defender, ya que ni siquiera el sexo es binario.

He conocido a un número significativo de personas no binarias que tienen miedo de llamarse trans por la reacción violenta que podrían provocar en otras personas trans que han decidido transicionar. Dylan estuvo de acuerdo con esto. «Creo que las personas [no binarias] no suelen llamarse "trans" hasta que empiezan una transición médica», me dijo.

Todas las personas no binarias a quienes entrevisté para este libro creen que, de hecho, ser no binarie entra dentro del paraguas trans. Su razonamiento fue similar. Dado que «trans» describe a una persona que no se identifica con el género que le asignaron al nacer y que a nadie se le asigna el género no binario al nacer, las personas no binarias no se identifican con su género asignado y, por tanto, se consideraran trans (aunque, claro, si conoces a una persona no binaria que prefiere no ser llamada trans, ¡eso también es válido!).

«Me gusta usar "trans" más como un término paraguas», me dijo Charlie. «Ya que describe a alguien que está más allá del género, alguien cuya identidad de género fue dictaminada por otra persona». Según Charlie, esto incluye a la gente no binaria.[29] B. Hawk dijo: «Si lo contrario a cisgénero es transgénero, y las personas no binarias no son cis, [entonces] somos unos seres especiales y maravillosos que forman parte del maravilloso mundo de la identidad trans».[30]

¿No binarie es una palabra que describe una identidad o una expresión?

Además de no binarie, es posible que te hayas encontrado con «disidente del género».* Al igual que no binarie, es un término paraguas

---

* No hay una traducción asentada aún para *«gender nonconforming»*, por lo que he usado la opción más empleada en español. Sin embargo, también es posible ver otras propuestas, como «de género no conforme» o «inconformista del género». *(N. de le T.)*

que la gente emplea de formas muy diversas. En general, «disidente del género» incluye a personas cuya identidad de género y/o expresión de género no encaja con los estándares o normas sociales sobre el género. Es, en esencia, cualquiera que se salga del binarismo de género del modo que sea. Hay quien usa «disidente del género» como una identidad en sí misma y hay quien solo lo utiliza para describir la expresión de género y cómo se presenta una persona o comunica su género a otras.

Del mismo modo, el término «no binarie» se suele usar sobre todo para describir una identidad de género, pero hay quien lo emplea como término paraguas para hablar sobre su expresión de género. Dice le doctore McLean: «Yo meto la expresión de género y la identidad en la misma categoría. Sea cual sea tu género, lo estás expresando».

Otras personas, como Dylan, no sienten tanto entusiasmo a la hora de eliminar la distinción entre los términos. «Me preocupa que usar "no binarie" como expresión de género alimente el discurso de "parezco no binarie"».[31] Dylan se refiere a una idea errónea y frecuente sobre que para ser no binarie hace falta una especie de «aspecto» no binario, en general uno que sea andrógino. Pero la androginia es subjetiva y depende de la cultura; identificar a la gente por su capacidad de presentar su género de un modo específico no deja espacio para la autodenominación. Aun así, el argumento de le doctore McLean es justificado: en una situación ideal, nuestra expresión de género solo sería nuestro género expresado. La expresión puede incluir llevar vestidos, camisas de franela, maquillaje, tops sin mangas, tacones altos, «ropa masculina» o nada de esto. La sociedad ha asignado un género a estas cosas, pero ¿y si solo fuera ropa? ¿Y si solo fuera maquillaje? ¿Y si solo fueran formas de presentarnos y expresarnos?

Todas las personas no binarias que entrevisté usaban las dos etiquetas, trans y no binarie. Eso reforzaba su capacidad de describirse y, para algunas personas a las que a menudo se les percibe de un modo mucho más binario, usar no binarie además de trans les permite distinguir entre ser un hombre trans o una mujer trans y ser no binarie.

«La verdad es que el mayor error que cometen conmigo es decir que soy un hombre trans. Me pasa todo el tiempo», comentó Dylan. «Si uso no binarie con tanta fuerza, en parte es porque sé qué aspecto tengo y creo que la gente deduce muchas cosas sobre mí cuando se basan en que tengo barba y visto ropa "de hombre"».[32]

B. Hawk compartió sentimientos similares: «Mucha gente me etiqueta como mujer trans, pero eso no es lo que soy en mi totalidad», comentó con orgullo. «A veces, la gente quiere encasillarme en la caja de mujer trans y tengo que recordarles que no lo soy. Soy B. Hawk hasta nuevo aviso».[33]

Errores sobre cuestiones no binarias

La diversidad de opiniones sobre cómo escribir «no binarie» refleja lo diversa que es esta etiqueta. He aquí algunos errores y sus correcciones sobre las personas no binarias:

No todas las personas no binarias están delgadas, son blancas o AFAB*

B. Hawk recuerda que la primera vez que conoció a una persona que usaba el pronombre elle sintió escepticismo. «Pensaba que era algo que la gente blanca trans se estaba inventando». Recién cerca de un año después, al ver a Milan Garçon (elle), defensore, celebridad e *influencer* de moda negre trans no binarie, B. Hawk pudo empezar a verse a sí misme.[34, 35] «[Milan Garçon] dijo: "Soy negre y no binarie" y yo me quedé en plan "¡Ah! ¡Que las personas negras también pueden ser no binarias!"». B. Hawk se rio. «Por eso la representación me parece tan importante».

B. Hawk ha sacado un tema que persiste más allá del género: la mayoría de la representación, incluso para identidades marginalizadas,

---

* AFAB es un acrónimo en inglés que significa «*assigned female at birth*» (género femenino asignado al nacer).

se centra en otras identidades predominantes. Para personas trans y no binarias, esto significa que la representación en los medios y en la sociedad es sobre todo blanca, cisnormativa, heteronormativa, con un atractivo convencional, delgada o de talla «estándar»* y más. No ver a otras personas que se parecen a nosotres puede provocar que pensemos que no podemos acceder a esas identidades o, si lo hacemos, que no nos tomarán en serio.

La realidad es que todas las personas, les asignaran un género u otro al nacer, tengan una configuración biológica u otra, sean de la raza o la talla que sean, y tengan unas capacidades u otras, pueden ser no binaries.

No todas las personas no binarias son andróginas

Aunque muchas personas creen que para ser no binarie hace falta tener un aspecto andrógino, no todes les no binaries lo tienen ni todas las personas con este aspecto son no binarias.

Es vital recordar que la androginia es una categoría construida socialmente sobre la presentación del género o la expresión de este. Lo que «parece andrógino» en una cultura o época podría ser diferente en otra.

Las personas no binarias no les deben a les demás ni a sí mismas androginia. Cualquiera puede expresar su género como quiera. Alguien no binarie no es menos no binarie por no ser andrógine.

No todas las personas no binarias usan el pronombre elle

Como habrás deducido, muchas personas no binarias emplean de forma exclusiva el pronombre elle. Dylan, por ejemplo, solo usa elle. Otres, como Devin-Norelle, modelo, escritore y defensore por los derechos trans, utilizan neopronombres (te recomiendo consultar las páginas 104 en adelante). Hay personas no binarias que pueden sentirse cómodas usando tan solo pronombres de

---

* Gente que no está gorda ni sufre discriminación por su gordura o su talla.

género binario o una combinación de estos con otros de género neutro. Charlie, B. Hawk y le doctore McLean usan una combinación de elle con él o ella.

No todas las personas no binarias carecen de género

Ser no binarie no significa necesariamente que se experimente una ausencia total de género. Hay personas que se identifican como «agénero», que se suele definir como la ausencia de género, y muches no binaries identifican su mismo género como no binario, mientras que otres viven su género como femenino, masculino o una combinación de los dos, que puede variar según la época y cambiar en intensidad.

Las personas no binarias también se pueden identificar con otras identidades LGBTQ+

Muchas personas no binarias también se identifican como transmasculinas o transfemeninas, como lesbianas o gays, queer, pansexuales, asexuales, bisexuales, etc.

¡Algunas personas no binarias transicionan y otras no!

Algunes no binaries cambian su forma de presentarse como parte de un proceso de afirmación de género. Pueden someterse a cirugías o tomar hormonas, igual que hay gente que no lo hace. Las personas no binarias son válidas sin importar lo que hagan o dejen de hacer con sus cuerpos. Nadie tiene la autoridad de decirle a otra persona cómo se debería identificar según las ideas o conclusiones que haya sacado sobre elle.

Las identidades no binarias no son una moda

Como se ha comentado antes, las identidades no binarias se han reconocido y documentado durante milenios en culturas de todo el mundo. El hecho de que ahora haya más gente definiéndose como no binaries es solo una muestra de que hay más lenguaje disponible, no de que sean identidades recién descubiertas o creadas.

Y aunque lo fueran... ¿qué significaría esto? Piensa en que todas las identidades y etiquetas han sido inventadas y construidas socialmente en algún momento. Por ejemplo, la etiqueta «coreano». Yo soy un hombre coreano y esta etiqueta significa mucho para mí. Describe la cultura de la que procedo, su localización, y sugiere algo sobre mis antepasades. Pero «coreano» es una palabra que solo apareció en inglés en el siglo XVII[36] y la Corea que conocemos hoy en día es muy distinta a la Corea de la época de mi abuela norcoreana. Esto significa que ser coreane es una identidad construida socialmente. Los seres humanos la inventaron. Y aun así es muy valiosa e importante.

Los seres humanos han inventado muchas otras etiquetas para describir sus experiencias. Hombre y mujer también son categorías inventadas. Las personas no binarias no están expresando su identidad, ni lo han hecho, solo para llamar la atención y hacerse las guais. Las identidades no binarias merecen respeto igual que cualquier otra identidad de género. Igual que mi hombría ni es para ti ni para nadie más, las identidades de las personas no binarias ni son para ti ni para nadie más: son para elles, son personas y cada una avanza a su propio ritmo.

· · ·

Aunque hay personas que sienten mucho apego por realidades falsas del tipo «¡Solo hay dos géneros!» y «Eso de no binario es inventado» o incluso la historia falsa que acarrea la frase «Traed de vuelta a los hombres varoniles»*, lo cierto es que el género nunca ha sido ni binario, ni simple, ni está definido por los estereotipos de género

---

* Frase que usó Candance Owens (ella), personalidad conservadora estadounidense, cuando vio las imágenes de Harry Styles incluidas en un artículo de *Vogue Magazine*. El tuit completo dice: «Ninguna sociedad puede sobrevivir sin hombres fuertes. Oriente lo sabe. En Occidente, la constante feminización de nuestros hombres al mismo tiempo que se enseña marxismo a nuestros niños no es una coincidencia. Es un ataque directo. Traed de vuelta a nuestros hombres varoniles». *(N. de le T.)*

que dominan la vida actual. La expansividad, diversidad y variación en el género siempre han existido, tanto si ahora lo reconocemos como si no. Aunque algunos detalles de este capítulo pueden resultar sorprendentes, como me pasó a mí cuando estaba aprendiendo, no quiero vivir mi vida sin prestar atención a la historia. Quiero vivir mi vida e integrar nueva información sin cesar para actualizar mi forma de pensar, mis creencias y opiniones. Espero que decidas acompañarme.

4

¿Cirugía? ¿Hormonas? ¿Cortes de pelo?

En 2012, después de pasar el verano tomando clases de Biología avanzada por Internet (esto fue antes de que el mundo supiera lo que eran las clases en línea), estaba listo para salir y hacer otra cosa. Y esa otra cosa fue descender una montaña en bicicleta con mi hermano, Jinwon (él). Él ya disponía de todo el equipamiento adecuado, competía con regularidad y hasta sería semiprofesional durante una temporada, aunque breve. Mi bicicleta, en cambio, la compramos en una tienda de deportes local.

Si estás pensando en que era mala idea, tienes razón. Este tipo de ciclismo es un deporte extremo. No es solo bajar una montaña, sino que bajas a una velocidad de vértigo, giras en curvas inclinadas, saltas a ciegas… En fin, te haces una idea.

En el segundo descenso por la montaña yo iba bastante bien, seguía erguido… hasta que llegamos a un recodo bastante empinado. Jinwon gritó: «¡Cuidado!». Volqué en el giro, porque iba tan rápido que no pude controlar la bicicleta. Pasé por encima de unos troncos y acabé entre los arbustos. Pensaba que había recuperado el control, pero entonces vi que volaba. Me encogí en preparación para el impacto que sabía que estaba a punto de llegar.

Aún recuerdo con exactitud a qué olía cuando aterricé de bruces entre las plantas: a artemisa y pino, con un toque de tierra de montaña. No sé cómo, pero evité golpearme la cabeza contra el suelo y aterricé de espaldas con fuerza. Con mucha fuerza. No recuerdo sentir demasiado dolor. Lo único en lo que me pude concentrar fue en que me quedé sin aliento.

—¡La niña se ha caído! —le gritó a mi hermano el chico que iba detrás de mí (aunque suelo recomendar que nos refiramos a las personas trans por los pronombres que usamos en la actualidad, no he modificado la forma en que se refirió a mí para reflejar cómo me percibían en esa época).

—¿Schuyler? —me llamó Jinwon. Aún estaba recuperando el aliento—. ¡Schuyler! ¡¿Estás bien?! ¡Schuyler! —repitió. Al percibir el pánico en su voz, intenté responder.

—Nooooo —dije todo lo alto que pude. Salió más bien como un gemido. Solo quería comprobar que me hubiera oído. Luego volví a intentar recuperar el aliento, pero, por algún motivo, no podía.

Les médiques tardaron mucho en llegar, o eso me pareció a mí. Un chico con el pelo corto y vello facial empezó a hacerme las típicas preguntas de una emergencia médica.

Me examinó el casco por si había indicios de una posible herida craneal y luego me palpó la espalda para ver dónde me dolía. Me preguntó por qué lloraba y temblaba. ¿Era por el nivel de dolor o porque estaba asustado? Dije que un poco por las dos cosas.

Lo cierto era que lloraba porque lo sentía: sentía haber fastidiado el día de bici de Jinwon, sentía haber retrasado a sus amigos (que parecían molestos por la perspectiva de tener que aguantar a una chica), sentía hacer perder el tiempo a les médiques. Lloraba porque tenía miedo de que papá y mamá se enfadasen conmigo, lloraba porque estaba enojado conmigo mismo por ser tan descuidado y por ir a una velocidad superior de la que sabía manejar.

Pareció pasar una eternidad antes de que me subieran a la camilla. Ocho personas me levantaron del suelo y me transportaron con cuidado por el sendero hasta la vía de acceso donde me esperaba una camioneta.

Me encontré con mis xadres en la base del sendero. Vi lo preocupades que estaban. Jinwon les había contado que no podía moverme. Y no era del todo mentira: sabía que moverme habría sido mala idea. Pero tampoco era lo que se temían.

—Te vas a poner bien —me arrullaban con tono cantarín—. No pasa nada, todo saldrá bien.

¡Lo sé!, quería gritarles. *¡ESTOY BIEN! ¡No me voy a morir de una caída tonta!* Sabía que querían ayudarme, pero yo intentaba no derrumbarme.

Tras un trayecto precario por la montaña, en el que me situaron en la parte trasera de la camioneta, de la que me sobresalían los pies porque la camilla era demasiado larga, me trasladaron a una ambulancia que me llevó al hospital más cercano, donde me condujeron a una habitación. Allí me quitaron los pantalones y me cortaron la camiseta.

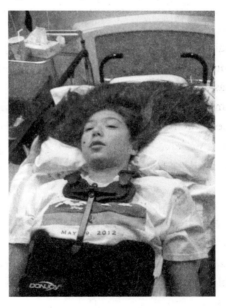

24 de agosto de 2012, en la cama del hospital, con el corsé ortopédico

Durante la miríada de pruebas (una TAC con contraste de yodo, radiografías y el clásico examen para ver dónde me dolía), lo único en lo que podía pensar era en que mi entrenador de natación se iba a enfadar mucho. Había tenido una temporada de mierda y no me había clasificado para los nacionales de verano. Me había costado incluso llegar a la competición de bajo nivel de las eliminatorias, donde no conseguí ni una buena marca ni gané una mísera carrera.

«Estabas en la regla, no pasa nada», me dijo el entrenador. Pero su tono no coincidía con sus palabras. Estaba decepcionado, porque esperaba que ese verano fuera uno de sus nadadores estrella.

Encima acababa de entrar en ese equipo, considerado uno de los mejores en la zona. Y los títulos de tres campeonatos nacionales seguidos nos proclamarían como el mejor del país también.

Mi pésimo rendimiento de ese verano no solo había decepcionado a mi entrenador, sino que también me había avergonzado. Empezaba a sentir que pertenecía a ese nuevo equipo, pero eran chicas despiadadas y me aterrorizaba lo que pudiera pasar si mi rendimiento no mejoraba.

De vuelta en la habitación del hospital, aguardé los resultados de les médiques. *¿Unos cuantos días? ¿Una semana? Tengo que estar en forma para clasificarme para los nacionales de invierno.* Intenté, sin éxito, distraerme viendo la televisión, pero el collarín que me habían puesto era muy incómodo.

—Te has roto la espalda.

El médico entró y, sin más preámbulo, soltó aquello.

Me quedé de piedra. *¿Me he roto la espalda?*

—¿Cuándo podré volver a nadar? —Fue lo primero que dije.

—Tienes suerte, es una fractura estable, así que no mucho tiempo. Diría que entre cuatro y seis… puede que ocho…

Suspiré de alivio. ¡Cuatro días no estaba mal!

—Semanas —concluyó el médico. *¿DOS MESES?* Yo me quedé patidifuso y él se marchó a comprobar los resultados con el radiólogo. Y ahí fue cuando me eché a llorar de verdad.

—El entrenador me va a matar… —le sollocé a mi padre, que me hacía compañía. Estaba muy cabreado conmigo mismo.

Mi padre me consoló y luego las enfermeras me trajeron un corsé ortopédico. Me dijeron que lo llevara puesto hasta la siguiente cita. Desanimado y, pese a todo, convencido de que volvería a entrenar antes de que pasaran dos meses, me fui a casa.

• • •

En muchos sentidos, romperme la espalda rompió también todo lo demás. Ese otoño, cuando comencé el penúltimo año de instituto, acabé en una espiral de depresión, autolesiones y un trastorno alimentario feroz. No nadar abrió un agujero en mi vida. Ya no comía para nadar, ni dormía para nadar, ni me esforzaba en mis estudios con tal de tener tiempo para nadar. Me sentía vacío, sin un objetivo que me guiase.

Durante los años que me quedaban de instituto entré y salí de terapia, sin acabar de comprender qué me pasaba y por qué sentía esa tristeza infinita. Pese a todo, seguí sacando buenas notas, y cuando en invierno pude volver a nadar (unos escasos tres meses o algo así después del accidente), nadé más rápido que nunca. Esos éxitos fueron destellos momentáneos de felicidad que desaparecían con rapidez cuando caía de nuevo en la desazón. Nada iba bien.

Aunque fui afortunado y recibí atención médica, no mejoraba. Cuando llegó la primavera del último curso de instituto, había ido al hospital en más de una ocasión por problemas de salud mental. Saltaba a la vista que no me estaba curando.

Tras la primera sesión de una hora con otra psicóloga, me dijo: «Necesitas tratamiento residencial. Tienes demasiadas cosas en la cabeza, cariño. Yo no puedo ayudarte. Debes tratarte todo esto en un sitio donde no haya distracciones».

Sabía que tenía razón. Estaba yendo a clases avanzadas, enviaba solicitudes a universidades y nadaba al menos veinte horas a la semana para mi equipo, que se había clasificado en los nacionales. Pero ese tipo de tratamiento implicaba aplazar un año mi ingreso en Harvard, donde me habían ofrecido un puesto en el equipo de natación femenino.

«Si no priorizas tu salud mental, irás a Harvard y nadarás despacio o te irá mal en la universidad, todo mientras estás deprimida», me dijo la misma psicóloga.

El lunes 9 de junio de 2014, el día de después de graduarme, mi familia y yo fuimos en avión a Miami, Florida, donde ingresé en el Oliver-Pyat Centers, un centro de tratamiento especializado en trastornos alimentarios. Había decidido seguir el consejo de esta psicóloga y había aplazado mi entrada en Harvard para tomarme un año libre por salud mental.

Durante esa época de tratamiento descubrí mi identidad trans y por fin aprendí lo que significaba afirmar esto en mi cuerpo y en mi ser mientras caminaba por el mundo.

Tras este descubrimiento, a menudo acababa en Instagram bien entrada la noche para buscar a gente como yo. Una noche encontré la cuenta de un chico trans. Se llamaba Kieran. En la mayoría de fotos iba sin camisa y no me pareció ver ni rastro de que hubiera tenido pechos. Me quedé pasmado. Y sentí muchos celos. No sabía que la gente como yo, gente a la que habían asignado el género femenino al nacer, podía someterse a procedimientos que nos permitieran vernos de verdad. Ya no quería tener pechos incluso antes de que me hubieran salido. Me parecía un sueño que existiera una cirugía para quitármelos, ya que superaban la talla F de sujetador.

Me había pasado la preadolescencia y la adolescencia deseando, lleno de vergüenza, tener cáncer de mama algún día para no seguir con esos pechos. Estaba desesperado por tener un motivo para quitármelos. Más tarde descubrí que no era el único en desearlo. Muchas personas transmasc que he conocido han compartido este secreto conmigo. Aunque ningune quería despreciar la trágica realidad del cáncer, que prefiriéramos enfermar antes que conservar los senos puede ayudar a explicar el dolor que sentíamos en esa época. La cirugía que recibió el *instagramer* Kieran y que reciben muchas otras personas transmasc es una doble mastectomía. Cuando descubrí que existía, supe que quería hacérmela.

· · ·

Como ya hemos dicho antes, una transición o un proceso de afirmación de género incluye cualquier paso que una persona trans o no binaria dé para afirmar su identidad de género. Esto puede salvar la vida a muchas personas. A medida que consumía más contenido como el de Kieran, descubrir que podía transicionar también me dio libertad. *Puedo hacer eso. Yo también puedo sentirme yo mismo*, pensé.

Pero las personas trans no son un monolito, con lo que es lógico que los procesos de afirmación de género no sean idénticos. No hay una única forma de transicionar y no todas las personas trans transicionan. La afirmación de género puede incluir muchas cosas: cortes de pelo y cambios de vestuario, hormonas, cirugía o nada que sea físico.

En general, la transición se puede agrupar en dos categorías: 1) social y 2) médica o física.

Un mes o algo así después de empezar a aceptarme de verdad, a mí y a mi identidad trans, fui a comprar con unas cuantas amigas. Laura (ella) y Adrienne (ella), que habían estado al tanto de mi viaje por el género, me acompañaron a la sección de ropa masculina de mi tienda favorita y, muy emocionadas, me animaron a comprarme unos vaqueros que quería. Lo hice y me ilusioné. En los meses posteriores, me armé de valor para comprar más ropa que encajara con mi género y con la forma en la que quería presentarme.

En octubre de 2014 pedí cita en la peluquería local y me corté otra vez la melena. En vez del Rolodex antiguo, elegí un peinado de Internet. Me avergüenza admitir que le enseñé a la peluquera una foto de Zac Efron (él). Aparte de la influencia de *High School Musical*, recuerdo sentir mucha euforia de género al mirarme en el espejo. Poco después empecé a compartir mi identidad trans con amigues cercanes y pedí a ese pequeño grupo de gente que usara el masculino conmigo. Así empezó mi transición social.

La transición social suele incluir cambios que modifican la forma de presentarse de una persona y cómo se la recibe socialmente. Al igual que me pasó a mí, la transición social suele incluir salir del armario como trans, pedir un cambio de género gramatical, un corte de pelo nuevo o un cambio o actualización de armario. También puede incluir compartir un nombre distinto o incluirse en otra categoría de género distinta, como usar un baño diferente, jugar en otro equipo deportivo, implicarse en una actividad extracurricular de un género distinto, etc. Las transiciones sociales pueden, al mismo tiempo, no incluir nada de esto y, como con cualquier paso de una transición, cada persona decidirá qué es lo que más le conviene.

En marzo de 2015 me operé el pecho en Davie, Florida, en la clínica del doctor Charles Garramone (él). Este fue el primer paso de mi transición médica. La transición médica (o física) implica someterse a procedimientos médicos para alterar el cuerpo de una persona y suele incluir hormonas y/o cirugía. Por culpa de la ignorancia y la desinformación, mucha gente considera la transición médica como el único método válido de transición. Incluso hay quien dirá que las personas que no pasen por ella o no quieran transicionar de esta forma no son trans en realidad. Esto es falso, tránsfobo y cisnormativo, dado que da por hecho que todo el mundo debe ser cisgénero y/o debe acomodarse a las expectativas cisgénero de un cuerpo. Ser trans es una identidad, no una acción.

Yo era trans antes de operarme el pecho y sigo siéndolo ahora. La transición médica no es más válida que la transición social, y la identidad trans de aquellas personas que no quieren o no pueden transicionar de forma médica no es menos válida y no debería recibir menos respeto. Las expectativas de que todas las personas trans tengan que transicionar médicamente es dañina y errónea.

Al igual que ocurre con la transición social, la transición médica no siempre es igual. La voluntad de la persona trans siempre debería ser lo más importante. Como resultado de los estándares cisnormativos dañinos existentes, las personas trans llevan décadas siguiendo unos caminos muy restringidos que no funcionan para todo el mundo.

Cuando empecé a buscar formas de operarme el pecho, me dijeron que debería llevar un año por lo menos «presentándome con mi género afirmado» antes de operarme. Mucha de la documentación de la época también exigía que me sometiera a terapia hormonal durante al menos un año antes de la operación. Por aquel entonces no estaba seguro de querer tomar testosterona (ni en ese momento ni en el futuro) y esa norma me complicó la operación de pecho, porque muches psicólogues se negaron a escribirme la carta de apoyo requerida precisamente porque no tomaba testosterona.

Aunque muchas personas trans no toman hormonas, otras sí lo hacen y les han salvado la vida.

HORMONAS DE AFIRMACIÓN DE GÉNERO

El 3 de junio de 2015 fui con une amigue a la clínica de mi antiguo pediatra, un edificio con tejas de color óxido en la Maple Avenue. Era el mismo médico que llevaba viendo desde pequeño. Pero ya no era un niño. Acababa de cumplir diecinueve años y tenía la receta de testosterona en la mano.

Me ubiqué en la mesa de exploración con los pantalones por los tobillos. El papel sobre el que estaba sentado se me pegaba a las piernas desnudas mientras la enfermera me enseñaba lo que estaba haciendo.

—La testosterona es un suero espeso —me explicó mientras perforaba la tapa de un frasquito—. ¡Casi como la miel! —Parecía una de esas botellitas diminutas de licor, pero más pequeña aún—. Tarda un poco en subir por la jeringa. Ten paciencia.

—Vale —respondí. Me sudaban las manos y también se pegaban al papel.

—Cuando tengas la dosis, sácala así. —Me enseñó la línea de medida y luego extrajo la aguja del frasquito—. Puedes quitar las burbujas de aire así. —Usó los dedos para darle golpecitos a la jeringa—. Y las burbujas flotarán hacia arriba. —Asentí—. ¡Y ya es el momento de inyectar! ¿Estás listo?

—Sí —dije. Miré a mi amigue, que me apretó la mano y sonrió—. ¡Venga!

La enfermera me limpió una zona del muslo con un algodón empapado de alcohol y luego inyectó con rapidez la testosterona. No dolió mucho, aunque tampoco lo esperaba. Solo un pinchacito, como me habían dicho. Elegí una tirita de los Minions y la enfermera me envió a casa. Así comenzó mi viaje con la testosterona.

La terapia de reemplazo hormonal (en inglés se suelen emplear las siglas HRT, por *Hormone Replacement Therapy*, o GAHT, por *Gender-Affirming Hormone Therapy*) implica administrar una hormona cruzada, la que el cuerpo no produce en altas concentraciones durante la pubertad de una persona. Para la gente a la que se le asignó el género femenino al nacer como yo, es la testosterona; para la gente a la que se le asignó el género masculino al nacer, es un estrógeno como el estradiol, la progesterona u otro. Tomar una hormona cruzada hace que la persona experimente una pubertad por testosterona o por estrógeno.*

Las hormonas se pueden administrar de distintas formas:

Tópica, que es cuando se administra en forma de gel o crema que se extiende por el cuerpo, en general a diario. Muchas personas que usan este método experimentan los efectos

---

* Te habrás fijado en que he dicho pubertad «por testosterona» y «por estrógeno» en vez de usar expresiones que te podrías esperar, como pubertad «masculina o de un chico» o «femenina o de una chica». Esto es por dos motivos. El primero es que la «pubertad masculina» implica que las personas que pasan por este proceso son hombres, pero no siempre es el caso. Las mujeres trans pueden tener este tipo de pubertad y no son hombres; las mujeres trans son mujeres. El segundo es porque «la pubertad de un chico» no es un término muy específico. ¿Qué significa? ¿Hace referencia a un hombre que pasa por la pubertad? ¿Implica que hay un crecimiento de los genitales que se suele asociar con los hombres? ¿O que la voz se vuelve más grave? En general, esto es lo que ocurre cuando hay grandes cantidades de testosterona, de ahí que «pubertad por testosterona» sea el término más preciso.

de la hormona más despacio, lo que puede ser beneficioso para quien quiera ir poco a poco con el proceso.

Por inyección, que es el método que uso yo. Seguramente sea la forma más habitual de administrar testosterona y suele ser la más económica. Las inyecciones también sirven para suministrar estrógenos. La frecuencia puede variar, pero suelen ser una vez a la semana o cada dos semanas en Estados Unidos. Se aplican de forma subcutánea (dentro de la grasa debajo de la piel, en general en el vientre) o intramuscular (dentro del músculo, en general en el muslo o las nalgas).

Mediante gránulos de hormonas cristalizadas (ya sea de testosterona o estradiol) del tamaño de un grano de arroz, que une médique inserta quirúrgicamente debajo de la piel; se suelen colocar con varios meses de diferencia, según la dosis deseada y el metabolismo de le paciente. Los gránulos se disuelven despacio en el cuerpo y liberan las hormonas con el tiempo. Hay gente que suele empezar con otro tipo, como las inyecciones o las cremas tópicas, y luego pasan a los gránulos cuando los niveles de la hormona son regulares y estables.[1, 2]

Las píldoras orales seguramente sean la forma más habitual de administrar estrógeno. Estas pastillas funcionan de forma similar a la píldora anticonceptiva; de hecho, antes de que la terapia de reemplazo hormonal fuera más accesible para las personas transfem, muchas usaban píldoras anticonceptivas que habían sido diseñadas para mujeres cis. Esto no es aconsejable, ya que siempre se debe consultar con une médique antes de comenzar cualquier terapia hormonal, pero es una parte importante de la historia trans. En marzo de 2019 se aprobó una forma de administración oral de testosterona, pero las personas transmasc la usan bastante menos.[3, 4, 5]

PERO ¿LAS HORMONAS NO DAN CÁNCER?

—Tío, aún no me he hecho una citología.

Uno de mis mejores amigos y yo íbamos en coche desde su casa hasta la pequeña ciudad donde daría un discurso esa tarde. Admitió esto y se rio para sí con nerviosismo.

—Seguramente no te pase nada. Pero ¿por qué no te la has hecho? —pregunté.

—No quiero que nadie se meta en mis asuntos... de ahí abajo. Me pone de los nervios. —Asentí. Había oído decir esto a varies amigues trans, clientes trans y gente que asistía a mis grupos de apoyo—. Sé que debería, porque quiero cuidar de mi cuerpo. Pero... es que no puedo.

—Tiene sentido —dije para validar sus sentimientos.

—¿Y tú te has hecho una?

—Me toca dentro de poco. Ya me hice una antes.

—¿Y dónde fuiste?

—Al mismo médico que me prescribió la testosterona. Trabaja en...

—¿Es un hombre? ¿Un hombre cis? —preguntó Teddy con incredulidad.

—Sí. De hecho, ahora que lo pienso, todos los médicos a los que he ido por algo de mis genitales han sido hombres cis.

—Guau —respondió Teddy, impresionado—. Me resulta difícil imaginármelo. Tendría miedo de... de que me agredieran. O de otra cosa. No sé.

Asentí de nuevo, porque lo entendía. La gente trans tiene el doble de posibilidades de sufrir una agresión sexual; los miedos de Teddy no eran infundados. He leído demasiadas historias sobre comentarios inapropiados y tocamientos no consentidos (es decir, abusos sexuales) que han sufrido pacientes trans a manos de sus médicos. El miedo a los médicos y a sus reacciones, la posibilidad de que abusen de nosotres y la transfobia médica en general han hecho que muches de mis amigues no reciban atención sanitaria de forma periódica.

—Yo también me planteé ese riesgo. Y a veces eso significa que no voy. Pero, al final, ganan ellos. Y lo odio. Si quiero recibir la atención sanitaria que necesito tengo que armarme de valor contra la transfobia. Por eso trato a los médicos del mismo modo que ellos me tratan a mí: como si fueran una transacción. No voy para que me miren la vagina y se piensen que soy así o asá. No voy para demostrarles que soy un hombre. Solo voy para que comprueben que no tenga cáncer de cérvix.

El cáncer, por desgracia, es una tragedia que puede ocurrirle a cualquiera en cualquier momento. Pero el mito frecuente de que tomar hormonas exógenas puede «darte cáncer» es justo eso, un mito. No existen prácticamente estudios que sustenten esta afirmación y, sin embargo, es habitual que las personas trans eviten hacerse revisiones rutinarias que impliquen partes del cuerpo que tradicionalmente no se han asociado con su género. Conozco a un número importante de hombres trans que se niegan a acudir a une ginecólogue para hacerse una citología u otras pruebas porque tienen miedo (un miedo válido) de la reacción de su médique ante su identidad trans y su cuerpo, o porque no quieren enfrentarse ellos mismos a esas partes del cuerpo, o por ambos motivos. Aunque casi no hay investigaciones que sustenten el argumento de «la testosterona causa cáncer», sí que hay estudios sólidos que sustentan el aumento de riesgos para la salud cuando es difícil acceder a la sanidad.[6,7,8]

Las personas trans experimentan discriminación y malos tratos en el sistema de salud, como acoso verbal, violencia y más. También se les niegan servicios.[9]

Las personas trans que deben educar a les profesionales de la salud sobre lo que significa ser trans tienen cuatro veces menos posibilidades de buscar atención sanitaria.[10]

Cerca de un 30% de las personas trans retrasan buscar la atención que necesitan por discriminación o por miedo a la discriminación.[11]

Las mujeres trans tienen más probabilidades de quedarse sin hogar o sin empleo, lo que reduce su acceso a la atención sanitaria.[12]

CIRUGÍA DE AFIRMACIÓN DE GÉNERO

Es posible que la opción más conocida de la transición sea la cirugía. De hecho, mucha gente reduce la identidad trans a la cirugía, y esto no es correcto. Cuando anuncié que era trans a mi comunidad de Facebook, una amiga de la familia me escribió lo siguiente: «Entonces vas a operarte??».

A ver... ¡hay al menos catorce cirugías de afirmación de género!, pensé. Aunque, claro, todes sabemos lo que quería decir: me había escrito para saber si me iba a operar y cambiarme los genitales. Le progenitore de une amigue me lo preguntó de un modo más directo: «¿Te vas a poner uno adhesivo?».

Aunque la cirugía genital puede ser muy afirmante para algunas personas trans, no es ni mucho menos la única disponible ni la más habitual (aun así, descubrir que una persona es trans nunca es una invitación para preguntar sobre sus genitales u otra información médica privada. Pero hablaremos de esto más tarde).

Las cirugías se dividen en categorías según la zona del cuerpo (*top, middle* y *bottom surgeries*).*

---

* Estas categorías no tienen una correspondencia directa en español. Nos referimos a ellas en términos médicos o con expresiones del tipo «operarse el pecho», que es una paráfrasis más que un término exacto. En el apartado que sigue se ha intentado emplear los términos más habituales en nuestro idioma. *(N. de le T.)*

Operación de pecho

Esta expresión la usan tanto las personas transmasc como transfem para describir una cirugía de reconstrucción de pecho, aunque es menos habitual en la comunidad transfem, donde se habla más bien de «aumento de pecho». Para las personas transmasc, la cirugía en esta zona es una doble mastectomía; para las transfem, es el aumento de pecho mencionado antes.

La cirugía de pecho más habitual para la gente transmasc es una mastectomía de doble incisión, en su mayoría con injertos de pezón. Como el nombre lo indica, se realizan dos incisiones para extraer el tejido mamario y luego se cambia el tamaño de la areola y los pezones para volver a colocarlos. Esta es la cirugía que me hice yo, pero hay distintos métodos. Depende sobre todo del tamaño del pecho de la persona antes de la intervención.

Como dijimos, la cirugía de pecho para la gente transfem es el aumento de pecho. Existen distintas técnicas para este procedimiento, pero el principal factor que las diferencia es el tipo de implante: de silicona o de solución salina. Las cicatrices por aumentarse el pecho suelen ser mínimas e indetectables en su mayoría, ya que le cirujane hace una pequeña incisión alrededor de la areola, debajo de la axila o en el pliegue del seno y utiliza esa hendidura para insertar el implante debajo de la piel y el músculo para crear la forma de la mama.[13]

Cirugía abdominal

Se refiere a la extracción de los órganos reproductivos internos de una persona. El término en inglés («*middle surgery*»), hasta donde yo sé, solo se usa en espacios transmasc. Esto se debe a que las personas a las que les asignaron el género masculino al nacer en general no tienen órganos reproductivos internos que requieran un procedimiento aparte. La cirugía abdominal para la gente transmasc puede incluir una histerectomía (extracción del útero), una ooforectomía (extracción de los ovarios) y una salpingectomía (extracción de las trompas de Falopio). Mucha gente se somete a este procedimiento como forma de liberación (espiritual o del tipo que sea) de su género asignado. Extirpar cualquiera de estos órganos también puede ayudar químicamente en la transición médica, ya que la función de producir estrógenos de los ovarios puede competir con la testosterona exógena prescrita. Algunas personas consiguen mejores resultados con la testosterona después de quitarse los ovarios.

Yo he decidido no hacerme ninguna de estas cirugías, principalmente porque no quiero. Y, por el momento, no he tenido ningún problema con el tratamiento de testosterona ni con mis órganos reproductivos internos.

Durante mi primera entrevista emitida a nivel nacional por televisión en 2016, Lesley Stahl (ella) me preguntó si quería tener hijes. Me reí. Mi respuesta fue: «Con diecinueve años, ahora mismo no tengo ni idea».

Casi ocho años más tarde, sigo sin estar seguro. Por eso no he descartado la posibilidad de tener hijes con mi propio cuerpo, para lo que necesitaría estos órganos. Aunque muchos hombres trans se sienten desconectados de sus órganos reproductivos internos, a mí me ocurre todo lo contrario. Mi útero y las partes que lo rodean simbolizan de dónde procedo y lo aprecio. Sin embargo, esta es mi perspectiva particular y, como cualquier grupo demográfico, los hombres trans no son un monolito.

Cirugía genital

Este tipo de cirugía consiste en reconstruir los genitales. A menudo se le suele llamar «cirugía de reasignación de género/sexo» o «cirugía de reasignación genital», pero estos términos son anticuados y/o imprecisos. La reconstrucción de los genitales no «reasigna» la identidad de género; la cirugía es una afirmación de tal identidad. Yo soy un hombre tanto si recibo cirugía genital como si no. Si alguna vez decido pasar por este procedimiento, sería un acto de afirmación, no de reasignación.

Para las personas transmasc, este tipo de cirugía suele incluir una vaginectomía (extracción y sellado de la cavidad vaginal) e implantes testiculares, además de algún tipo de construcción fálica.

Los dos tipos principales de cirugía genital para las personas transmasc son la metoidioplastia y la faloplastia. En las dos se suele alargar la uretra (uretroplastia) para que la persona pueda orinar desde el extremo del falo y de pie; lo más habitual es que los labios mayores se fusionen para crear el escroto con implantes testiculares (escrotoplastia).

Lo que distingue ambos tipos de cirugía genital es la construcción del falo. En una metoidioplastia, el falo se construye a partir del clítoris, alargado mediante hormonas, y medirá entre cuatro y seis centímetros en su forma final; mientras que en una faloplastia el falo se construye mediante un gran injerto de piel sacado del antebrazo, muslo, abdomen o espalda de le paciente, y medirá lo mismo que un falo medio.

Si una persona transfem decide someterse a una cirugía genital, seguramente pase por una vaginoplastia, que suele incluir también una orquiectomía (la extracción de los testículos). Aunque esta cirugía tiene muchas variaciones, la más habitual es la vaginoplastia con inversión peniana, donde se invierte el pene y se usa para crear la cavidad vaginal. Descubrí esta técnica cuando asistí a una charla impartida por Marci Bowers (ella), la primera mujer trans en realizar esta cirugía en otras personas trans. Me pareció maravilloso; es un concepto interesantísimo que consiste simplemente en invertir lo que ya existe para crear lo que alguien necesita. Y otro testimonio de lo increíbles, adaptativos y flexibles que son nuestros cuerpos.

Cirugía facial

Las cirugías faciales suelen hacérselas principalmente las personas transfem, aunque existen algunas versiones que también usan las transmasc. Estas cirugías se suelen agrupar y se denominan «cirugía de feminización facial» o «cirugía de masculinización facial». La primera incluye la remodelación de la frente (por lo general, una reducción), un aumento de mejillas, rinoplastia (modificación de la forma de la nariz), aumento labial, remodelación de la mandíbula, mentoplastia, condrolaringoplastia (un «rasurado de la tráquea») y más. La segunda incluye un conjunto similar de cirugías con modificaciones para adquirir el clásico aspecto «masculino».

¿CÓMO HABLO CON UNA PERSONA TRANS SOBRE SUS CIRUGÍAS?

No sé cuántas veces me han preguntado cosas como: «Schuyler, ¿y si siento curiosidad por las cirugías por las que ha pasado una persona trans? ¿Cuándo es apropiado preguntarle sobre eso y cómo lo hago?».

Aunque agradezco que hayan tenido la precaución de plantearme a mí esta cuestión en vez de preguntar a cualquier persona trans sobre sus cirugías, es una cuestión que también me frustra. Por norma general, me detengo a respirar hondo antes de responder con lo siguiente:

—¿Puedo hacerte una pregunta? —La persona suele sorprenderse un poco por esto, pero asiente—. Genial, ¡gracias! Tengo curiosidad, ¿vas por ahí preguntando a gente que no conoces por sus historiales médicos o por el aspecto de sus genitales?

La sorpresa de la persona suele incrementarse.

—¿Cómo? —responde con incredulidad.

—Bueno, solo es curiosidad… Me has consultado cuándo está permitido preguntar a la gente trans por sus genitales, y por eso te he preguntado si también interrogas a otra gente por sus genitales…

—No, he dicho cirugía… —Si es una persona considerada, en general será ahí cuando calle y se dé cuenta de lo que está haciendo—. Ah…

—Exacto. —Sonrío y añado con amabilidad—: Cuando le preguntas a una persona trans por sus cirugías, todo el mundo sabe a qué te refieres en realidad. Es exactamente la misma pregunta. Es muy invasiva, inapropiada y, encima, no es asunto tuyo. Sí, tienes derecho a sentir curiosidad, pero también debes recordar que tener curiosidad no es lo mismo que merecer una respuesta.

Ahí la otra persona suele asentir con fuerza y, aunque avergonzada, reconoce que tengo razón.

Preguntar a las personas trans por sus cirugías es algo inapropiado y de mala educación, a menos que te inviten a mantener esta conversación. La curiosidad no siempre requiere una respuesta. Si sientes curiosidad, ¡genial! ¡Ten curiosidad! Luego ponte a investigar o lee un libro como este en vez de agobiar a las personas trans que hay en tu vida.

5

Los pronombres y por qué son tan importantes

En 2021, Tucker Carlson (él), un expresentador de Fox News, declaró que «eso de los pronombres» seguro que le gustaría a esa gente que «aún cree en la destrucción de los roles de género naturales».[1] También ha afirmado que «tendrían que obligarlo [a usar pronombres de género neutro] a punta de pistola».

Para sorpresa de nadie, no hay casos documentados sobre personas trans que amenacen a punta de pistola a gente cis para que nos respeten como es debido, y mucho menos para que usen el género correcto con nosotres. Sin embargo, sí que hay infinidad de informes de gente cis amenazando a personas trans a punta de pistola porque se resisten a aceptar nuestra existencia. Y luego *disparan* y nos matan.

Carlson también afirmó que la elección de pronombres era «una guerra contra la naturaleza», pero no olvidemos que ninguno de los roles de género que usamos o a los que nos adherimos suelen estar hechos por la «naturaleza» ni aparecen de forma natural. Quizás sepas que Tucker Carlson llevaba traje y corbata cada vez que aparecía en televisión. Y llevaba el pelo corto. Muchas personas consideran que esto es «ropa de hombre» y un «peinado de hombre». Y él se adhería con facilidad a ello.

Fíjate en que la naturaleza no creó este patrón. La naturaleza no decretó que los hombres debían cortarse tanto el pelo, ni llevar traje y corbata ni que se refirieran a ellos con el pronombre masculino.

En cualquier caso, lo antinatural es que Carlson se vista con fibras artificiales, que se corte el pelo con tijeras de metal artificial o con una maquinilla eléctrica y que, cómo no, aparezca en la televisión nacional gracias a Internet y a través de unas cajas metálicas y aparatos que llamamos cámaras y ordenadores, ya que ninguno de estos aparejos o herramientas se encuentra en la naturaleza.

Ironías aparte, la naturaleza nos ha enseñado que el género o la expresión de género aparecen de formas muy diversas. Demos un paseo rápido por la historia eurocolonial: en la corte real del rey Luis XIV, los hombres rivalizaban con las mujeres con sus elaboradas pelucas, tacones altos y maquillaje. Incluso la historia reciente contradice lo que es «normal» hoy en día. Hasta poco antes de la Primera Guerra Mundial, el rosa se consideraba un color «masculino» porque era más «decidido y fuerte», mientras que al azul se consideraba «más delicado y fino» y, por tanto, apropiado para una chica.[2] Los roles de género los crean los seres humanos, no la naturaleza.

Y los pronombres no pueden destruir estos roles de género.

Este es mi abuelo, un hombre cishetero, cuando era bebé. Esta foto estaba enmarcada y colgada en casa de mis abuelos. Mi hermano y yo siempre nos reíamos porque el abuelo parecía una niña. «¡Así nos vestían a los chicos por esa época!», nos explicaba, también entre risas.

Sin embargo, no cabe duda de que la conversación sobre los pronombres ha provocado mucha rabia y rechazo; algunas personas reaccionan con odio, otras no lo entienden sin más. La gente a veces se pregunta por qué compartir nuestros pronombres es tan importante, puesto que ¿acaso no sabemos que Sabrina es una mujer y que Jerry es un hombre? A lo mejor Sabrina sí es una mujer y a lo mejor Jerry sí es un hombre. Pero eso no significa que debas intuir qué pronombres usan, porque la expresión de género (que suele venir determinada por los roles de género) no siempre encaja con la identidad de género. No siempre podemos deducir la identidad de una persona y sus pronombres a partir de su aspecto.

A lo mejor has oído a alguien decir: «Esto es ridículo, ¿por qué a la Generación Z le importan tanto los pronombres?». A lo mejor has oído a alguien llamarnos «más delicados que un copo de nieve» o incluso tú misme has pensado cosas similares.

Bien, te escucho. Pero no desistas aún.

Los pronombres personales no son tan complicados como los pintan a veces. Son solo palabras que pueden reemplazar al sujeto de una oración que se emplean para referirse a otra persona sin tener que repetir su nombre, como «ella» o «ellos». Yo uso el pronombre «él». Habrá quien se refiera a mí con mi nombre: «Schuyler es trans». Pero también puede reemplazarlo por el pronombre adecuado: «Él es trans».

En inglés usamos pronombres con género para referirnos a las personas, pero en muchas otras lenguas como el coreano, el farsi y el mandarín hablado los pronombres no tienen género. En estos idiomas, a menudo hay un único pronombre de género neutro. Además de decir que lo de los pronombres es «una guerra contra la naturaleza», Carlson también ha afirmado que usar pronombres de género neutro hace que la lengua sea «más tonta, vergonzosa y menos precisa». ¿Acaso Carlson está diciendo que todos los idiomas que no tienen pronombres con género son más tontos, vergonzosos y menos precisos? ¡Seguro que no!

En cualquier caso, como nuestro idioma tiene pronombres con género, referirse a una persona trans con los pronombres adecuados puede ser esencial a la hora de afirmar y respetar a esa persona.

MALGENERIZAR A UNA PERSONA

La forma más sencilla y efectiva de comunicarle a una persona trans que la ves como es en realidad es usar el nombre y el pronombre correctos siempre. Referirse a una persona con las palabras incorrectas es lo que se ha llamado «malgenerizar»* y a menudo puede ser una experiencia dolorosa para ella.

«Supéralo», nos dicen a menudo. «¡Solo es una palabra!». Esto es cierto, y al mismo tiempo limitado.

Para empezar, no conozco a muchos hombres cis a quienes les guste que se refieran a ellos como si fueran mujeres, ni a mujeres cis a las que les guste que las llamen hombres. De hecho, muchas personas cisgénero se suelen ofender muchísimo cuando se refieren a ellas por el género equivocado. Dicho de otra forma, ¡a la gente cis tampoco le gusta que la malgenericen!

Además, ser trans ya implica tener capas extra de dificultad. Muches hemos vivido sin ser quienes somos de verdad. Sufrimos discriminación, acoso y burlas por nuestras identidades. Por eso usar el género y los pronombres correctos con nosotres resulta mucho más fortalecedor, y por eso que nos malgenericen es mucho más cruel. Y como todes vivimos en una sociedad tránsfoba que concentra su poder en la población cisgénero, que nos malgenericen solo refuerza esta dinámica de poder y perpetúa la opresión sistémica contra las personas trans.

Por estos motivos, mucha gente trans considera la malgenerización un acto de violencia. Profundicemos un poco en esto con un ejemplo sencillo: si voy paseando con mi esposa y le piso por accidente el dedo del pie y se lo rompo, da igual si pretendía hacerlo o no. Tiene el dedo roto porque se lo he pisado. Si pasara esto, me disculparía enseguida y haría lo que estuviera en mi mano para remediar la situación: la llevaría a algún sitio para que se sentara o, si

---

* Sigue siendo habitual ver este término en inglés («*misgender*»), pero ya existen diversas propuestas de traducción, como malgenerizar. *(N. de le T.)*

fuera necesario, al hospital o centro de salud más cercano. Pisarle el pie fue, literalmente, un acto violento. ¡Le he roto un hueso! Pero eso no significa que yo sea una persona cruel con intenciones violentas. Significa que he cometido un error que le ha causado daño y debería asumir la responsabilidad.

En este sentido, malgenerizar a alguien puede causarle mucho dolor, sea cual fuere la intención de la otra persona. Para algunos individuos, la malgenerización accidental puede resultar incluso más dolorosa porque a menudo procede de un ser querido o de alguien que pensamos que nos quiere, mientras que la malgenerización intencional suele ser obra de gente contra la que ya nos hemos protegido. Esta malgenerización inesperada y accidental puede decir alto y claro cosas como: «No veo la persona que eres. Te veo como quien *yo* creo que eres. Te veo con el binarismo de género que me enseñaron y no como la persona que tú me has dicho que eres».

NECRONOMBRAR*

«¿Por qué no te cambiaste el nombre?».

Une estudiante del Brookline High School, justo a las afueras de Boston, escribió esto en una tarjeta que me entregaron en el escenario. La leí varias veces. *¿Por qué no me había cambiado el nombre?*

Muchas personas trans se cambian el nombre cuando se dan cuenta de que son trans y salen del armario. Puede ser un proceso muy fortalecedor y empoderante, una forma de declarar al mundo que te conoces.

Mis xadres eligieron el nombre de Schuyler antes de que naciera. Cuando iba a secundaria y presentaba mi género de una forma

---

* Para «*deadname*» existen también diversas propuestas en español, como innombre o necrónimo. *(N. de le T.)*

muy ambigua, me acosaron mucho por mi aspecto y por mi forma de comportarme. Mucha gente solía referirse a mí en masculino, pero otras personas se quedaban desconcertadas. A menudo me preguntaban: «Pero ¿eres un chico o una chica?». En incontables ocasiones, otres niñes me preguntaron por mis genitales como forma de verificar mi género, porque no creían lo que les acababa de decir. Así que, al final, dejé de responder a la pregunta y contestaba con: «Soy Schuyler y ya». Mi nombre era la mejor forma, y la más precisa, de representarme a mí mismo en esa época. Como no tenía otras palabras para describir mi género y mi viaje por el género a otras personas, mi nombre era yo.

Y por este motivo no me lo he cambiado ni me lo he planteado. Sin embargo, este no es el caso para la mayoría de las personas trans, que sí que se cambian el nombre.[3] A pesar de no compartir la experiencia de cambiar de nombre, empatizo mucho con el poder que tiene un nombre y con el empoderamiento que trae esgrimirlo como propio.

La palabra «necronombre» se refiere al nombre que le dieron a una persona o que usaba antes de transicionar y/o de descubrir su auténtica identidad de género. Este término se contrapone a la expresión «nombre de nacimiento», ya que no se siente como un nacimiento o el comienzo de nada, sino más bien como un final. Para muchas personas trans, sus viejos nombres han muerto. «Necronombre» también se puede usar como verbo y cuando necronombran a una persona trans, o la llaman por su necronombre, puede morir una pequeña parte de esa persona. Hay quien sí prefiere referirse a su necronombre como «nombre de nacimiento» o «nombre antiguo», con lo que sugiero que reflexiones sobre el lenguaje que esa persona emplea para referirse a sí misma, a menos que te indique lo contrario.

Tanto malgenerizar como necronombrar puede reavivar una historia de dolor y trauma en una persona trans. Suelen ser recordatorios de haber vivido una vida como otra persona, años de fingir y esconderse y no sentir que les demás les conocían de verdad.

EL USO DE PRONOMBRES

—Me he fijado en que, cuando te has presentado, has dicho: «Y uso el pronombre "él"» —comentó una chica con desconcierto—. Pero eres un hombre claramente. Entonces, ¿por qué lo has hecho? Entiendo que... bueno... que eres una persona... transgénero. ¡Pero ahora pareces un hombre! O sea que *eres* un hombre. ¿Por qué has dicho lo del pronombre?

Esta pregunta adquiere muchas formas. Esta versión en concreto es la variedad más amable y mejor intencionada, aunque haya tropezones y dudas. Me lo preguntó hace unos años una chica que participaba en un taller y la imagen se me ha quedado grabada en la mente porque intentó reafirmarme. Comenzó alabando mi charla e incluso mi aspecto. Le había dado las gracias antes de que planteara esta duda.

A veces la pregunta viene con mucha resistencia y rabia. «¡Todo el mundo sabe que soy un hombre! ¡No debería decir mis pronombres!».

Los pronombres y otras palabras con género son mucho más sutiles que las estrictas cajas de «es un chico» o «es una chica» que nos dan. No ofrecer tus pronombres implica que otras personas deberían o bien intuirlos, o bien conocer tu género solo por tu aspecto. Esto perpetúa dos falsos supuestos: el primero, que todo el mundo construye su expresión de género de la misma forma, y el segundo, que la expresión de género siempre es lo mismo que la identidad de género.

Compartir los pronombres no solo es un modo de animarnos a deshacernos de estos supuestos, sino que también crea un espacio más seguro para que las personas trans y disidentes del género podamos compartir nuestros pronombres y que la gente use el género correcto con nosotres.

Expresión de género ≠ Identidad de género

Plantéalo así: nadie va pensando que toda persona con «aspecto masculino» se llama Matthew. Es decir, no nos acercamos a alguien que se presenta como hombre y le decimos «¡Hola, Matthew!» a menos que sepamos que su nombre es Matthew. Por norma general, preguntamos: «¿Cómo te llamas?». Pues podemos aplicar la misma lógica a los pronombres.

Fíjate en que esta consideración va dirigida sobre todo a las personas cis. Si eres trans y/o no binarie y no sabes aún tus pronombres, no te sientes cómode compartiéndolos o no has salido del armario, no pasa nada. Tómate tu tiempo para pensarlo. Personas cis: vosotres deberíais compartir vuestros pronombres. Personas trans: tomaos vuestro tiempo y haced lo que prefiráis.

Por último, la práctica de compartir y respetar los pronombres en un idioma con género beneficia a todo el mundo. Conozco a muchas personas cisgénero que tienen nombres neutros o incluso nombres que tradicionalmente no se han usado para su género. Incluir los pronombres en la firma de tu correo o en la biografía de Instagram puede ayudar a reducir la malgenerización de cualquier individuo.

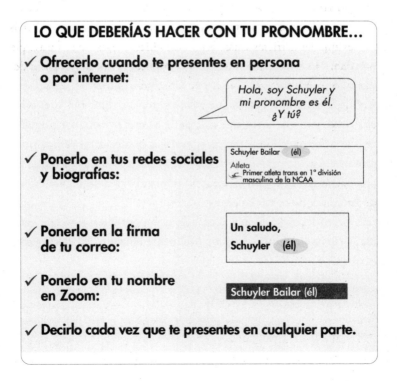

EL PRONOMBRE *THEY* (O ELLE)

Durante una de las muchas charlas que he dado por Zoom, una persona de mediana edad con una melena castaña ondulada alzó la mano para hacer una pregunta.

—Muchas gracias por la charla, Schuyler —dijo con una sonrisa. Ya había compartido su nombre y su pronombre—. Entiendo que ahora eres un hombre. Y que... bueno... la gente usa contigo el... —Se calló. Yo asentí y aguardé con paciencia—. Bueno, eso lo entiendo... Lo de que la gente usaba el pronombre «ella» contigo y ahora usa «él» —prosiguió.

—Sí —dije, anticipando la siguiente pregunta.

—Pero ¿qué pasa con la gente que usa «elle»? Es que me cuesta *tanto*. No es gramaticalmente correcto y yo soy de una generación distinta. Por eso me cuesta.

Esta es una de las preguntas más habituales que recibo.

Primero*, es muy posible que ya hayas usado los pronombres *they/them* para referirte a un único individuo. Fíjate en el siguiente escenario: vas por la calle y ves una cartera en el suelo. ¿Qué dirías? Seguro que exclamarías: «*Someone lost their wallet!*» («¡Alguien ha perdido la cartera!»), con lo que ya has usado sin dudar los pronombres *they/them*. Ese «*someone*» (alguien) es una persona en singular cuyo género desconoces. Muchas personas se niegan a usar los pronombres *they/them* para hablar de una persona porque creen que es raro o gramaticalmente incorrecto, pero no ven que seguramente los estén usando todo el tiempo.

Aparte del uso coloquial, emplear los pronombres *they/them* para una persona es, de hecho, gramaticalmente correcto. El diccionario

---

* A partir de aquí, Schuyler Bailar habla exclusivamente del pronombre *they* en inglés. Aunque es interesante conocer cómo se expresan las personas no binarias en otros idiomas, en este sentido el español y el inglés no se parecen en absoluto. He traducido con la mayor fidelidad posible este pasaje, pero, para entender el funcionamiento de *they*, me ha parecido conveniente dejar los ejemplos en inglés. Al final del mismo, explicaré cómo se usa en español el pronombre «elle». *(N. de le T.)*

Merriam-Webster incluye tres definiciones principales para *they*. La acepción 3d dice: «Usado para referirse a una persona cuya identidad de género es no binaria».[4] El *Merriam-Webster* hasta declaró el *they* como la Palabra del Año en 2019.[5, 6, 7] Esto ocurrió después de que la American Dialect Society lo proclamara también Palabra del Año en 2015[8] y la Palabra de la Década para 2010.[9] Puede que pienses: «¡Entonces es nuevo!», pero esto solo es cierto en parte. Según el *Oxford English Dictionary*, la palabra *they* se ha usado como pronombre singular desde el siglo XIV, un siglo antes de que apareciera el *they* en plural en inglés.[10]

E incluso si el *they* singular fuera nuevo, ten en cuenta que actualizar la lengua es una práctica habitual. Palabras como *bad, sick* y *wicked** han evolucionado y han expandido su uso; antes solo eran negativas, mientras que ahora a menudo se emplean para denotar algo positivo. Miles de nuevas palabras y frases han aparecido en el idioma inglés y se han añadido al diccionario tras adoptarse como lenguaje común en las últimas décadas. En septiembre de 2022, el *Merriam-Webster* añadió 370 palabras, como *laggy* (retardo tecnológico o lag), *janky* (de mala calidad o cutre), *cringe* (vergonzoso, que da vergüenza ajena), *metaverse* (metaverso) y *greenwash* (ecopostureo o ecoblanqueo).**

Es decir, aunque comprendo el sentimiento de «es tan nuevo que no me gusta», la novedad no es un motivo válido para ignorar el cambio, ni tampoco para faltarle el respeto a nadie. Sí, el

---

* En un entorno coloquial, se emplean para resaltar una característica o cualidad excelente de algo o alguien, mientras que, en un sentido más tradicional, estas palabras significan «malo», «enfermo» y «malvado», respectivamente. *(N. de le T.)*

** Del mismo modo, en noviembre de 2023 la Real Academia Española añadió palabras como alien, autodeterminación, supervillano, chundachunda, posturear, pixelado, perreo, machirulo, hormonar y muchas otras más. Se pueden consultar en https://dle.rae.es/docs/Novedades_DLE_23.7-Seleccion.pdf.

cambio es duro, y sí, puedes usar los pronombres *they/them* con una persona.*

Puede que hayas visto otras palabras nuevas, como ze/zir/zirs, xe/xir/xirs, ze/zim/zis, o fae/faer/faers. Estos pronombres son más nuevos (de ahí que se denominen «neopronombres») y se usan del mismo modo que otros pronombres en inglés.

«¡Pero eso son palabras inventadas!». Sí. Todas las palabras (literalmente todas las palabras que usas) son inventadas. Como ya he dicho, eso es el idioma: una conglomeración de sonidos (denominados «fonemas» cuando se usan para crear nuevas palabras) que los seres humanos han inventado y han acordado que significan algo para poder comunicarse.

«Esto es inventado» no es una excusa válida para no respetar el pronombre de una persona. Puede que te cueste adaptarte a una nueva convención porque no la conoces, pero la incomodidad no debería impedir que te adaptaras. Eres capaz de hacer tareas más difíciles.

Del mismo modo, la dificultad no es un motivo válido para no usar neopronombres. Conozco a gente que, por defecto, usa los pronombres *they/them* para gente que prefiere un neopronombre. Esto es lo mismo que darle a una persona un nombre típico inglés cuando te cuesta pronunciar su nombre étnico. Mi hermano se llama Jinwon, pronunciado como «yin» y «uan». Ha conocido a muchas personas que lo han llamado «Jinny» o incluso «John».

---

* En español, el pronombre de género no binario más común es «elle». Sin embargo, en nuestro idioma es más habitual emplear marcas de género, como los morfemas de género -o, -a y, en el caso del género no binario, -e. Así pues, la famosa -e solo es una marca de género más. Si el femenino de «hijo» es «hija», la forma no binaria sería «hije». A veces se producen cambios en la raíz de la palabra, pero son inherentes a la lengua y su funcionamiento, como ocurre en «simpático, simpática, simpátique». El truco está en pensar cómo (y si) cambia el género gramatical de una palabra y aplicar ese cambio. Si una palabra no tiene flexión de género, entonces no se modifica (el artista, la artista, le artista). Recomiendo consultar este fanzine para profundizar en su uso: https://archive.org/details/lenguajeinclusivo2aedicion. *(N. de le T.)*

Por desgracia, las personas que no tienen nombres occidentales se suelen encontrar con esta desconsideración de sus identidades. Se trata de una práctica racista y perezosa. Y lo mismo ocurre cuando no usamos el pronombre correcto de una persona, por muy nuevo que sea para ti. Practica e incorpora ese pronombre a tu vocabulario. Si podemos aprender a usar palabras nuevas como «retuit» o «videollamada», también podemos aprender a usar nuevos pronombres.

A continuación hay unos cuantos ejemplos de pronombres de género neutro*:

Ze/zir/zirs: **Ze** *drove* **zir** *car to the store to buy* **zirself** *groceries.*

Xe/xir/xirs: **Xe** *drove* **xir** *car to the store to buy* **xirself** *groceries.*

Ze/zim/zis: **Ze** *drove* **zis** *car to the store to buy* **zimself** *groceries.*

Fae/faer/faers: **Fae** *drove* **faer** *car to the store to buy* **faerself** *groceries.***

---

* Hay que tener en cuenta que en inglés existen muchos más pronombres con género que en español. Por ejemplo, el posesivo (*her, their…*), en español es «su», que carece de género. También existe el reflexivo (*herself, themself*) que en español equivaldría a expresiones del tipo «ella misma, elle misme» o el reflexivo verbal (peinarse, levantarse…). Los neopronombres se dan con mucha menos frecuencia en español, aunque sí se han visto casos como el «elli», con el morfema de género -i (que también es la opción no binaria en catalán). He decidido dejar los ejemplos en inglés y ofrecer versiones propias en español de cómo podrían ser algunos neopronombres ya que aún necesitamos experimentar mucho con ellos. Del mismo modo, la frase en español no es una traducción directa del ejemplo en inglés, puesto que su traducción reflejaba poco el género. *(N. de le T.)*

** Propuestas en español:

Elli/-i: **Elli** *está en su casa* **soli** *porque necesita estar* **tranquili.**

Fae/-ae: **Fae** *está en su casa* **solae** *porque necesita estar* **tranquilae.**

Ze/-e: **Ze** *está en su casa* **sole** *porque necesita estar* **tranquile.**

Ten en cuenta que esta no es una lista completa de neopronombres. Hay muchos más. Si conoces a una persona que usa un pronombre que no has oído nunca, dedica un tiempo a educarte en cómo usarlo de la mejor forma.

CÓMO CORREGIRTE

Recuerdo un momento en concreto: estaba sentado en la cocina y mi madre pululaba por ahí. Dijo algo sobre mí y, por accidente, lo dijo en femenino. Cuando se percató de su error, golpeó la mesa con exasperación y dijo: «¡Dios, él, es él!». Se detuvo con cierto dramatismo y luego repitió: «Él». Se disculpó efusivamente e intentó explicarme que estaba pensando en el yo de antes y que tenía una imagen distinta de mí. Su explicación fue larga y, aunque entendí su intención, me sentí muy incómodo; solo quería que aquello terminara y siguiéramos con nuestra vida.

Más tarde mantuvimos una conversación más productiva en la que le pedí que no se tomara tan a la tremenda los errores que cometiera.

—No pasa nada, entiendo que vas a tardar un tiempo en acostumbrarte. Corrígete rápido, di que lo sientes y pasa a otra cosa, por favor. No necesito una gran disculpa ni nada —le dije.

Desde entonces he visto a muchas personas cometer errores similares, seguidos de disculpas dramáticas, correcciones exageradas en voz alta con el género correcto, etc. Entiendo que la gente crea que está demostrando a la persona trans lo mal que se siente por malgenerizarla y que su intención no era hacerlo, pero la intención a menudo es lo que menos importa en estos casos. El impacto suele ser el contrario al efecto deseado: este método se centra en la culpa de la persona que ha malgenerizado y no en el dolor de la persona que ha sido malgenerizada. Cuando mi madre lo hizo, tuve que encargarme yo de ella y decirle que no pasaba nada, que yo estaba bien, que si podíamos por favor pasar página. Cuando una persona se disculpa de esta forma tan exagerada lo que hace es centrar la atención en ella. No hagas esto.

También es importarte fijarse en que este tipo de disculpas pueden llamar la atención de otras personas en un lugar público, hasta el punto de sacar del armario a la persona trans. En la realidad, todo el mundo mete la pata alguna vez. Hay personas cis que malgenerizan a otras personas cis por accidente y no suele ser para tanto. Si estás con un grupo de gente, te recomiendo que te corrijas sin más y pases a otra cosa, a menos que la persona trans en cuestión te diga lo contrario.

Si ves que malgenerizas o necronombras de forma constante a una persona, dedica tiempo a practicar.

He aquí algunas sugerencias de por dónde empezar:

- Escribe las cinco vivencias más memorables que has compartido con esa persona y usa sus pronombres correctos.
- Cada vez que malgenerices a esa persona, usa su género correcto tres veces de tres formas distintas (ejemplo: «*Él* está en casa *solo* porque necesita estar *tranquilo*»). No lo hagas delante de la persona en cuestión, hazlo a solas o mentalmente.
- Corrígete mentalmente siempre. Incluso si esa persona no está contigo.
- Haz un examen de conciencia sobre tu propio género. Ver el género correcto de otra persona puede requerir una liberación o deconstrucción de los límites, cajas o expectativas sociales del binomio hombre/mujer.
- Investiga por qué te cuesta usar el género correcto con esta persona:
  - Puede que sientas vergüenza. Si es el caso, lee *Frágil: el poder de la vulnerabilidad*, de Brené Brown (ella) y empieza a construir cierta resistencia hacia la vergüenza.
  - Puede que solo veas a esta persona como tú quieres que sea en vez de como es en realidad. Ahí es donde te puede venir bien ese examen de conciencia. Podrías hablar sobre

estos sentimientos, de quién quieres que sea esta persona o quién crees que debería ser, con une amigue de confianza, une psicólogue o un miembro de tu familia, pero no con esa persona directamente.

PREGUNTAR EL PRONOMBRE DE UNA PERSONA

—Entiendo que el pronombre es importante. Si no lo sé, ¿cuál es la mejor forma de preguntarlo?

Cuando me hacen esta pregunta (y pasa mucho), a menudo animo a quien la ha planteado y al público a que reflexione un poco:

—¿De quién no sabes el pronombre? ¿A quién estás juzgando solo por el aspecto que tiene? ¿Estás pensando en preguntarle el pronombre justo a esa persona que «parece trans» o cuya presentación de género te confunde?

Cuando pidamos el pronombre a alguien, nunca deberíamos diferenciar a esa persona que nos desconcierta y preguntárselo solo a ella. Eso es un acto de otredad inapropiado. Además, hay otras formas de conocer su pronombre. La más sencilla es ofreciendo el tuyo:

—Hola, soy Schuyler. Mi pronombre es él. ¿Y tú?

Cuando alguien se presenta de esta forma, la mayoría responderá imitando la información proporcionada. Siempre aconsejo a la gente que se presente con su pronombre, aunque no estén intentando dilucidar el pronombre personal de alguien, porque así normalizamos esta práctica y nos recordamos, tanto a nosotres mismes como a les demás, que no siempre podemos deducir el género ni el pronombre de una persona por su apariencia.

Si ya te has presentado y/o ya sabes el nombre de la otra persona, también puedes volver a presentarte con tu pronombre. Puedes decir algo así: «Creo que no te he dicho mi pronombre al presentarme. Es él. ¿Y el tuyo?». O bien: «¡Hola! Creo que no he oído bien tu pronombre... El mío es él. ¿Y el tuyo?». Puedes optar por hacerlo en un momento de tranquilidad y no en medio de un grupo de gente para no llamar la atención sobre esa persona. No recomiendo preguntar el pronombre en un entorno grupal, porque podría ser muy incómodo para ella e incluso te arriesgas a sacarla del armario de forma involuntaria.

Si no consigues enterarte del pronombre de una persona después de probar estos métodos, te aconsejo que evites cualquier marca de género hasta que te enteres. Mejor usa el nombre de la persona.

«ESTO VA EN CONTRA DE LA LIBERTAD DE EXPRESIÓN»

A pesar de la simplicidad de ofrecer el pronombre al presentarse, existe gente con poder que se ha posicionado en contra de «las palabras inventadas» y, como resultado, se niega a usar los pronombres correctos de una persona. Hay quien afirma que la «obligación» de usarlos viola la libertad de expresión. Esto es muy irresponsable y descuidado, pero también una visión errónea de la libertad de expresión.

Cuando en Estados Unidos alguien habla de «libertad de expresión» suele mentar la Primera Enmienda (tanto si la conoce como si no), que dice lo siguiente: «El Congreso no puede crear ninguna ley [...] que limite la libertad de expresión». Entre otras muchas cosas, la libertad de expresión incluye el derecho a *no* hablar (específicamente, el derecho a no saludar la bandera), el derecho a anunciar productos comerciales y servicios profesionales (con ciertas restricciones) y el derecho a la expresión simbólica (como quemar la bandera a modo de protesta). El Tribunal Supremo ha determinado que la libertad de expresión *no* incluye el derecho a incitar una acción ilegal inminente, a hacer o distribuir materiales obscenos o a que les estudiantes defiendan el consumo ilegal de drogas en un evento patrocinado por una universidad. Sin embargo, el 30 de junio de 2023, el Tribunal Supremo dictaminó que una diseñadora web cristiana tenía permiso para negarse a prestar sus servicios a clientes LGBTQ+ por cuestiones de «libertad de expresión». Por primera vez en la historia, este tribunal reconoció que «un negocio abierto al público tiene el derecho constitucional de negarse a servir a los miembros de una clase protegida».[11] Esta sentencia tan devastadora es fruto del esfuerzo continuado de la extrema derecha de pervertir la «libertad de expresión» para conseguir poder y control, hasta el punto de que ha afectado al tribunal más importante del país.

En una debacle de 2016 que obtuvo atención internacional, Jordan Peterson (él), un profesor de Psicología de la Universidad de Toronto, se negó a usar los pronombres de les estudiantes con el pretexto de que violaba su derecho a la libertad de expresión. Siguió difundiendo este mensaje con saña, seguro de que esos eran los primeros pasos del gobierno hacia el autoritarismo: «He estudiado el autoritarismo durante mucho tiempo. Durante cuarenta años… y empiezan intentando controlar la ideología y el territorio lingüístico de la gente», dijo a la BBC en una entrevista de 2016.[12]

La descripción de Peterson pasa por alto ciertos datos importantes. El primero es que Canadá (además de muchos otros gobiernos con una historia colonial) ya ha oprimido mediante el autoritarismo; los pueblos indígenas, que aceptan y veneran a las personas trans, han sufrido mucho por culpa de los intentos coloniales de controlar su ideología y su territorio lingüístico. El segundo es que ningún gobierno se ha hundido por pedir el respeto mutuo; en cualquier caso, los gobiernos tiránicos prosperan gracias a la discriminación activa contra un grupo de gente, al dividir la comunidad y destruir la unidad. El tercero, y quizás el más importante, es que el derecho a decir lo que quieras siempre se ha reservado para tu hogar y para tu vida personal. Cuando una persona entra en un espacio público (o incluso en un espacio privado que no le pertenece, como la universidad), debe acatar las normas de esos espacios. Esto no es una violación de la libertad de expresión; es una norma en un espacio que no te pertenece. En Canadá, esa «norma» es la Bill C-16, que incorpora la identidad y la expresión de género dentro de la ley canadiense de protección de los derechos humanos, con lo que se amplían las estipulaciones sobre el discurso de odio bajo el código penal canadiense para incluir a las personas trans.[13]

Esta forma peligrosa y manipulativa de retorcer la «libertad de expresión» ha conseguido miles de defensores. Pero en el corazón de esta retórica se halla el albedrío de cada persona. Esta gente argumenta que deberían usar las palabras que quieran para describir a les demás y, a fin de cuentas, ¿no es eso «liberad de expresión»? No, no exactamente. Usar el género incorrecto de una persona para decirle quién debería ser no tiene nada que ver con tu derecho a expresarte, ni con tu propia identidad ni con tus creencias, sino que más bien consiste en ignorar, degradar y controlar a esa persona. Lo cierto es que respetar su identidad y usar el género que ha pedido es una forma de reconocer la autodeterminación de esa persona y su capacidad de expresarse. Y a ti no te cuesta nada.

6

¿Cómo sabe alguien que es trans?

Una mañana, durante el segundo mes de mi estancia en un centro de tratamiento de trastornos alimentarios, iba de camino a terapia. Llevaba mis «vaqueros de hombre», el único par de vaqueros que, por aquel entonces, había comprado en la sección de ropa masculina. Tenían un estampado en aguamarina y verde claro. En el coche, bajé la mirada hacia el regazo y las piernas y me abrumó la negatividad que sentía hacia mi cuerpo. Intenté usar las técnicas que mi psicóloga me había enseñado sobre la desconexión corporal y la insatisfacción con mi cuerpo.

¿Por qué me siento de esta forma?, me pregunté. También traté de reafirmarme, recordar que no le pasaba nada malo a mi cuerpo. Pensé en todo lo que hace por mí y empecé a repetir frases de agradecimiento.

Pero entonces una pregunta empezó a arderme en el fondo de la mente. *¿Y si no me gusta mi aspecto porque no parezco un hombre?* Y en ese momento el estómago me dio un vuelco y todo se hundió. Lo supe.

Saberlo fue como obtener de repente un mapa lingüístico y una forma de articular ese sentimiento, uno que había tenido desde que recordaba lo que era el género, uno que había sido nebuloso hasta ese momento. Si me sinceraba conmigo mismo, sabía sin lugar a dudas que era trans.

Con los años me daría cuenta de que sentir aquello y saberlo no tenía que ver con mis vaqueros ni con cómo me quedaban. Al contrario de lo que se suele pensar, ser trans no solo tiene que ver con el cuerpo de la persona en cuestión ni con nada físico. Para muchas personas, incluido yo, ser trans es una experiencia espiritual, emocional y sí, también física.

Pero, claro, darme cuenta de que era trans en ese momento no se tradujo inmediatamente en palabras ni en una declaración de mi identidad. Ni tampoco significó que estuviera listo para revelarlo o para enseñar mi experiencia a les demás. Como la mayoría, necesitaba tiempo para dejar que mi cerebro se pusiera al día con mi corazón. En los meses siguientes, conocería a más personas trans, iría a unos cuantos talleres más sobre género y pasaría tiempo digiriendo lo que significa reclamar mi verdad para mí… y luego delante de otras personas. Al encontrar una comunidad, seguí acumulando vocabulario para comprender y explicarme, algo que agradezco hoy en día.

Aunque muchas personas trans sienten que salir del armario es descubrir por completo una nueva parte de sí mismas, para la mayoría de la gente trans «salir del armario» no es tanto un proceso de convertirse en alguien nuevo, sino más bien de excavar una parte de nosotres mismes que habíamos enterrado. Y al fin encontramos las palabras para expresar lo que siempre hemos sido.

Cuando anuncié que era trans, no me convertí en una nueva persona. No me convertí en trans. No cambié mi forma de ser, sino que encontré el vocabulario, el valor y los recursos para compartir la persona que siempre había sido. Siempre he sido trans y siempre he sido un chico. Pero no siempre he podido expresar esto, ni para mí mismo ni para el mundo.

En general, cuando digo esto y procedo a explicar que mi hombría no está definida por mis genitales, ni por mis gestos ni por mi naturaleza física, muchas personas plantean preguntas similares a la que hizo aquel hombre alto con el pelo rizado en uno de mis primeros discursos: «Bueno, entonces, ¿qué significa ser hombre para ti? ¿Cómo *sabes* que eres un hombre?».

Cuando doy un discurso, me esmero en escuchar curiosidad en esta pregunta, pero es crucial entender que, aunque muchas personas no la plantean con malicia ni quieren invalidarme con ella, la intención no frena el impacto. Pedirnos que describamos nuestra comprensión del género suele parecer una exigencia para que nos *defendamos* y a menudo es una microagresión.

Que una persona cis le pida a una persona trans que defina su persona puede ser muy invalidante, porque da a entender lo siguiente: «No te creo. La declaración que has hecho sobre tu persona y sobre tu género no me basta. Debes explicar y demostrarme la validez de tu género».

Nunca he conocido a una persona cis que exija a otras personas cis que verifiquen su condición de hombre o mujer (excepto, cómo no, cuando creen que una persona cis es trans y la interrogan como si fuera trans). Por el contrario, no creo que haya conocido ni a una sola persona trans a quien *no* le hayan preguntado algo así. Nadie va por ahí preguntando a las personas cis: «¿Por qué eres cisgénero?». Y, mientras tanto, a las personas trans casi nunca se les concede el espacio para declarar que se conocen solo porque lo hacen y nos exigen de forma reiterada que expliquemos, demostremos y validemos algo que sencillamente sabemos que es cierto en nuestro corazón. Suelo animar a las personas cis a que reflexionen sobre esto.

Las microagresiones suelen reforzar los sistemas de opresión: las jerarquías racistas, el binarismo de género, el estrato socioeconómico, etc. Dado que la gente cisgénero es un grupo identitario dominante, una persona cis que exija a una persona trans que explique precisamente lo que la margina perpetúa este sistema de opresión. Aunque no es «culpa» de la persona cis que ha hecho la pregunta, no podemos ignorar la existencia de esta dinámica de poder. Es responsabilidad de la persona cis reconocerla y considerar con cuidado su impacto.

Cuando me preguntan cómo sé que soy trans, empleo la misma línea de interrogación que cuando la gente me pregunta cómo sé que soy un hombre sin pene. Lo sé sin más.

Explicar en profundidad esto es difícil. Al principio de mi viaje de afirmación de género no había desarrollado ninguna resistencia para las premisas tránsfobas que el mundo me había ido alimentando, por lo que decidí que no podía ser transgénero de verdad si no podía defender bien mi identidad trans.

No sé por qué no soy una chica… No sé cómo o qué sistemas han hecho que sea así, con lo que no debe de ser real, me dije. *Según la biología, soy una chica… ¿Cómo puedo explicar lo que no entiendo?*

• • •

Una noche de 2014 acabé en una web llena de información contra los hombres trans.

«Los "hombres" trans en realidad son chicas que han recibido abusos y que tienen desórdenes alimentarios y odian sus cuerpos. Lo trans no existe», decía un artículo. En ese momento estaba despierto en mi dormitorio, en el cuarto mes de tratamiento por un trastorno alimentario. Leer aquello me destrozó. *¿Es que solo soy «una mujer hecha un lío»? ¿Soy un hombre de verdad o solo «odio mi cuerpo»?* Casi una década más tarde, aún recuerdo con claridad esa página web.

En las semanas posteriores usé la lógica en mi contra. A pesar de no odiar mi cuerpo, no sabía cómo justificar mi identidad de una forma que tuviera sentido para la gente que había escrito ese artículo. Así que me invalidé a mí mismo usando las herramientas tránsfobas de les demás. Como cabría esperar, esto no cambió lo que sentía ni lo que conocía de mi identidad, ni tampoco mejoró mi calidad de vida.

Tras unos meses dolorosos, me di cuenta de que quizás no importaba.

Pensé: *¿Y si me lo estoy inventando todo? ¿Qué pasaría? Yo no creo que sea inventado, hay millones de personas trans, pero finjamos durante un momento que me lo he inventado. Que esto no es real. ¿Y qué? ¿A quién estoy haciendo daño?*

Eso me hizo darme cuenta de algo muy doloroso: da igual si no puedo justificar mi hombría en palabras que otras personas vayan a aceptar. Sé que vivir mi vida de esta forma es mucho mejor para mi salud mental, para mi supervivencia, que la forma en la que vivía antes. Y, en cierto modo, es así de simple.

Mientras avanzaba por este camino también aprendí que mis primeros intentos de justificar mi hombría usaban parámetros que ya habían sido diseñados para marginar y excluir a gente cuyo género no se ajustaba al binarismo eurocolonial: biología tránsfoba y estudios hechos exclusivamente por personas cis sobre gente cis, todo a través de una lente misógina y patriarcal.

Sé que soy trans porque en mi interior siento que esto es cierto, del mismo modo que alguien diría que ama a la persona con la que se ha casado o que le gustan el océano y las montañas. Es un tipo de conocimiento intrínseco que nadie más puede arrebatarme. Permitirme percatarme de ello, aceptarlo y luego compartirlo con el mundo me exigió tener el privilegio del lenguaje y de recibir apoyo, así como un factor que quizás sea el más vital: confiar en mí mismo.

Las personas cisgénero confían en sus sentimientos sobre su género con tanta intensidad que casi nunca dudan de él. Nunca se preguntan: «¿Soy de verdad cisgénero?». Animo a toda persona cis o a quienes nunca se han planteado la validez de su género a preguntarse lo siguiente: *¿Cómo sé que no soy trans? ¿Cómo sé que soy del género que me asignaron al nacer?*

No hace falta que te plantees esta pregunta con crítica ni ira. Pregúntatela con la curiosidad infantil. ¿Cómo lo sabes?

Investigar tu propio género y recordarte que tú también tienes género y experiencia de género es una parte vital para acompañarnos en este viaje. He aquí unos cuantos puntos que te ayudarán en esta introspección:

- Recuerda que no hay una única narrativa sobre ser trans. El género (sin importar cómo quiera encajonarlo la sociedad) no es binario. Es un espectro, un continuo.
- Recuerda que nadie tiene el poder de decirte quién eres o cómo te sientes más cómode. Solo tú lo sabes y puedes decidirlo. Es

un proceso que puede dar miedo y ser difícil. En un mundo que prescribe sin consentimiento nuestro género (y muchos otros de nuestros rasgos e identidades), darnos una pizca de libertad para elegir (o tan solo para imaginar) nos abre un reino de posibilidades que mucha gente aún no ha explorado.

- Rompe con la certeza de tu género. Las personas trans no son las únicas que pueden cuestionar su identidad. Pregúntate: *¿Y si no soy hombre/mujer? ¿Cómo sé que soy hombre/mujer? ¿Qué significa para mí ser hombre o mujer? ¿Qué mensajes de género me dieron en mi infancia?* Puede que descubras que la respuesta a la siguiente pregunta es o muy pocos o ninguno: *¿Qué mensajes de género neutro me dieron en mi infancia?*

- Invierte en tu persona sin presiones externas. ¿Quién eres y quién *quieres* ser cuando las luces se apagan al final del día y estás a solas con tus pensamientos en la cama? No te centres solo en tu cuerpo, ni en su forma, ni en los genitales ni en tus hormonas. Eso solo es una fracción de todo el asunto. Plantéate preguntas que hagan estremecer tu corazón, que te alteren: *¿Quién soy en mi interior? ¿Qué me haría vivir una vida más feliz y más auténtica? ¿Cuándo me he sentido más yo misme y qué ha contribuido a este sentimiento? Si no hubiera nada que me detuviera… si no hubiera presiones, ¿cómo me presentaría? ¿Cómo viviría mi vida y cómo sería? ¿Qué me haría feliz?* Saca durante un momento a tu familia, el deporte que practiques, tu pareja, tus compañeres y el resto del mundo de esta ecuación. ¿Qué harías solo para ti? Yo siempre me imaginaba a solas en una isla, intentando sobrevivir siendo yo. ¿A quién veía? Resulta que siempre me veía como hombre. Esta línea de pensamiento, cómo no, funciona para más cosas que el género, pero intenta concentrarte en el género durante un momento. A ver qué pasa.

- Consulta con tu yo más joven. En mi caso, elijo al Schuyler de ocho años porque creo que sabía mucho sobre quién era y el mundo aún no le había puesto obstáculos. Piensa en cómo tu yo más joven se imaginaba en el futuro. ¿Qué soñabas con ser de mayor? ¿Qué pensaría tu yo más joven de ti ahora mismo? ¿Por qué pensaría eso?

- Recuerda que las preguntas suelen ser más importantes que las respuestas. Esto puede parecer raro, pero si sigues preguntando e imaginando, al final encontrarás las respuestas. No te aceleres. A la mayoría nos enseñan que el caos y la confusión son malos y que deberíamos resolverlos rápido y/o dejarlos atrás, pero, de hecho, podemos aprender mucho de estos estados de inquietud. Trabaja para considerar la confusión como algo bueno, como la capacidad de explorar sin prejuicios.

Al final, la pregunta que te estás haciendo es: *¿Qué me hace sentir más como yo misme y qué barreras me encuentro a la hora de acceder a este sentimiento?*

Si no sabes la respuesta a esto o si la respuesta varía, no pasa nada. Tómate tu tiempo. Explorar tu propio género, tanto si eres trans como si no, puede ser una experiencia agotadora.

Liberarse del binarismo de género en el que nos han colocado a todes es difícil y requiere tiempo, energía y mucha sanación.

7

Disforia de género: ser trans no es una enfermedad mental

Corrí dentro con los otros chicos, sudoroso y jadeante. Aunque recorría el pasillo en un mar de niñes, estaba a solas en mi mundo de felicidad tras el partido. Por fin había conseguido suficiente respeto como la única «chica» que jugaba fútbol americano durante el recreo. Había recibido algunos pases difíciles y hasta había marcado mi primer *touchdown*, con el que sorprendí al resto de chicos. Había pasado años e incontables recreos sin que me eligieran para un equipo a menos que el profesor de gimnasia les obligara a incluirme. Pero hacía poco me habían elegido por voluntad propia porque Riker Samson (él) sabía que podía atrapar el balón. Y, por primera vez, en ese recreo no me habían elegido el último y me habían confiado algunas de las jugadas importantes.

Ensimismado en mis pensamientos, no me di cuenta de que ya no estaba a solas.

—¿Llevas sujetador? —dijo Stella Murphy (ella) en voz alta cuando se puso a caminar a mi lado. Me miró el pecho sin disimulo. Yo no bajé la mirada. Sabía que no quería ver lo que había ahí.

Hacía unos meses, cuando me fijé con espanto en que habían empezado a crecerme dos bultos, no se lo dije a nadie, solo empecé a ponerme camisas de manga larga atléticas, bien ajustadas, debajo de las camisetas, sin importar el tiempo que hiciera. *Esto servirá hasta que pueda impedir que sigan creciendo,* pensé. La mayoría de los chicos llevaban esas camisas, pero se ponían dos capas. Aquello era mejor que decirle a mi madre que por fin me estaban creciendo los senos y que necesitaba sujetador.

—Tienes que ponerte sujetador —dijo Stella antes de que pudiera responder a su primera pregunta. No supe qué decir. Me quedé allí plantado, mirándome las manos.

—Esto… eh… Llevo la camisa debajo. —Tiré de la manga blanca—. Es ajustada.

—¿Y? Eso no funciona. Necesitas sujetador.

Y, con eso, echó a correr. Era hora de ir a clase.

Nunca he olvidado ese momento. Recuerdo el olor a humedad del pasillo, los sonidos de les otres niñes corriendo a las aulas, las ventanas iluminadas que daban al campo donde había estado jugando feliz. Y, sobre todo, recuerdo la desolación que sus palabras me hicieron sentir y cómo me quedé allí parado, totalmente avergonzado y aterrorizado, sin saber qué hacer.

Cuando llegué a casa esa noche, se lo dije por fin a mi madre. Lloré mientras le contaba que Stella me había dicho que necesitaba sujetador, pero que yo no quería. No quería tener senos.

Si en esa época hubiera tenido el vocabulario necesario, habría dicho que sufría disforia de género.

La disforia de género es la angustia o la incomodidad que puede surgir de la incongruencia entre el género asignado al nacer y la identidad de género. La disforia de género, que se puede abreviar como «disforia» sin más, se suele experimentar de forma física hacia las partes del cuerpo a las que se acostumbra asignar un género, como el pecho, la voz, las caderas, la estructura facial o el vello corporal.

Tengo un recuerdo vívido de la primera vez que me fijé en que me crecían los senos. Es posible que aquellas personas a quienes les creció el pecho durante la pubertad recuerden que les picaban o incluso que les dolían. Para mí, ese dolor trajo con él un miedo terrible, uno que aún siento cuando pienso en esa época. Ese miedo decía: *Esto no te pertenece.* Los senos parecían ajenos a mí, no los quería. Yo no había dado mi consentimiento a esa pubertad.

En aquella época no pude expresar por qué o qué era exactamente lo que sentía. En su forma más cruda, era terror. Estaba segurísimo de que no quería tener senos y, pese a todo, llegaron. Fue como si mi cuerpo me traicionara. Por la noche, me apretaba los pequeños bultos hasta que me dolían. *Si les hago daño, a lo mejor dejan de crecer*, pensaba.

Cuando me preguntan qué es para mí la disforia de género, este es el recuerdo que la define. Sin embargo, es importante entender que no todas las personas trans sufren disforia de género ni la viven del mismo modo. Habrá quien cuente sus vivencias de una manera distinta o con diferentes grados de intensidad. Para algunas personas, la disforia es un sentido de desconexión o de disociación del cuerpo. Para otras, es un sentimiento persistente que puede ser muy incómodo cuando es constante.

He aquí otra analogía: la disforia es como una piedra en el zapato que siempre está ahí. Te acostumbras a ella, pero duele y molesta. Siempre te fastidia de alguna forma. Cuando consigues quitarte al fin esa piedra te sientes muy aliviade y te das cuenta de que había otra forma de existir: *Ah, conque es así como se sienten les demás. Esto lo que buscaba.*

DISFORIA: UN DEBATE COMPLICADO Y ARRAIGADO EN LA TRANSFOBIA

Algunas personas afirman que la disforia de género es la base de la identidad trans; que, para poder ser transgénero, un individuo debe sufrir disforia de género. Esto se suele llamar el argumento «trans medicalista» y a menudo considera la identidad trans como una enfermedad mental o una patología. Hay personas que usan la etiqueta trans para describirse, pero no experimentan disforia. Con los años, este debate ha creado tensión dentro de la comunidad trans, hasta el punto de que hay gente que se ha posicionado de forma vehemente.

Si no eres trans, quizás te estés preguntando por qué la gente de la comunidad se halla en este punto divisorio. La respuesta es por la transfobia, tanto interiorizada como sistémica. En el centro del argumento medicalista trans está la creencia de que las personas trans no recibirán atención médica si no toman en serio nuestro género declarado ni nuestro dolor. Para recibir la atención que necesitamos como personas trans, une médique nos debe diagnosticar disforia de género. Este es el resultado de un sistema tránsfobo que nos ha negado de forma reiterada nuestros derechos, nuestra autonomía y el acceso a la atención médica, y lo perpetúan médiques que cometen actos de transfobia y que a menudo buscan invalidar nuestra lucha. Este maltrato ha llevado a muchas personas trans a intentar legitimar nuestras identidades mediante las mismas herramientas que a menudo se usan contra nosotres. En este caso, la psiquiatría y la patologización de la identidad.

Como ya se ha comentado antes, al principio caractericé mi identidad trans del mismo modo que muches otres compañeres: «He nacido en el cuerpo equivocado». Yo también había interiorizado que la disforia era necesaria para la identidad trans. Mucha gente trans con la que he hablado ha descubierto puntos en común gracias a que comparten esa desconexión con sus cuerpos. Encontramos consuelo juntes en esta tristeza, buscamos formas de animarnos entre nosotres.

—Esa camiseta te da un aspecto muy varonil —podría decirme une amigue.

—A la porra la disforia, ¡somos hombres de verdad! —nos decimos.

Esto era muy bonito… pero no era una historia integral de la identidad trans. Así pues, cuando conocí a una persona a la que no le disgustaba su cuerpo sentí confusión. Incluso enojo.

¡¿Cómo que eres trans?! Pero si no has sufrido lo mismo que yo. No has vivido el mismo dolor que yo. ¡No has tenido que luchar para recibir tratamientos de afirmación de género como el resto! Estos pensamientos corrían libres por mi mente. *No eres trans de verdad.*

Pero no tardé en darme cuenta de que era el tipo de mensaje discriminatorio que había recibido yo sobre mi hombría: «Como no encajas con estas cosas que, según mi perspectiva, te hacen hombre, entonces *para mí* no eres un hombre». Comprender esto me permitió abrir espacio para las personas que son trans pero cuya experiencia no es idéntica a la mía. Del mismo modo que no toda la gente trans entiende mi experiencia particular como atleta transgénero o como persona racializada trans, no todes compartirán mi dolor sobre la disforia, y no pasa nada.

Tardé unos años más en racionalizar y digerirlo. Al final, me percaté de que esta limitada definición de la identidad trans también surgía de una actitud constreñida: la creencia de que no hay suficiente atención médica para todes.

Supongo que por motivos como este hay personas que se consideran «medicalistas trans» y que afirman que ser trans sí es una enfermedad mental que se cura con la transición. Hay quien teme que nuestros derechos se deslegitimen cuando «permitamos» que quienes no experimentan disforia sean includes dentro del colectivo trans.

Pero no me parece útil ni apropiado decidir la identidad de otra persona por ella. Animo a todo el mundo a reconocer que *nadie tiene derecho* a determinar el género de otra persona. No podemos decirle a alguien quién es. Cuando me paro a pensar sobre esto siempre reflexiono sobre una conversación que tuve durante mi infancia:

—¿Qué eres? —me preguntó une niñe.

—¿A qué te refieres? —dije. Era mi respuesta habitual, aunque sabía lo que estaba preguntando de verdad.

—O sea, es que pareces… ¿De dónde eres?

—Nací en la ciudad de Nueva York.

Mi madre me había enseñado a responder de esta forma. «Este también es tu país. Creen que todos somos extranjeros que no cabemos aquí. Pues se equivocan».

—No, pero ¿de dónde eres *de verdad*? —insistió con exasperación.

—De verdad que soy de Nueva York. Pero si lo que quieres saber es mi etnicidad y mi ascendencia, mi madre es coreana.

—¿En serio? Pues no eres de Corea porque… no pareces de Corea.

Aunque las preguntas sobre mi raza y mi ascendencia eran bastante habituales, no era nada habitual que desestimaran así mi respuesta.

—Pero ¿qué dices? —repliqué y me marché.

Espero que esta interacción te parezca tan ridícula como me lo pareció a mí. ¿Quién era este niñe para decirme que no era coreano? ¿Por qué pensó eso y me lo dijo? ¡Cómo se atreve a decirme que no soy quien le he dicho que soy!

Te invito a que tengas la misma reacción cuando pienses en decirle a alguien que no es del género que te ha dicho. Es ridículo que otra persona intente negar mis identidades centrales, ya sea como persona coreana o como hombre. Y así, del mismo modo, es ridículo que yo le diga a otra persona que no es trans, porque yo no puedo saberlo igual que ella. Cuando alguien comparte su género conmigo, acepto su declaración, valoro su vulnerabilidad y la confianza que ha depositado en mí, y le respeto de todas las formas posibles. Te aconsejo que hagas lo mismo.

Por último, recibir tratamiento para la disforia de género requiere que una persona experimente esa disforia, no que sea simplemente trans. Es decir: no te diagnostican ser trans, sino que te diagnostican disforia de género. Ser trans *no* es una enfermedad.

¿QUÉ DICE LA CIENCIA SOBRE LA DISFORIA?

La disforia de género está incluida en el *DSM-5-TR** como trastorno mental y, por tanto, la angustia que provoca se considera

---

* El *DSM* es el *Diagnostical and Statistical Manual of Mental Disorders* [Manual diagnóstico y estadístico de los trastornos mentales], el recurso más usado para diagnosticar enfermedades mentales en Estados Unidos. El *DSM-5-TR* es la quinta versión y la más reciente que existe, ya que se publicó en 2022.

clínicamente importante. Sin embargo, no todo el mundo puede acceder a un diagnóstico formal. La disforia es mucho más complicada y tiene más matices que un diagnóstico de enfermedad mental. Impedir que la gente acceda a los recursos de afirmación de género porque no cumple con una serie de requisitos disfóricos no siempre es productivo y puede excluir a aquellas personas que no encajan en la limitada definición o presentación de la disforia.

En muchos espacios exclusivos para personas trans he visto a gente intercambiar consejos sobre cómo explicar su disforia (qué decir y qué no decir) a sus médiques y psicólogues para recibir la atención que necesitan. Puede que esto no te parezca apropiado, pero piensa que durante décadas les profesionales de la salud han negado atención médica a las personas trans basándose en investigaciones incompletas y tránsfobas. El personal sanitario se niega a atendernos porque, según los estudios, no tenemos «suficiente» disforia.

Con esto no quiero decir que los protocolos médicos para proporcionar afirmación de género no sean útiles. Pueden serlo, sí. Pero deben basarse en la gente trans, en nuestras experiencias reales y en la diversidad que existe dentro de nuestra comunidad.

«UNA TRAGEDIA SIN NOMBRE»: UN RECORRIDO POR LA POCA HISTORIA QUE SE CONOCE SOBRE LA ATENCIÓN MÉDICA A LAS PERSONAS TRANS

1868: Nace Magnus Hirschfeld (él), médico y sexólogo gay, judío y alemán (1868-1935). Se le atribuye la creación del término «transexual» como una identidad diferente para la gente que siente atracción hacia personas de su mismo sexo. Hirschfeld es un firme defensor de la despenalización de la homosexualidad.[1, 2] También cree en la existencia de un «tercer sexo» de forma natural y propone la idea de «intermediarios sexuales», un término que hacía referencia a aquellas personas que no se ajustan a las normas cisheterosexuales de la época. Los «intermediarios sexuales» de Hirschfeld también incluyen a personas que él denomina (en 1910) «travestidas»; es decir, gente que elige llevar la ropa que se considera del sexo «opuesto» y que, «desde la perspectiva de su carácter», querrían que se les percibiera como parte del sexo «opuesto». Hoy en día, seguramente consideraríamos transgénero a estas personas.[3]

1919: Hirschfeld funda el Institut für Sexualwissenschaft (Instituto para la Investigación Sexual), que se inaugura en Berlín el 6 de julio. El instituto acumula una enorme biblioteca sobre sexualidad. Hirschfeld y su equipo tratan pacientes que quieren transicionar. Contratan psiquiatras para ofrecer terapia y ginecólogos para que realicen una Genitalumwandlung (se traduce literalmente como «transformación de los genitales»). En esa época, el instituto de Hirschfeld proporciona las cirugías más modernas de afirmación de género en el mundo.[4]

1933: El 30 de enero, Adolf Hitler (él) toma el poder y enseguida empieza a exterminar a aquellas personas que considera *lebensunwertes Leben* (o «vidas que no merecen vivir»). Estas *lebensunwertes Leben* incluyen no solo a millones de personas judías, romaníes, soviéticas y polacas, sino también a individuos trans y queer de cualquier origen.

El 6 de mayo, los nazis realizan en Berlín una de sus primeras quemas de libros, que también será de las más grandes: destruyen el instituto y la biblioteca de Hirschfeld. Se publicitan grabaciones de la destrucción. Sin embargo, aunque el incidente se ha retransmitido muchas veces desde entonces, casi nunca se ha dicho lo que se destruyó; tan solo fue «una tragedia sin nombre».[5]

1949: El sexólogo David Cauldwell (él) publica un artículo en el que usa el término *psychopathia transexualis* para describir a su paciente Earl, que ha pedido una operación de «transmutación de sexo» que incluye la extirpación de los pechos y los ovarios, una vaginectomía y una faloplastia.

Cauldwell parecer ser el primero en usar la palabra «transexual» para referirse directamente a personas que quieren operarse o se han operado para «cambiar de sexo».[6,7] Cauldwell distingue con claridad entre «sexo biológico», una clasificación según la anatomía, y «sexo psicológico», determinado por el condicionamiento social y que más tarde pasaría a ser la identidad de género.

Cauldwell no aprueba los cambios quirúrgicos en las personas transexuales, sino que prefiere «una adaptación psicológica en vez de física». Cree que desear someterse a «operaciones de mutilación» es una señal de «pérdida de equilibrio mental».[8]

1951: Harry Benjamin (él, 1885-1986), endocrinólogo y sexólogo estadounidense de ascendencia germana, realiza una cirugía de afirmación de género a Christine Jorgensen (ella), una veterana de la Segunda Guerra Mundial. Esta transición se publicita mucho y, como resultado, la visibilidad de la identidad trans se incrementa, así como el trabajo de Benjamin.

Aunque Benjamin tuvo ciertas contradicciones en lo relativo a la homosexualidad, defiende públicamente los derechos queer cuando la mayoría de los médicos estadounidenses no lo hacían. También trabajó con ahínco para atender las necesidades de sus clientes trans sin intentar cambiar su comportamiento, sino que prefirió reafirmar sus identidades. Benjamin es una figura importante en una época en la que muches pacientes trans denunciaban que los médicos les inyectaban hormonas propias de su género asignado en contra de su voluntad, les sometían a terapias electroconvulsivas sin su consentimiento, les recomendaban tratamientos de dióxido de carbono y hasta les hacían lobotomías.[9]

1964: Reed Erickson (él), un hombre transgénero que fue paciente de Harry Benjamin, crea la Erickson Educational Foundation (Fundación Educativa Erickson), que financia distintas investigaciones sobre las personas trans. Años más tarde, también fundó la Gender Identity Clinic (Clínica de Identidad de Género) en el hospital universitario John Hopkins.[10]

1965: John F. Oliven (él), psiquiatra de Columbia, acuña el término «transgénero» en su obra de referencia *Sexual Hygiene and Pathology*,[11] donde escribe: «[la transexualidad] es un término equívoco; de hecho, es mejor "transgenerismo", porque la sexualidad no es un factor esencial en el transvestismo básico». En esta época, Oliven usaba «transvestismo» y «transgenerismo» indistintamente.[12]

1969: Ocurren los disturbios de Stonewall. Virginia Prince (ella) usa el término «transgenderal» para referirse a sí misma con el objetivo específico de distinguirse de aquellas personas que quieren operarse y, como decimos hoy en día, pasaron por una transición médica. «Yo por lo menos sé la diferencia entre sexo y género y simplemente he elegido cambiar este último y no el primero. Si se necesita una palabra para esto, debe ser "transgenderal"».[13]

1979: Se funda la Harry Benjamin International Gender Dysphoria Association (Asociación Internacional Harry Benjamin de Disforia de Género). Más tarde se convertiría en la World Professional Association for Transgender Health (Asociación Profesional Mundial para la Salud Transgénero), que en la actualidad se suele considerar la líder internacional para comprender y tratar la disforia de género.

1980: La comunidad profesional psiquiátrica menciona a las personas trans en el *DSM-III*. Es el primer *DSM* en incluir la identidad trans, pero por desgracia lo hace porque se introdujo «transexualismo» como un trastorno mental. Además, el *DSM-III* clasifica a las personas trans por sexualidad: «homosexual», «heterosexual» y «asexual».

1994: El *DSM-IV* retira la palabra «transexualismo» y solo usa «trastorno de identidad de género». Todavía sigue clasificando a las personas por sexualidad, pero con nuevos nombres: «siente atracción hacia hombres», «siente atracción hacia mujeres», «siente atracción hacia ambos géneros» o «no siente atracción hacia ninguno». En estas clasificaciones, una persona transgénero aún se considera enferma.

2013: El *DSM-5* reemplaza el trastorno de identidad de género con «disforia de género» y deja de clasificar a las personas trans por sexualidad. Esto al fin elimina la patologización de la identidad trans y, en cambio, considera que el malestar sufrido por algunas personas es clínicamente relevante y, por tanto, una enfermedad mental. El objetivo de este nuevo formato es diferenciar entre ese malestar y la identidad para despatologizar a las personas trans. «La disconformidad de género no es en sí misma un trastorno mental», explica con claridad el *DSM-5*.[14] También se elimina el uso del término «transexualismo», desfasado desde hace tiempo.

2013-presente: El debate entre les profesionales médiques sobre la sanidad trans sigue en pie; hay tensión sobre todo entre la comunidad médica y los poderes legislativos. En los últimos años se ha producido una serie de ataques legislativos contra la sanidad de afirmación de género, ya que cientos de leyes han intentado prohibir y criminalizar este tipo de atención sanitaria para les menores (y, en 2023, también para las personas adultas) y restringir la capacidad de las personas de cambiarse el nombre y los marcadores de género.

Aunque el *DSM-5* ha dado esperanza a mucha gente para que se tomen más medidas, la despatologización oficial de la identidad trans se relaciona con aquello por lo que luchan muches activistas trans y con lo que los estudios han demostrado que es efectivo: la afirmación de género. El *DSM-5*, junto con las pautas subsiguientes, ha animado a les profesionales de la salud física y mental a reafirmar la identidad de género en vez de intentar «corregirla». Por desgracia para las personas trans, les profesionales médiques no tienen la jurisdicción que su experiencia debería garantizarles. A pesar de carecer de experiencia médica, muchos cargos legislativos luchan contra todo lo que apoyan las principales organizaciones médicas, psicológicas y psiquiátricas, porque la transfobia es un llamamiento mucho más efectivo y aceptable que la misoginia, la supremacía blanca y la discriminación.

PARTE II
EL GÉNERO Y LES DEMÁS

8

Salir del armario... o invitar a alguien dentro

Cuando tenía once años me di cuenta de que estaba enamorado de la que era mi mejor amiga. En esa época, íbamos por el mundo como dos chicas. Ese día escribí en el borde de la página de un diario: «He descubierto que soy lesbiana. 2007». Arranqué la esquina y la guardé en el fondo de un cajón de la cómoda como si quisiera apartar ese sentimiento. La escondí tan bien que nunca encontré ese fragmento, a pesar de buscarlo años más tarde.

En cuanto pude articular este sentimiento, pasé muchos meses con dolor de estómago. Su intensidad crecía y menguaba según las veces que pensara en mi amiga y según cuánto tiempo pasara con ella, pero siempre estaba ahí, persistente y solitario.

Ese mismo año, la madre de mi amiga nos llevó en coche al instituto Smithsonian, donde trabajaba mi madre. Íbamos a ver su charla. Mi amiga y yo ocupábamos la parte trasera del coche. Durante un momento, me olvidé de ese amor tan prohibido y me perdí en las risas y la diversión. Pero la vergüenza regresó de repente cuando alcé la mirada y vi a su madre en el asiento delantero. *¿Qué haría si conociera mis sentimientos por su hija? Seguro que pensará que soy asquerosa y no me dejará acercarme a ella de nuevo.*

Por eso aparté mis sentimientos. Durante años, no se lo dije a nadie. A pesar de conocer a varias personas adultas en mi vida que eran abiertamente queer, no conocía a ningune estudiante que lo fuera. Incluso cuando, años más tarde, a finales de la secundaria, una chica salió del armario, mi madre exclamó: «¿Cómo lo sabe? ¡Es tan joven!». Yo lo había sabido incluso de más joven. *Debe de haber algo mal en mí*, fue mi conclusión.

Cuando empecé el instituto, decidí que era hora de cambiar. Me había presentado con un aspecto estereotípico masculino durante gran parte de mi vida. Aunque me sentía cómodo de esa forma, estaba harto de que me miraran y se burlaran de mí en el baño de chicas. Estaba muy cansado de sentir que no pertenecía a nada… Quizás era hora de convertirme en esa mujer que todo el mundo esperaba que fuera.

Decidí que me amoldaría a las normas.

Me dejé crecer el pelo y me compré ropa más ajustada, más estereotípicamente «de chica». Por primera vez desde que tenía uso de razón, compré en la sección de ropa femenina. En el equipo de natación, donde pasaba la mayor parte de mi vida social, presté atención al champú que las chicas usaban y a las tiendas en las que compraban e hice todo lo que pude por imitarlas. Me obligué a entablar conversaciones con ellas sobre chicos. Me preparé para la pregunta que más se repetía: «Bueno, ¿para ti quién está bueno?». Solo había unas pocas respuestas correctas, y todas eran chicos.

Por desgracia, este cambio no trajo ni esa alegría ni ese alivio que había buscado, sino todo lo contrario. Fue en esa época cuando mi salud mental se deterioró y empecé con el trastorno alimentario y otros problemas.

El verano anterior al tercer curso en el instituto, la falsedad me estaba matando (casi literalmente). En el corto periodo de una semana decidí que tenía que decir que era lesbiana. *Mis problemas tienen que venir de eso*, me dije.

Era un martes por la mañana y pensé en contárselo a mis dos xadres a la vez, pero como mi madre se había ido de viaje de negocios, tuve que decírselo por separado. La elegí a ella primero. A lo mejor por teléfono sería más fácil.

Me metí en el armario (no capté la ironía de la situación en ese momento), cerré la puerta y la llamé.

—Mamá, tengo que contarte una cosa.

—Vale, ¿qué pasa?

Estaba tranquila, pero sonaba un poco preocupada.

A pesar de haberme escrito un pequeño guion, solté:

—Mamá, soy lesbiana.

Las palabras abandonaron mi boca y de repente estaba llorando.

Creo que mi madre se sorprendió más por las circunstancias que por la declaración en sí. Estaba preocupada por mi tristeza. Dijo que le desconcertaba que se lo hubiera tenido que decir: «Si un día hubieras venido a casa con una chica, te habría preguntado su nombre. Y nada más», me dijo.

Mi padre respondió de una forma similar. No me encontré con hostilidad, ni siquiera pusieron en duda mis pensamientos. Lo cierto es que fue todo bastante anticlimático.

Por desgracia, esto fue, y sigue siendo, un privilegio. Según un estudio de True Colors United, un 40 % de les jóvenes que sufren sinhogarismo son LGBTQ+; la razón más habitual que mencionan es el rechazo familiar por su orientación sexual o su identidad de género. El 50 % de les adolescentes LGBTQ+ reciben una reacción negativa de sus progenitores y más de un cuarto son expulsades de su hogar y su familia.[1]

Mis xadres nunca me amenazaron con dejarme sin dinero ni un lugar para vivir. He tenido suerte.

En los años siguientes fui diciéndoselo a más amigues del instituto. Me apunté al club LGBTQ+ y empecé a salir con una amiga que salió del armario cuando yo se lo dije. Fuimos a un grupo de afinidad lésbica que habían creado nuestras compañeras de clase ese año. A finales del instituto, resultó que la mayoría de nuestro grupo de amigues era queer. Al fin tenía una comunidad.

Aun así, en la piscina mantuve mi sexualidad oculta. Me parecía un lugar imposible para compartirla. Insultos homófobos resonaban a diario en aquellas paredes y, aunque intentaba con desesperación sentirme orgulloso de quien era, no quería renunciar a todo lo que tanto me había costado. Nadar era mi vida; todos mis sueños y planes de futuro se basaban en estar en la piscina con esas chicas. Mi equipo había producido muchas campeonas nacionales y hasta olímpicas. Quería formar parte de aquello; revelar mi sexualidad a alguien del equipo parecía una forma segura de perderlo todo.

—Puaj, se estaba besando con otra chica —recuerdo que dijo una de mis compañeras mientras estirábamos después de entrenar—. Era asqueroso.

En ese momento juré que nunca compartiría mi identidad con ellas ni con nadie del mundo de la natación. Me daba demasiado miedo.

Vivía, en muchos sentidos, una doble vida. Como iba a un instituto privado y la mayoría de mis amigas de natación iban a centros públicos, no solíamos coincidir. En el instituto, vestía de un modo que, para mí, expresaba mi sexualidad: pantalones verde neón, camisas de franela viejas y gorras. Y, en natación, hablaba sobre chicos con mis compañeras. A veces hasta me ponía ropa distinta, «más de chica», antes de entrar en la piscina.

Aunque difícil, este sistema fue efectivo durante unos años. Mi sexualidad nunca entró en el mundo de la natación y las otras chicas del equipo me siguieron invitando a salir con ellas. Pero, a pesar de que apenas sufría homofobia en el instituto, sentía que algo no acababa de encajar con la etiqueta de «lesbiana». Le confesé a una amiga que el grupo de afinidad lésbica al que íbamos me dejaba con una profunda sensación interna de asco, tanto que a menudo me marchaba de las reuniones antes de que acabaran porque no podía con las náuseas.

Tardaría unos cuantos años más en encontrar las palabras para explicar el motivo.

Durante mi época en el centro de tratamiento de trastornos alimentarios y los meses posteriores empecé a aprender más cosas sobre mí mismo. En esos agonizantes meses, me percaté de lo bien que la palabra «transgénero» encajaba con mis experiencias. Aun así, tenía la sensación de que sabía muy poco sobre la persona que saldría de ese centro de tratamiento.

Así pues, cuando mi madre me visitó al principio del proceso, no me sentía lo bastante seguro sobre mi identidad como para compartir con ella algo más que lo básico.

—Mamá, creo que soy trans —le dije mientras íbamos por la carretera U.S. 1. Recuerdo que asintió sin más, seguramente sorprendida, aunque intentó mostrar apoyo.

—Vale… —respondió. Cuando seguí hablando sobre una posible transición física y la posibilidad de que a lo mejor no pudiera seguir nadando, dudó un poco más—. Vale, tendremos que hablar más sobre todo eso.

Fue una conversación corta. De pasada. Sé que parte de su tranquilidad procedía de su amor incondicional por mí, combinado con el deseo de que yo estuviera bien, que superaba cualquier vínculo que ella sintiera hacia mi género o hacia la forma en que yo me presentaba al mundo. La otra parte de esa tranquilidad procedía de no saber con cuánta seriedad le estaba ofreciendo esta parte de mí.

Cerca de un mes después, fui a un taller llamado «El continuo del género». Se celebraba en un pequeño centro educativo LGBTQ+ llamado YES Institute.

Mi psicóloga me había animado a ir varias semanas antes y al fin había accedido. Había dudado no porque pensara que no sería buena idea (sabía que lo sería), sino porque tenía un miedo terrible a lo que el taller pudiera provocar en mi interior. A las verdades a las que me obligaría a enfrentarme. Y guau, se confirmaron mis miedos.

Pasé gran parte del taller, que duraba dos días, llorando. El primer día, cuatro moderadores nos expusieron las complejidades del género y del sexo biológico, y dónde encajaba la identidad trans dentro de todo aquello. Tomé apuntes con avidez; la letra en tinta azul casi resultaba ilegible en la libreta de espiral.

«Celos de los hombres trans que hay aquí», escribí entre los datos que apunté.

El segundo día vinieron varias personas a hablar. Observé cómo hacían pasar a un chico más joven que yo. Noté un pinchazo en el pecho al ver sus pantalones cortos extragrandes y la camiseta de tirantes sobre el binder*. *Camina igual que yo*, pensé. El parecido era asombroso. Había algo en su forma de moverse que me resultaba muy familiar. Luego descubrí que era un chico trans y que tenía quince años.

«Joder, ¿cómo lo saben de tan jóvenes?», escribí en la libreta con una envidia que me hizo enroscar los dedos.

El chico había tenido la suerte de poder acceder a hormonas de afirmación de género después de intentar acabar con su vida. Su madre habló sobre la importancia de encontrar una forma de apoyar a su hijo y él nos leyó un poema sobre su experiencia.

—Como cadenas acariciándome la piel —dijo. Yo lloraba, porque conocía el sentimiento demasiado bien—. El corazón de un chico en el cuerpo de una chica. No permitas que otra persona controle tu vida, porque entonces deja de pertenecerte. Es de otra persona. Y no puedes vivir la vida de otra persona.

«¿Cuánta felicidad he perdido (¿o ganado?) al vivir de esta forma?», escribí. Las lágrimas mancharon la página.

Al final del taller estaba destrozado. La página de mi diario correspondiente a mi segundo día incluye solo una frase: «Pues la clase sobre el continuo del género ha sido básicamente una rayada mental». Y con eso quise decir que por fin había visto mi verdad. Y era terrorífica.

Mi padre había venido de visita y me recogió al final de esa segunda jornada. Yo aún no había dejado de llorar. Corrí hacia él, sollozando. Me envolvió entre sus brazos sin decir nada y me abrazó con fuerza mientras yo seguía llorando. Cuando empecé a calmarme, preguntó:

---

* Un binder es un artículo de ropa que la gente usa para reducir o, en muchos casos, para intentar eliminar la apariencia de tener senos. Es una mezcla entre un sujetador deportivo ajustado y una camiseta. Lo que consigue es apretar el pecho de una persona contra el cuerpo para crear unos pectorales más planos y con una apariencia más masculina.

En español, la comunidad trans usa el término directamente en inglés, «*binder*», aunque también se puede decir «faja/camisa compresora» *(N. de le T.)*.

—¿Qué pasa?

—Papá, soy trans —solté. Me estrechó con más fuerza.

—Vale, todo va a salir bien —farfulló mientras fluían las lágrimas.

• • •

Desde que salí del armario públicamente y me convertí en orador y educador, mi padre me ha acompañado a múltiples conferencias y presentaciones. Cuando le preguntan por qué o cómo pudo apoyarme, siempre responde con sencillez: «Cuando tu hijo llora y es obvio que está sufriendo, ¿qué haces?». Ahí siempre se calla para que el público lo considere durante un momento. «Le abrazas. Lo sostienes. Estás a su lado. Es así de fácil».

Y es que *sí* que es así de fácil, pero al mismo tiempo no lo es. Por desgracia, más de la mitad de les niñes que cuentan a sus xadres que son trans no comparten mi experiencia.

Sé que soy privilegiado por tener tanto amor a mi alrededor. Mis xadres siempre han sido mi mayor apoyo y tengo suerte de no haber dudado nunca de lo mucho que me quieren. Espero que, al leer esta frase, puedas reconocer lo bajo que está el listón en la sociedad para les niñes LGBTQ+. No dudar del amor de tus xadres es tener suerte, un privilegio. Progenitores, por favor, reflexionad sobre esto.

Incluso con ese privilegio, mi viaje con mis xadres no siempre ha sido fácil. No siempre nos hemos puesto de acuerdo. Podía confiar en su amor, pero no en su comprensión.

Tuvimos muchas peleas a gritos durante el primer año de mi transición. Aunque apoyaban mi identidad como hombre trans, recelaban mucho sobre las cirugías y las hormonas. Los cambios médicos les asustaban. Para mis xadres, operarme el pecho parecía una decisión precipitada e innecesaria.

Dejé el tratamiento para mi trastorno alimentario en octubre de 2014. A esas alturas, estaba seguro de que necesitaba operarme el pecho y que ese sería mi siguiente paso en mi viaje de autoestima y afirmación. Pero, sin trabajo y sin seguro médico propio, necesitaba la ayuda de mis xadres.

Su resistencia a mi transición fue respaldada también por obstáculos médicos. A pesar de recibir apoyo verbal y psicológico de mis terapeutas en el centro residencial, nadie quiso firmar una carta para avalar mi cirugía de pecho. El supervisor declaró de forma explícita que *no* debía someterme a esa operación ni dar ningún paso en mi transición médica porque había transcurrido poco tiempo desde que había dejado el tratamiento. Acudí a otros tres terapeutas más, en busca de alguien que me firmara la carta. Cada rechazo persuadía más a mis xadres de que aquello era una mala idea.

Una tarde acabé en la moqueta del dormitorio de mi infancia, completamente devastado y derrotado. Mi padre estaba en el umbral. Su resistencia y mi rabia evolucionaron en una pelea, hasta el punto de que acabamos gritándonos.

—¡No entiendo por qué tienes que hacerlo! ¿Por qué ahora? ¿Por qué tan rápido? ¡No lo entiendo! —dijo con enfado.

—¡Es que no tienes que entenderlo! ¡No te pido que lo entiendas! —le grité—. ¡No lo vas a entender porque no eres yo! —Se quedó perplejo y no dijo nada—. Yo solo... —El grito se transformó en una débil súplica—. Solo te pido que me acompañes.

Fue un punto de inflexión para mi padre... y, más tarde, para mis dos progenitores.

Fue el momento de darse cuenta de que el amor es mucho más importante que la comprensión. Mis xadres pasaron tanto tiempo intentando comprender, o preocupándose porque no lo entendían, que se estaban olvidando de quererme. De confiar en mí. De dejarme ser yo mismo.

Nuestres xadres, hermanes y amigues no tienen por qué entendernos para poder aceptarnos, respetarnos y querernos. A veces, la comprensión es lo último que llega y no pasa nada. Muches progenitores no metabolizan esta parte y por eso prohíben a sus hijes que sientan alegría por algo que elles no entienden. Liberarse de la necesidad de entender implica *confiar en tu hije*. Implica permitir que la otra persona aprenda por sí misma y darle el espacio para ser quien se conozca mejor.

No sería apropiado decir que esta lucha con mi padre fue El Momento en el que todo cambió. Pocas cosas cambiaron de la noche a la mañana y, cómo no, habría más desacuerdos, pero, al final, mi padre me acompañó a la operación. Tenía que estar cerca del personal médico durante una semana tras la cirugía para la revisión del posoperatorio. Nos quedamos en un centro de recuperación trans de la zona. Allí nos comentaron que era el primer (y, en esa época, el único) padre que había acompañado a su hijo trans al centro en todos los años que llevaba abierto. Cada año se alojaban allí cientos de personas.

Cuando lloré de felicidad al despertar de la operación, mi padre supo que había tomado la decisión correcta al confiar en mí.

En los años posteriores, el amor de mis xadres les ha permitido entenderme a mí y mi experiencia casi por completo, pero cuando la comprensión no llega este amor también les permite seguir adelante. Han asumido mi lucha como propia: mi padre trabaja como mi mánager y ayudante y mi madre ha pasado a reseñar todos los libros de autores trans que puede devorar.

Aunque nunca quiero desdeñar el privilegio que he tenido al recibir esta aceptación, también creo que mi familia y yo tomamos ciertas medidas, grandes y pequeñas, para crear esta armonía. No fue tan solo cuestión de suerte, sino que además hubo voluntad por su parte. Comparto esto no para engrandecerme a mí o a mi familia, sino también para decir que *tú tienes capacidad para decidir*. No puedo enseñarte a tener privilegio o suerte, pero sí puedo compartir unas cuantas cosas que quizás te sirvan para comunicarte, bien seas la persona que invita a les demás en su viaje de género o la persona a la que invitan.

COSAS QUE RECORDAR CUANDO ALGUIEN TE INVITA A PARTICIPAR EN SU VIAJE DE GÉNERO

A lo largo de los años he sido mentor de cientos de personas trans y queer en sus viajes. Antes de explorar algunas de mis sugerencias, es importante recordar que la experiencia de cada persona es distinta y que quizás estas opciones no funcionen para todo el mundo. Es lo que mejor me vino a mí y a las personas con las que trabajo, pero si alguien te dice que prefiere otra opción, te aconsejo que prestes atención a sus necesidades.

Sin más preámbulos, he aquí una lista de cosas que recordar:

Es un privilegio

—No voy a *salir* del armario —dijo le chique con una seguridad tranquila pero firme—. A partir de ahora, solo voy a invitar a otras personas *a entrar.*

Esta declaración, hecha por une asistente a uno de mis grupos de apoyo LGBTQ+ en línea, es una de las frases más potentes que he oído sobre compartir nuestra identidad trans (o queer) con otras personas.

Esta frase encaja con algo que he enseñado a las personas cishetero durante mucho tiempo: cuando alguien comparte contigo su identidad trans o LGBTQ+, es un privilegio. Trátalo como tal. Se necesita mucha vulnerabilidad y valor para compartir que somos trans o queer con otras personas, sobre todo en un mundo que nos arrebata nuestros derechos. Si alguien te cuenta algo así, debes entender que te está invitando a conocer su verdad, una parte de su corazón. Te está confiando información privada a la que no tienes derecho. Esta revelación es un privilegio que te están ofreciendo, no un derecho que tú ostentes. Nadie tiene la autoridad de conocer nuestra sexualidad o identidad trans, sino que somos *nosotres* quienes tenemos la autoridad de compartirla con otras personas cuando decidamos, y solo si queremos hacerlo.

He hecho este cambio en mi vocabulario porque quiero tratar mi identidad como el privilegio que es. Quiero respetarme a mí mismo con estos límites, con este cuidado. Es una forma de recordarme a mí y a les demás lo siguiente: «Cuando comparto mi identidad, te estoy dando la bienvenida a mi verdad. Quítate los zapatos al entrar. Cuidado por donde pisas en mi casa. No rompas nada. Sé amable, ten compasión. Aquí eres bienvenide siempre y cuando yo te permita la entrada». Para recibir esta invitación, primero debes ser alguien a quien yo quiera invitar.

Cuando una persona trans decide no revelar su identidad trans a otros individuos, a menudo estos se enfadan. «¡Me ha engañado!», protestan. Y yo responderé: «No, te has engañado a ti misme». La cisnormatividad ha hecho que tú te pienses que todo el mundo que te rodea es cisgénero y, aunque la existencia de la cisnormatividad no es culpa tuya, sí es tu responsabilidad deconstruirla y desmantelarla. Y eso no implica, cómo no, que yo te haya mentido. (Hablaremos más de esto en el Capítulo 15).

Si alguien te revela su identidad o sexualidad, reconoce lo sagrada, personal e importante que es esa información. Aprecia que esa persona se siente lo bastante cómoda contigo como para compartir su verdad, que eres tan importante en su vida que ha querido decírtelo, así que expresa gratitud.

A modo de respuesta, puedes decir: «Muchas gracias por compartirlo conmigo. Me alegro mucho de que me lo confíes. Estoy aquí para apoyarte en todo lo que pueda».

No tiene nada que ver contigo

El proceso que elija una persona trans para revelar su identidad no concierne a nadie más. No tiene nada que ver con los sentimientos del resto de la gente. No salimos del armario por el bien de otras personas, sino por el nuestro.

No te quejes si la persona en cuestión no te lo dijo antes. No te quejes si se lo dijo primero a otra persona. Esto puede sentarte mal y estás en todo tu derecho a sentirte así, pero no responsabilices a la otra persona por estos sentimientos. A lo mejor te viene bien preguntarte por qué no te lo contó primero o antes que a otra persona. Esto se debe, a menudo, a las circunstancias o la conveniencia; simplemente se lo contó primero a otra gente. A veces, el retraso no tiene nada que ver contigo, sino que es una cuestión de tiempo.

Y en otras ocasiones *sí* que es por ti. Por algo que dijiste o hiciste en el pasado que le dolió a esta persona o le hizo sentir miedo a tu reacción. Si este es el motivo, podrías considerar disculparte en algún momento. Te recomiendo reservar la disculpa para una ocasión que no eclipse la revelación de su identidad. Podría ser más tarde, durante otra conversación, o después de que haya terminado de compartir esto contigo. Aun así, asegúrate de disculparte sin centrarte en ti ni en tu culpa por ese daño pasado. Céntrate en su experiencia y en su revelación.

No expreses dolor por perder una parte de quien creías que era esa persona. No le digas a un hombre trans que echarás de menos que sea mujer ni que sientes que has perdido a tu hermana/novia/madre. Estos sentimientos son completamente válidos y comprensibles, pero es tu responsabilidad sentir, entristecerte y sanar, no de la otra persona.

Lo importante es no centrar el momento en ti ni en cómo te sientes sobre su identidad. Es el momento de la persona trans, no el tuyo.

No tienes que entenderlo

Muchas personas tenemos una creencia falible e inconsciente: si no entendemos algo, entonces no puede ser auténtico/real/válido. Pero el mundo está repleto de verdades que yo no comprendo. No sé exactamente cómo vuelan los aviones y, aun así, no dejan de volar. Y confío tanto en la ciencia que vuelo en ellos todo el tiempo. Mi falta de comprensión sobre cómo vuelan los aviones no les impide volar. Mi ignorancia no invalida todos los teoremas que legitima la ciencia. No, esto solo quiere decir que yo, Schuyler Bailar, no entiendo cómo vuelan los aviones.

No me parece que ser trans sea tan complejo como la física aeronáutica, pero si para ti sí que lo es, no pasa nada. No hace falta que lo entiendas todo sobre la identidad transgénero ni sobre la experiencia de una persona trans para quererla y aceptarla. Usar tu incapacidad para comprenderlo como motivo para negarle su verdad, humanidad o autonomía es desconsiderado e inválido.

Salir del armario es difícil y terrorífico

Es posible que haya hablado con miles de personas trans a lo largo de mi carrera y puedo decir sin problemas que, aunque transicionar en sí es complicado, para la mayoría lo más difícil, intimidante y doloroso de ese viaje es *el resto de la gente*. Como resultado, compartir nuestra identidad con nuestros seres queridos y la comunidad suele ser una de las cosas más arduas que hacemos en la vida.

Muches pasamos meses preparándonos para ese momento, o puede que incluso años. Enfrentarse a un mundo cisheteronormativo que intenta sin cesar borrar nuestra existencia y declarar con orgullo, confianza y poder que somos quienes somos requiere de un valor increíble. Debido a la transfobia rampante y, por desgracia, creciente, revelar nuestra identidad trans es también un gran riesgo para nuestra seguridad física y laboral, el apoyo comunitario y el amor familiar. Decir que somos trans es, a menudo, una experiencia dolorosa y estresante que causa ansiedad.

Salir del armario nunca se acaba

Muchas personas cishetero consideran que salir del armario es un único acontecimiento.

—¿Cuándo saliste del armario, Schuyler? —me suelen preguntar.

—¿A qué vez te refieres? —les contesto.

Es poco frecuente que una persona solo salga del armario una vez. Seguramente pueda contar los días en los que *no* he salido de él con más facilidad que los que sí. Cada vez que subo un post a Instagram, invito a muchas personas a conocer mi identidad trans. Y lo mismo ocurre cada vez que alguien busca mi nombre y encuentra mi cuenta, cada vez que doy un discurso o trabo amistad con alguien.

Salir del armario es un proceso constante que nunca acaba. Para muchas personas puede ser una introspección profunda y a menudo dolorosa que dura años. Y luego pueden tardar más años en reunir el valor y el apoyo necesario para poder compartir su identidad con el mundo, de un modo constante y, en muchos casos, eterno.

Muchas personas queer y trans deben salir del armario una y otra vez con tal de reclamar su identidad. Esto puede ser tanto agotador como liberador.

Respeta nuestra privacidad

Que una persona trans te cuente que es trans no te proporciona el consentimiento automático para compartir este dato con nadie más. Revelar la identidad o sexualidad de otra persona sin su permiso es lo que se suele llamar *outing*.* Cuando sacas a alguien del armario a la fuerza, no solo le robas su poder de decisión sobre su propia historia y revelación, sino que también puedes poner a esa persona en una situación peligrosa.

Piensa que esa información es confidencial a menos que te digan lo contrario.

Si la persona ha compartido un nuevo nombre y pronombre contigo y no sabes dónde y cuándo usarlos, puedes preguntar lo siguiente: «Muchas gracias por compartir tu nombre y tu pronombre conmigo. ¿Prefieres que los use en todo momento o hay algún sitio donde aún no quieres usarlos? Es para asegurarme de no revelar tu identidad sin tu permiso».

---

* En español no hay un término concreto, sino que más bien lo formulamos como «sacar a alguien del armario a la fuerza» o variantes. *(N. de le T.)*

Edúcate y ve con cuidado a la hora de hacer preguntas

Aunque algunas personas aceptarán tus preguntas (siempre que sean apropiadas y estén bien formuladas), muchas no lo harán y *no deberían estar obligadas a hacerlo*. Tu amigue trans no es tu enciclopedia trans. Además de agobiarle con preguntas, puede que aún no sepa todas las respuestas. Es tu responsabilidad educarte.

Te aconsejo que te plantees la necesidad de cada pregunta antes de hacerla. ¿Existe una necesidad específica? ¿Solo «sientes curiosidad» o hay otro motivo para preguntarlo? Es decir, ¿buscas una respuesta específica o de verdad quieres oír la respuesta y saber lo que piensa esa persona? Plantéate todo esto primero. Si ves que sientes mucha carga o emoción mientras reflexionas sobre las preguntas, tómate un tiempo para tranquilizarte antes de preguntar.

Por último, si eliges plantear una pregunta y alguien se niega a contestar o incluso responde con rabia, respétalo. Recuerda que no tienes derecho a recibir una explicación solo porque sientas curiosidad. ¡Estás en tu derecho sentirla! Pero la curiosidad no exige una respuesta.

Si soy trans... ¿cómo invito a la gente a mi verdad?

Antes de plantearte salir del armario, te recomiendo que pienses bien si *quieres* hacerlo. Este viaje es tuyo y solo *tú* deberías decidir cuándo, dónde, cómo y con quién compartir tu verdad. Tu identidad como persona trans y/o queer no depende de a cuánta gente hayas invitado. Tu identidad es válida pase lo que pase. No tienes que contárselo a nadie, nada más darte cuenta. No tienes ni que salir del armario a menos que *tú* decidas que eso es lo correcto para *ti*.

En mi caso, salir del armario no era negociable. Había peleado durante mucho tiempo conmigo mismo y sí, sabía que anunciarlo significaría que tendría que pelear con otra gente. Pero siempre puedo alejarme de esa gente. Nunca de mí mismo. Por eso elegí poner fin a esa pelea interna y depositar las armas con las que me hacía daño. Decidí permitirme expresar quién era en realidad, pelear con otras personas cuando pudiera y alejarme cuando no.

Si no estás liste para esto, o no quieres hacerlo, no pasa nada. Cuida tu energía de la mejor forma posible. Si decides que este también es tu camino, aquí tienes unos cuantos consejos.

Usa las tres C:

Claridad

Sé directe. Explica todo lo que quieras sobre lo que significa ser trans o queer o lo que sea que estás compartiendo. Sé concise. Intenta no irte demasiado por las ramas porque eso puede confundir a quien te esté escuchando. Y dirige la conversación: di lo que la otra persona puede/debería hacer con ese nuevo dato, como usar el género adecuado y/o un nuevo nombre.

Esto puede ser algo como: «Soy trans, lo que significa que, aunque me asignaron el género femenino al nacer, soy un hombre. Por favor, dirígete a mí en masculino y con el pronombre él».

Así prevés algunas preguntas que pueden tener muchas personas, como: «Vale, ¿y ahora qué? ¿Qué tengo que hacer?». Diles claramente qué hacer con la información. Y si no quieres que hagan nada ni cambien nada, ¡dilo también!

Hoy en día, cuando salgo del armario, comparto mi historia con el género. No les pido que hagan nada. Así que añado lo siguiente: «No hace falta que hagas nada con esta información. No es necesario que cambie nada entre nosotres, solo quería decírtelo porque es una parte importante de mí».

Compasión

Yo tardé dieciocho años en saber que era trans, con lo que puedo (y quiero) darle a otra persona más de dieciocho segundos para que sepa lo que significa ser trans para ella. A medida que el proceso se vaya desarrollando, reconoce que es posible que no entiendan algo y que no pasa nada. También deberías ser compasive contigo misme. Si la persona a quien se lo has dicho no lo entiende, ni te escucha ni te respeta, quizás quieras poner ciertos límites. Puedes darle el espacio que necesita para digerir lo que le has dicho, pero mientras tanto no hace falta que soportes su falta de respeto ni su discriminación.

Confianza

Cómo nos presentamos en estas situaciones puede influir en cómo nos perciban les demás. Según mi experiencia, cuanta más calma y confianza muestre, más probable es que la otra persona me reciba a mí y mi declaración con esa confianza. Reconozco que es más fácil decirlo que hacerlo, por lo que te recomiendo que practiques antes. En mi caso, antes de salir del armario de verdad escribí cartas a mucha gente, donde le explicaba que era trans, para organizar y practicar lo que quería decir. A veces practicaba leyendo la carta delante de un espejo o de une amigue. Si estaba nervioso, le leía la carta en voz alta a la persona en cuestión.

No pasa nada si no puedes aparentar esa confianza. Hazlo lo mejor que puedas. Siempre puedes pedir paciencia: «Me cuesta mantener esta conversación, así que ten paciencia conmigo mientras te digo lo que quiero decirte». Así le invitas a escuchar y compartes un tipo de confianza diferente: vulnerabilidad.

Acepta preguntas si puedes

Si te ves capaz, te aconsejo que invites a les demás a plantear preguntas si quieren hacerlas. En mi experiencia, esta invitación ha servido para crear un entorno donde le oyente puede aprender y comprender. Le permite sentir que no es algo extraño ni un tema peligroso, sino una conversación cualquiera.

Esto, claro está, puede dar pie a preguntas invasivas que resulten dolorosas y/o agotadoras. También es válido no aceptarlas; estás en todo tu derecho a negarte a responder o a pedir que no te pregunte nada. Si lo haces, te animo a que indiques qué recursos puede consultar la otra persona, porque así tendrá alternativas para educarse en otra parte. Consulta mi web, allí hay recursos que puedes compartir.

Y si permites preguntas, asegúrate de estar preparade para hablar sobre ellas. Recuerda que siempre puedes cambiar de opinión. Aunque yo casi siempre doy pie a que me pregunten cuando comparto con otras personas que soy trans, esta invitación no significa que quiera responder a todo. Significa que les invito a que pregunten.

Termina la conversación cuando alcances tu límite. Este es otro recordatorio para que lo pongas, sobre todo si queda claro que la conversación no avanza. Los límites podrían ser salir de la habitación o no responder cuando surja algún tema en concreto, bloquear el número de una persona o incluso apartarla de tu vida. No te comprometas a adaptarte a la incomodidad que sienta otra persona por tu identidad. No te invalides solo porque ella lo haga.

Si sales del armario de forma reiterada, como les pasa a muchas personas trans y queer a lo largo de sus vidas, te sugiero que practiques respuestas a las preguntas más habituales para que no requieran tanta energía emocional. Algunas respuestas válidas pueden ser: «No voy a responder a eso» o simplemente, un potente «No». También puedes decir: «Esa es una buena pregunta… pero no tengo energía para responderla ahora mismo. ¡Te mandaré unos enlaces!». O, si la pregunta no es, de hecho, *buena*: «Mmm, entiendo tu curiosidad, pero esa pregunta es bastante inapropiada e invasiva. No me siento cómode respondiendo».

Los contenidos de la respuesta son menos importantes que el hecho de que la estás proporcionando. Creo que este tipo de práctica es esencial para reducir nuestro estrés diario o social como personas trans que nos enfrentamos sin cesar a preguntas inapropiadas.

Recuerda: no eres demasiado sensible

—Mis padres dicen que intentan llamarme por el género correcto, pero solo aciertan la mitad de las veces. Sé que me quieren y se preocupan por mí, pero me da la sensación de que no se esfuerzan. Y duele. ¿Estoy siendo demasiado sensible? —me preguntó une asistente hace poco en uno de mis grupos de apoyo.

Un coro de «¡No, para nada!» inundó el chat de Zoom, y sonreí.

A las personas trans a veces las tildan de «demasiado sensibles» cuando pedimos que respeten nuestros pronombres, nombres e identidades. El dolor es prueba de que no se trata de una cuestión de sensibilidad, sino que es más bien una emoción humana universal. No es mucho pedir que nos traten con la dignidad y el respeto más básicos.

• • •

Tanto si eres la persona que invita a otras a conocer su verdad como si te han invitado, trata el tema con el respeto, la compasión y la paciencia que se merece. Salir del armario puede ser un proceso muy emotivo, íntimo y especial para todas las personas implicadas. Considéralo un espacio sagrado, porque lo es.

9

¿Así que no crees que seas una persona tránsfoba?

—¡No soy tránsfoba! —protestó la chica—. Es que es increíble que haya dicho algo así. No quiero hacer daño a las personas trans y es muy fuerte que me haya llamado tránsfoba.

Esta conocida estaba claramente disgustada y ofendida. No respondí, solo aguardé.

—Es un ataque muy poco productivo que imposibilita cualquier tipo de conversación —añadió. Escuché mientras explicaba cómo se sentía.

Cuando terminó, le contesté:

—Entiendo que estés disgustada. Puede ser muy angustiante que te llamen algo que percibimos como horrible, sobre todo cuando no era nuestra intención —dije. Intenté transmitir empatía antes de compartir mi opinión. Es como dar la mano a alguien emocionalmente. Muchas personas, sobre todo aquellas con identidades privilegiadas (blanca, cisgénero, hetero, etc.), lo necesitan cuando les dices que han hecho daño a otra persona, aunque sea por accidente—. Llamar a alguien tránsfobo no significa que sea una persona horrible. No ha sido un ataque contra ti.

Ella me interrumpió con vehemencia:

—¿Cómo que no? ¡Sí que lo ha sido! ¡Y es horrible porque yo no soy así!

—Entiendo que te sientas así. Pero ese sentimiento no es responsabilidad de la persona trans a la que has ofendido. Es *tu* responsabilidad.

—No pareció gustarle esta respuesta, pero tampoco protestó. Escuchó, con el gesto torcido por el escepticismo y la frustración—. Al decir que alguien o algo es tránsfobo no lo estamos censurando ni invalidando. Es una descripción de un acto que a esa persona le ha parecido dañino. Y la gente necesita oír el daño y el dolor que han causado en vez de ofenderse. Cuando una persona dice que alguien o algo es tránsfobo, la respuesta adecuada es escuchar y sentir curiosidad por cómo y por qué lo es. Y luego, si es necesario, disculparse.

Nuestra conversación prosiguió y pasó un tiempo antes de que el ardor desapareciera de su voz y su semblante. Me quedé con ella casi dos horas para hablar sobre transfobia.

Esta situación no es aislada. Conversaciones así (y, a menudo, enfrentamientos) son habituales en mi vida y mi trabajo. Extraigo empatía a partir de estas experiencias. Yo también he cometido (y cometeré) mi buena cantidad de errores, de los que siempre aprendo.

«¡NO SOY RACISTA!»

En el verano de 2021, Lil Nas X (él), músico y artista negro gay, lanzó un álbum donde en la cubierta aparecía embarazado. Muches de mis amigues me enviaron la imagen y me pidieron que comentara públicamente mi opinión. Respondí con un post titulado: «El uso que hace Lil Nas X del embarazo es desconsiderado y tránsfobo».

Aunque fue bien recibido por algunas personas, también me llegaron muchos comentarios en los que me calificaban de racista y antinegritud. Me quedé perplejo y desconcertado.

¡NO soy racista! ¡No estoy en contra de las personas negras!, pensé. *Subo un montón de contenido sobre la liberación negra y Black Lives Matter. ¡Fui a todas las manifestaciones y hablo sobre racismo sistémico todo el tiempo!* Mi monólogo interior era fiero y encontré todos los motivos por los que ese comentario era erróneo. *¡Habéis malinterpretado el mensaje! NO SOY RACISTA,* quería gritar.

Por desgracia, hice algo parecido. Me apresuré a subir otro post de Instagram donde explicaba mis pensamientos. Argumenté que «toda esa energía que me tilda de racista [está] fuera de lugar».

Como cabría esperar, esto no solo incrementó el número de comentarios del tipo: «Eres racista» y «Esto es un ataque contra las personas negras». Miles de personas dejaron de seguirme y recibí más mensajes privados llenos de enfado y decepción. La noticia llegó a Twitter y más allá. Esto es lo más cercano que he estado a ser «cancelado».

Después de que el segundo post no fuera bien recibido, decidí compensar por el daño y consultar con unes cuantes docentes negres sobre lo que había pasado y qué había hecho mal. Me eduqué todo lo posible. Hablé largo y tendido con Kayden Coleman (él), hombre trans, negro y gay que ha dado a luz a dos niñes; también es educador en diversidad y asesor. Hicimos un directo público en Instagram, donde al fin comprendí y acepté que mi ataque a Lil Nas X en esta situación sí que era un ataque contra las personas negras en general.

Más tarde resumí todo lo aprendido en un post para mi público: «Muchos hombres blancos han hecho embarazos falsos y se han salido con la suya sin repercusiones, porque su piel blanca los protege. Elegir criticar a Lil Nas X y no a otros hombres cis (sobre todo a hombres cis blancos) que fingieron estar embarazados es una actitud que ataca a las personas negras», compartí.

En esta debacle, cometí un error muy habitual: me declaré experto en la experiencia de las personas negras y luego usé esta autoridad para desdeñar las aportaciones de esta comunidad. Lo cierto es que solo las personas negras nos pueden decir qué es y qué no es un ataque contra ellas. Como no soy un hombre negro, no es mi lugar determinar qué es apropiado y qué no, por lo que me equivoqué al decir que sus comentarios sobre mi racismo estaban fuera de lugar. Fue una actitud despectiva y errónea por mi parte.

Pasarían semanas antes de que la cosa se calmara, no solo a un nivel público, sino también personal. Estaba furioso conmigo mismo por haber cometido un error tan obvio. Sabía que debería haber reflexionado sobre mis sentimientos después de que me dijeran que el post era racista y que debería haber invertido más tiempo en pensar seriamente sobre la respuesta de mi público. *¿Por qué me precipité y dije a la gente que se equivocaban al llamarme racista? ¿Por qué pensé que era buena idea?* Me creía más sensato.

Mientras repasaba sin cesar los acontecimientos, encontré la razón de mi terquedad: tenía miedo de que me consideraran racista.

Sentía que ser racista (y admitirlo) era la peor acusación del mundo, por lo que cuando me acusaron de ello enseguida creí necesaria una respuesta inmediata para aclarar que (supuestamente) no era racista. Al hacerlo, había dado prioridad a mis propios sentimientos para que no me vieran como racista en vez de centrarme en el impacto negativo que mis comentarios tuvieron en otras personas.

A partir de ahí, por fin pude transmitir algo que había sentido pero que no había conseguido expresar en palabras: *todes* albergamos sentimientos de antinegritud. *Todes* tenemos actitudes homófobas. *Todes* tenemos actitudes tránsfobas. Todes somos clasistas, misógines, capacitistas, etc. ¿Y por qué? Porque vivimos en una sociedad antinegra, homófoba, tránsfoba, clasista, misógina y capacitista. Nos inculcaron estos sesgos incluso antes de que pudiéramos hablar. Y por eso los tenemos. Al negarlos, no solo hacemos gala de nuestra ignorancia e ingenuidad, sino que también podemos causar daño. Esto impide que una persona acepte su responsabilidad por sus acciones y trabaje en mejorarlas.

He compartido esta historia sobre mi fracaso y aprendizaje con la esperanza de animarte a hacer lo mismo. Todo el mundo es capaz de cometer actos negativos que surgen de la opresión sistémica, porque todo el mundo se ha impregnado y criado en estos sistemas. Ser buenas personas no significa que no tengamos ningún sesgo. Ser buenas personas significa trabajar para ser conscientes de ese sesgo, deconstruirlo y luego actuar en su contra.

Solo porque yo no quería ser racista y no creyera que lo fuera por criticar a Lil Nas X no significa que estuviera en lo cierto. Tampoco significa que quiera ser racista ni que me vaya a obcecar para perpetuar esta actitud. Significa que me he criado en un mundo racista, en el mismo donde nos hemos criado todes, y que tengo trabajo que hacer (y siempre lo tendré) a la hora de deshacerme de mis sesgos.

Lo mismo ocurre con la transfobia.

A lo mejor estás pensando: *No me hace falta leer este capítulo. ¡No soy una persona tránsfoba! ¡No voto a les polítiques que impulsan estas leyes antitrans!* A lo mejor tienes amigues trans a quienes quieres y apoyas. Eso es maravilloso. Pero esta obra no es binaria: la gente que intenta hacer el bien aún puede causar daño. La transfobia no siempre es tan obvia como parece. Podemos perpetuarla, a sabiendas o no, cuando actuamos según esos sesgos tránsfobos que deberíamos estar deconstruyendo y desmantelando.

TRANSFOBIA: DE ASESINOS VIOLENTOS A ESPECTADORES «INOCENTES» QUE GUARDAN SILENCIO

La transfobia es la aversión, el prejuicio o la discriminación contra las personas transgénero por su identidad trans. La transfobia opera desde el cisexismo, una palabra que a lo mejor también has visto, pero con menos frecuencia.

En resumen, el cisexismo es la transfobia sistémica: un sistema de creencias que considera que el género viene determinado por los genitales, que solo hay dos géneros y que, por tanto, todo el mundo es cisgénero. El cisexismo también afirma (ya sea consciente o inconscientemente) que los cuerpos y las identidades cisgénero son más legítimos y naturales que los de las personas trans y que ser trans es, por tanto, inferior a ser cis.[1,2,3,4] El cisexismo es el centro de control desde el que actúa la transfobia.

La transfobia se manifiesta de múltiples maneras, tanto físicas como emocionales. En un contexto social, cobra la forma de malgenerizaciones, necronombres, acoso verbal o físico por simplemente existir, etc. La transfobia es evidente en muchos contextos médicos, entornos laborales, en centros educativos, en casa con la familia y muchos más.

Cuando piensas en la transfobia, te viene a la mente una persona que odia a las personas trans, que nos discrimina de forma activa, que actúa con violencia contra nosotres, que no cree que nos merezcamos el mismo respeto que la gente cisgénero. Y eso no es incorrecto. Son ejemplos de transfobia que suelen considerarse como opresión individual.

Sin embargo, la transfobia también es una gran parte de la opresión sistémica que existe en el mundo. Según el National Equity Project, la opresión sistémica consiste en «perjudicar de forma intencional a grupos de gente según su identidad, mientras se da ventaja al grupo dominante (por género, raza, clase, orientación sexual, idioma, etc.)».[5] Aplicado directamente a la identidad de género, la opresión sistémica perjudica de forma intencional a las personas trans, no binarias y disidentes del género mientras da ventaja a la gente cisgénero. *¿De forma intencional?,* te preguntarás. Sí, intencional.

Como hemos aprendido antes, ser trans se consideró una enfermedad mental hasta 2013. Nuestras identidades eran una patología. La identidad y la expresión de género aún no están explícitamente protegidas por la legislación federal en Estados Unidos, a menos que se apruebe la *Equality Act* (se aprobó en la Cámara de Representantes en febrero de 2021, pero sigue bloqueada por el Senado). Varias asambleas legislativas estatales han impedido que las personas trans se cambien sus indicadores de género en los documentos de identidad, prohíben la enseñanza en escuelas de la historia LGBTQ+ y temas afines, han intentado impedir que les niñes se expongan a cualquier tipo de disidencia de género y criminalizan a les médiques que proporcionan atención sanitaria de afirmación de género a menores, a pesar de que todas las asociaciones médicas importantes han aprobado este tipo de tratamientos.[6, 7, 8, 9, 10, 11, 12, 13, 14, 15, 16, 17, 18] Más de la mitad de los estados en EE.UU. han intentado prohibir que les niñes trans jueguen a un deporte con sus amigues. El expresidente Donald Trump revocó la inclusión que aplicó la administración de Obama para les soldados transgénero e impidió que las personas trans sirvieran en el ejército.[19] Estos son solo unos pocos ejemplos de los derechos que nos están arrebatando a las personas trans de un modo sistémico.

Interacciones entre individuos
que perpetúan la opresión

En este panorama social tan poco acogedor, la transfobia también se perpetúa interpersonalmente a través de relaciones y de otras interacciones entre individuos. Esta transfobia interpersonal puede crear una angustia amplificada, ansiedad y la otredad de las personas trans, sobre todo cuando se contextualiza dentro de la exclusión sistémica que ya sufrimos.

La violencia, como el asesinato de personas trans, es la versión más obvia y extrema de la transfobia. Y aunque el asesinato es un tema grave (en 2021 presenciamos el mayor número de asesinatos antitrans de la historia registrada,[20] la transfobia prevalece en todas sus formas. Debido al funcionamiento interno de la opresión sistémica, la mayoría de las personas no son ni siquiera conscientes de la transfobia que perpetúan, e incluso pueden negar que lo hagan. A pesar de las intenciones y la concienciación, mucha gente sigue perpetuando la transfobia, aunque sea por accidente, en forma de microagresiones.

El término «microagresión» puede ser engañoso, ya que etiquetar el error cometido como «micro» implica que el impacto es muy pequeño, aunque no siempre sea así. Puede ser muy difícil recuperarse de las microagresiones, porque son tan insidiosas que el microagresor no sabe lo que está haciendo ni pretende causar ningún daño, pero encima la persona microagredida no siempre se da cuenta de por qué se siente molesta por lo que ha pasado.

También puede resultar complicado animar a cambiar a alguien y que aplique una medida reformadora apropiada porque el impacto no es obvio. Es necesario reconocer la microagresión antes de empezar a sanar.

Por ejemplo, en una ocasión salí con una mujer que me llamaba «su hombrecito asiático». Usaba este epíteto de forma juguetona y, según deduje yo, cariñosa. Durante la relación, recibí estas palabras sin quejarme. Como lo consideraba algo que ella apreciaba, hasta me refería a mí mismo de esa forma de vez en cuando. «¡Soy tu hombrecito asiático!», bromeaba. Supuse que debía ser un mote bonito.

Pero algo siempre me molestaba, no acababa de sentarme bien. Con el tiempo me sentía más y más pequeño, sobre todo cuando lo combinaba con sus otros comentarios: sobre que se pondría triste si nuestres hijes (si pudiéramos concebir de forma biológica algún día) no fueran rubies, sobre que las personas asiáticas no sabían conducir, etc.

En retrospectiva es más fácil reconocer que estos comportamientos constituían claramente microagresiones raciales. Su impacto no solo me menoscababa a mí en un entorno interpersonal, sino que partían de la opresión sistémica que excluye, emascula y subestima a los hombres asiáticos en una escala social más amplia.

No obstante, nunca lo hablé con ella. No podía explicar cómo me hacían sentir sus comentarios y tampoco tenía ni idea de cómo justificar mis sentimientos. *Ah, no pasa nada, solo está intentando ser mona. No te preocupes, Schuyler. No seas tan infantil,* me decía. *Supéralo. No está siendo racista,* pensaba para intentar calmarme.

Como las microagresiones pueden ser difíciles de reconocer y de tratar, la invalidación del daño suele ser también interna además de externa. El impacto tan poco obvio puede desanimarnos a la hora de abordar este tema con otras personas, ya sea en un entorno íntimo con pareja y amigues o en un ámbito profesional con supervisores, superiores, profesores, entrenadores u otres compañeres. Todo por miedo a que no nos tomen en serio. Si elegimos hablar sobre el daño recibido, otras personas pueden hacernos luz de gas por culpa de toda la ignorancia que rodea el tema de las microagresiones.

¿QUÉ HAGO SI ALGUIEN ME DICE QUE SOY UNA PERSONA TRÁNSFOBA?

Para, escucha, reflexiona, discúlpate.
Vamos a analizarlo.

Para

Tómate un momento para calmarte antes de responder. Si ves que te alteras, es vital que te tranquilices (al menos hasta un punto razonable) antes de seguir hablando. Esta es una habilidad universal que se puede aplicar en cualquier momento en que sientas una oleada de emociones negativas mientras mantienes una conversación con alguien. Cuando nos sentimos atacades emocionalmente, nuestros sistemas suelen reaccionar como si hubiera un peligro físico: pulso acelerado, sudor, pensamientos precipitados y más. Si en general eres una persona ansiosa, es posible que sufras una reacción más intensa de lo normal. ¡Y tiene sentido! Es aterrador y angustiante oír que alguien vulnera la visión que tienes de ti misme.

Así que te puedes alterar, o incluso enfadar u ofender, cuando alguien dice que eres una persona tránsfoba. Estas emociones son legítimas y comprensibles. Pero también debes recordar que la validez de las emociones *no* siempre justifica los actos posteriores: *las emociones son siempre válidas, los actos no.*

Así que párate un momento y tranquilízate.

Escucha

Si la persona está compartiendo contigo cómo le ha afectado tu comportamiento y te ofrece una explicación, déjala hablar y practica la escucha activa. Esto significa que no te dedicarás sin más a esperar tu turno para hablar ni prepararás tu defensa mentalmente mientras ella se expresa.

Intenta no usar defensas del tipo «Pero eso no es lo que quería decir» ni «Pero no me has entendido», sino que escucha cómo tus palabras o actos han afectado a esa persona. Si es necesario, recuérdate que la intención, aunque es importante, no puede evitar ni suplantar el impacto. Los intentos de justificar el dolor de otra persona o de defender tu postura original seguramente sean recibidos de un modo negativo y es posible que tengan consecuencias más dolorosas.

Para empezar, esta actitud defensiva comunica lo siguiente: «Mi explicación es más importante que lo que te he hecho sentir» y/o «No deberías sentirte dolide porque no era mi intención».

Recuerda la analogía sencilla que presenté en el Capítulo 5, cuando pisé por accidente el pie de mi esposa y le rompí un dedo. Aunque le diga que no debería dolerle el dedo y no debería estar roto porque *no era mi intención* pisarla, reconocerás que es una respuesta ridícula. Le duele el dedo y está roto sin importar cuál sea mi intención. Del mismo modo, no es útil ni amable ni compasivo decirle a una persona que no debería sentirse dolida ni recibir transfobia por el simple hecho de que no fuera tu intención.

En segundo lugar, esta actitud defensiva enseguida pone en duda si eres une aliade. En muchas ocasiones he oído a gente decir cosas del tipo: «Pero soy una persona aliada, ¿cómo puedes acusarme de transfobia?». Ser aliade no es un destino donde recibes tu carné oficial de aliade, sino que implica preocuparse de verdad por gente con identidades que no compartes; es un viaje continuo de deconstruirse y de cometer errores y de aprender de nuevo. No creo que un acto accidental de transfobia te quite enseguida tu cualidad de persona aliada, pero no aprender de ese error sí que lo hace. Ser una persona aliada implica actuar de verdad como tal y no ostentar el título de aliade sin más.

En tercer lugar, esa actitud defensiva invalida la autonomía y el autoconocimiento de la persona trans, porque dice: «Sé más sobre ti que tú misme. Yo, una persona cis, sé lo que causa daño a la gente trans más que ellas mismas». Espero que esto te parezca mal. Además de arrogante e incorrecto, también es un abuso de poder que la gente cis suele ostentar sistémicamente sobre las personas trans. Si eres cis, no sabes más sobre la experiencia de una persona trans que ella misma. Te aconsejo que nos concedas la autonomía de declarar nuestro propio dolor sin calificarlo como comprensible para ti.

Reflexiona y discúlpate

En vez de adoptar una actitud defensiva, comunica toda la empatía y comprensión que puedas al responder. Si al reflexionar descubres que sientes confusión de verdad sobre el impacto de tus acciones, puedes pedir que te lo aclaren, pero ten en cuenta que nadie está obligada a responder tus preguntas, sobre todo después de que hayas causado daño con tus palabras o tus actos.

He aquí unos cuantos ejemplos de cómo podrías responder:

«Muchas gracias por decírmelo. Siento mucho haberte hecho daño y aprecio de verdad que te muestres vulnerable conmigo y que te tomes el tiempo para contarme cómo ____ [acto tránsfobo] te ha hecho daño [o afectado]. He aprendido mucho de lo que has compartido conmigo y no cometeré de nuevo el mismo error. ¡Gracias por enseñarme! ¿Hay algo más que pueda hacer en el futuro para reparar el daño que te he causado?».

«Lo siento muchísimo. Gracias por confiar en mí lo suficiente como para contarme cómo te sientes. No quería hacerte daño, pero veo que lo he hecho. Te agradezco que hayas compartido conmigo tus pensamientos y, a partir de ahora, los llevaré conmigo para no repetir mis errores. También investigaré por mi cuenta sobre esto para seguir aprendiendo».

«Siento mucho cómo te ha afectado todo esto. No me había dado cuenta de que ____ [acto tránsfobo] era tránsfobo. He oído lo que me has dicho y agradezco que te tomes la molestia de compartirlo conmigo. ¿Te sientes cómode o tienes energía para hablarme más sobre ello para no repetir el mismo error?».

«Vaya, no tenía ni idea. Lo siento mucho. Muchas gracias por compartir conmigo cómo ____ [mis palabras o mis actos] te han afectado. Y agradezco mucho que te muestres vulnerable. ¿Te puedo preguntar si tienes energías para hablar más sobre esto? Porque aunque entiendo que ____ es tránsfobo, me gustaría mejorar para la próxima».

Fíjate en que cada una de estas respuestas incluye lo siguiente:

- **Una disculpa.** No importa si crees que tienes la culpa o no. *Siempre* podemos disculparnos por cómo nuestras acciones han hecho sentir a la otra persona, aunque no creamos tener la culpa directamente. He conocido a demasiadas personas que se niegan a disculparse o a empatizar con las emociones negativas de otras personas (reacciones) porque «¡No es culpa mía!». Esta forma de negar la culpabilidad es un motivo absurdo para no sentir empatía.

- **Muestra gratitud.** Compartir cómo y por qué una persona se ha sentido afectada puede requerir mucha energía, vulnerabilidad y riesgo. Tanto si se hace con tranquilidad como con enfado, que alguien comparta su dolor contigo es una invitación para que le veas en un estado de vulnerabilidad. Acompáñale.

- **Reconocimiento.** Resume lo que has oído y comprendido, sobre todo si planeas pedir claridad en algún tema. Si te saltas este paso, te arriesgas a comunicar que no has estado prestando atención, aunque creas haber oído todas y cada una de las palabras. El reconocimiento ayuda a comunicar que estás comprometide y presente. Si no has entendido nada en realidad, también puedes comunicar que comprendes el dolor de esa persona o la palabra que haya usado para describir sus sentimientos.

- **No exijas nada.** Fíjate en cómo en cada uno de los ejemplos que pide más claridad también pide el consentimiento de la otra persona. Esta parte me parece crucial. Puede que la persona en cuestión no tenga energías para explicar el dolor o su experiencia en profundidad. Puede que no disponga de la capacidad, ni las ganas siquiera, de educarte en cómo mejorar para el futuro. Al reconocer esto, estás pidiendo (idealmente de un modo amable y compasivo) que te eduquen, en vez de exigirlo. Esto también demuestra que sabes que un no es una respuesta válida.

- **Ofrece una compensación.** Ofrecerse a buscar una forma de compensar y mejorar tu relación con esa persona puede transmitir que te importa y sugerir que pretendes seguir actuando según tu disculpa. En resumidas cuentas, esto ayuda a comunicar que tu disculpa no consiste en palabras vacías. Sin embargo, debes reconocer que esta oferta quizás no sea aceptada y hasta podría ser rechazada con vehemencia. Según lo afectada que esté la persona, es posible que puedas o no compensar por el daño causado. Puede ocurrir que ella no esté abierta a este ofrecimiento. Quizás no tenga energías para hacerlo. Acéptalo y sigue actuando como persona aliada.

Este acercamiento se puede aplicar a múltiples escenarios; funciona prácticamente en cualquier ocasión en la que debas enfrentarte al daño que hayas causado a otra persona.

¿Y SI ES OTRA PERSONA LA QUE EXHIBE UN COMPORTAMIENTO TRÁNSFOBO?

Era enero y mis compañeros de universidad y yo nos habíamos reunido para celebrar el amigo invisible anual. Era más bien una forma de reírnos de los demás: dabas un regalo de broma al chico que te había tocado y contabas un chiste o una historia divertida sobre él cuando se lo entregabas.

Nos fuimos levantando uno a uno para contar historias de los demás antes de revelar, en la última frase, para quién era el «regalo». Algunas eran divertidas y tontas. Otras estaban claramente practicadas. Y otras salieron nerviosas y entre tartamudeos. Yo aguardé mi turno con las manos sudorosas. Había repasado varias veces lo que iba a decir con algunos de los chicos que iban un curso por delante. Al no haber socializado con otros chicos durante gran parte de mi infancia, sentía que el humor a veces se me escapaba. Por eso había pedido ayuda.

Cuando me llegó el turno, solté la broma bastante bien y la recibieron con carcajadas y aplausos. Satisfecho con mi actuación, me senté emocionado y esperé a que me dieran mi regalo.

Aaron (él) fue el último. Era uno de mis compañeros favoritos de equipo. Estábamos en el mismo grupo de entrenamiento y a menudo hacíamos carreras para practicar. A diferencia de los discursos que habían dado el resto de los compañeros esa noche, su historia fue muy corta.

Aaron se levantó, carraspeó y examinó la habitación. Su mirada se posó en mí.

—Aquí tienes unas salchichas —dijo mientras blandía un paquete de perritos calientes de Oscar Mayer. Luego me lo lanzó—. Porque es divertido fingir —concluyó.

Todo pasó muy rápido. La habitación se quedó en silencio. Yo no sabía qué hacer. Y por eso hice lo que se esperaba de mí. Me reí. El resto de los chicos me imitaron con incomodidad.

Desconcertado, herido y sintiéndome muy solo, me marché sin que nadie se diera cuenta y volví en bicicleta a mi residencia. No recuerdo haber llorado; me sentía embotado. Me quedé mirando la pantalla en blanco del ordenador, atrapado en la espiral de mis pensamientos.

¿Es así como me ven todos? ¿Como un hombre sin pene? ¿Solo un hombre en parte? ¿Es así como Aaron me ve de verdad? ¿He malinterpretado nuestra amistad por completo? No me extraña que me malgenerizara tanto hace un mes. Fui tonto al fiarme de él, al pensar que estos chicos me veían de verdad como uno de ellos.

La espiral me llevaba al rechazo y a la negación de mis propios sentimientos. Al final, acudí a Instagram en busca de apoyo y de comunidad. Subí una foto mía donde sonreía mirando a cámara y puse el siguiente texto:

Hoy un amigo mío hizo una broma sobre que no tengo pene y me reí para intentar fingir que no pasaba nada. «Solo es una broma», me dije. Pero sé que él nunca atacaría a nadie por el color de su piel, por ser una mujer o por otra parte natural de su identidad. Eso no sería «solo una broma». Pero la cuestión es que tampoco debería serlo que yo sea trans.

He peleado por ser quien soy, para que me vean y me oigan y me respeten. Y por eso esta noche, sobre todo esta noche, seguiré sonriendo porque, aunque las palabras puedan doler, me niego a permitir que la ignorancia o el odio borren la fuerza y la confianza que he adquirido y el amor propio que me mantiene vivo.

Mi cuerpo es mío y solo mío, y estoy orgulloso de él.

—

Para toda la gente que lo juzga: no creo que debáis juzgarlo solo por esto. Lo considero muy buena persona, pero creo que a veces la gente no entiende lo que significa ser yo, ser trans. ¿Y cómo lo van a entender? Sobre todo cuando no son trans. Y al enfadarnos solo causamos distanciamiento, no educación. Por eso sigo dudando, incluso mientras escribo este post, sobre si estoy siendo demasiado sensible y solo debería tomármelo «como una broma», pero aquí he venido a compartir mis pensamientos. 😶

—

¡Y sí, tenéis razón! No se necesita pene para ser hombre. Mirad mis posts anteriores. 😀 ¡Hablo mucho sobre eso!

—

#transgénero #trans #amorpropio #autocuidados

Le di a «publicar» y me acosté sintiéndome vacío y perdido.

Los mensajes que recibí eran de apoyo.

Pero antes de poder sentirme alentado o reafirmado recibí un mensaje de un estudiante de último año del equipo de natación, en el que se disculpaba.

«Debería haber dicho algo. Como persona marginalizada, no es tu trabajo tener que defenderte todo el tiempo». Aunque agradecí el apoyo de Nate (él), también mencionó que otros chicos estaban disgustados porque había puesto «a Aaron en ridículo» con el post de Instagram. Para Nate, no estaban siendo justos, pero saber que otras personas estaban enfadadas por mi post me enfureció. *¿Ni siquiera puedo tener esto?* Me sentí más solo. Como solía hacer por aquella época, empecé a escribir un correo electrónico para explicar mis pensamientos.

Antes de terminar, Nate me escribió de nuevo: «Si te parece bien, voy a convocar una reunión de equipo. No deberías tener que defenderte en situaciones así. ¿Qué te parece?».

«Por mí, genial», le respondí. «Gracias».

«Quizás deberías hablar antes con Aaron, si puedes. Aunque lo entenderé si no quieres».

«Hablaré con él». Y lo decía en serio. En una sala de estudio privada de la biblioteca, le expliqué a Aaron cómo me sentía. Por mucho que lo intenté, no pude contener las lágrimas.

—Me da la sensación de que he malinterpretado nuestra amistad y la forma en la que me ves —le expliqué—. Y no sabía si decírtelo porque creía que no tenía derecho a enfadarme. Quiero poder bromear sobre mí mismo con otras personas, pero te pasaste de la raya. Es mi identidad, una identidad que todo el mundo suele patologizar y desacreditar, a menudo porque no tengo pene. Por eso me sorprendió que lo dijeras.

Saltaba a la vista que Aaron lo había estado pensando desde entonces.

—Lo siento mucho, Sky. No malinterpretaste nuestra amistad. Como éramos buenos amigos, como confío en ti y te considero un gran amigo, pensé que podría hacerlo. Pero ahora veo que me equivoqué. Has tenido que pasar por muchas más cosas que la mayoría de nosotros y lo siento mucho.

Nos abrazamos, con lágrimas en los ojos.

Más tarde, Nate convocó la reunión antes del entrenamiento. Repitió que yo no debería tener que defenderme y que, como equipo, teníamos que mejorar. Compartí con ellos mis sentimientos. Todo el mundo pareció escuchar. Algunos chicos tenían preguntas, pero todos mostraron apoyo y empatía.

Lo que empezó como una de las peores experiencias en mi equipo de natación se convirtió en un momento estelar que nunca olvidaré.

Cuando nos metimos en la piscina, tres estudiantes del último curso me agradecieron que compartiera con ellos mis sentimientos. Dijeron que lo apreciaban y que habían aprendido. A diferencia del día anterior, cuando me sentí solo, asustado y dolido, después de la reunión de equipo me sentí más querido, aceptado y comprendido que antes.

FORMAS DE LIDIAR CON LA TRANSFOBIA COMO PERSONA ALIADA

Di algo

Se enseña más odio a través del silencio y la pasividad que a través de actos activos llenos de odio. El silencio de todos mis compañeros como respuesta al «regalo» tránsfobo de Aaron ratificó el hecho. A pesar de que muchos *sintieron* que Aaron se había pasado, incluido el propio Aaron, nadie *dijo* nada. Y eso me transmitió que estaba solo, que nadie me defendería y que mi dolor era insignificante. Hasta me hizo dudar y creer que estaba siendo demasiado sensible.

Pero que un testigo se levantara y dijera que aquello estaba mal lo cambió todo. No solo animó a los otros chicos a compartir su desaprobación, sino que también me hizo sentir respaldado. Rompió la soledad que había sentido antes.

Decir algo puede cobrar muchas formas, según la situación y la gravedad de la transfobia. En unas ocasiones puede consistir en enviar un correo o un mensaje, mientras que en otras puede ser intervenir de forma inmediata e incluso abrupta.

Invita a la persona responsable

Invitar a hablar a la persona responsable cuando tiene un comportamiento tránsfobo es una forma maravillosa de ser aliade, y eso es justo lo que hizo Nate cuando convocó la reunión de equipo. Oponerse a la corriente social imperante puede ser muy difícil. Y la persona aliada también se puede sentir sola, como Nate cuando decidió organizar una reunión. Sin embargo, a menudo descubrimos que hacer lo correcto no es una acción solitaria, como demostraron el resto de los estudiantes cuando decidieron unirse a él para asegurarse de que me sentía como un miembro más del equipo.

Usa tu privilegio

El estatus social de Nate con sus compañeros de clase y de equipo era distinto al mío. Él tenía acceso (porque vivía con otros estudiantes) y yo no. Como no era trans, disponía de energía, mientras que yo no. Usó todos y cada uno de estos privilegios para conectar con los otros chicos, reunirnos y permitir que mi voz se oyera y mi dolor se atendiera.

Pasa el micro

No hables por la persona que ha recibido daño a menos que te indique que es eso lo que quiere. Nate se ofreció a defenderme, pero primero buscó mi consentimiento. Se aseguró de que yo estuviera cómodo con la reunión de equipo y me preguntó si me parecía bien que él hablara primero.

—No quiero que tengas que defenderte —repitió—. Quiero decirles que eso fue muy jodido y luego, si quieres, puedes compartir lo que sentiste. ¿Te parece bien?

Era perfecto.

Evalúa tu seguridad

Una persona no puede ser una aliada productiva si alguien corre peligro físico. Una vez que determines que puedes intervenir sin problemas, consulta el Capítulo 21 para ver qué pasos seguir.

10

Qué no decirle a una persona trans

Durante mi segundo año de carrera trabajé en el Laboratorio Pepperberg con Irene Pepperberg (ella) y sus dos loros grises africanos. Era un sueño de mi infancia hecho realidad, ya que había pasado horas hipnotizado con los vídeos de la doctora Pepperberg y su loro Alex. Hasta tenía un ejemplar de su libro firmado.

De vez en cuando venían voluntaries a estar una hora en el laboratorio. En una ocasión, me acompañó durante media jornada una mujer mayor que no conocía. En un momento de tranquilidad en el que les dos teníamos a un loro en el hombro, me senté a trabajar. Tenía el portátil lleno de pegatinas, unas cuantas sobre cosas trans. La mujer me preguntó qué significaba una de ellas.

—¿Qué es FET?

FET significaba Fuerzas Especiales Trans (en inglés: Trans Task Force o TTF). Como siempre, me paré a preguntarme: *¿Quiero compartir mi identidad con ella? ¿Tengo energía para mantener esta conversación?*

Como ya hemos hablado antes, salir del armario no es un espectáculo único con tarta de arcoíris y gorros de fiesta de unicornios. Para muchas personas, revelar nuestra identidad trans es un acto de consideración o concienciación diario. Salir del armario, incluso en un entorno de bajo riesgo con una compañera de laboratorio, puede ser terrorífico y agotador. Compartir mi identidad con otras personas casi siempre suele provocar, por lo menos, comentarios y preguntas y, en el peor de los casos, hasta transfobia o incluso violencia.

Ese día en el laboratorio decidí, como suele pasarme, que necesitaría más energía para elaborar una respuesta que ocultase mi verdad que para revelarla sin más.

—Soy transgénero —dije directamente—. Estas pegatinas muestran tanto mi orgullo por ser trans como mi apoyo hacia otras personas trans.

La mujer parecía perpleja, aunque no de un modo negativo.

—Vaya, esto... —tartamudeó un poco. Era obvio que intentaba pensar en las palabras correctas—. ¡No lo sabía! —En ese momento se calló. Sabía que estaba esperando a que respondiera o interviniera. Con toda la intención del mundo, seguí mirándola a la cara. Asentí un poco, solo para confirmar que la había oído—. Es que... —añadió, al ver que no pensaba contestar—. ¡Nunca lo habría dicho!

Sonrió como si fuera un cumplido.

—Bueno —dije con tranquilidad—, ¿y cómo lo ibas a saber?

La mujer abrió mucho los ojos.

—Bueno, es que no... no pareces... —tartamudeó de nuevo y enseguida se detuvo. Aguardé—. Bueno, es que no lo pareces.

En casos como estos no suelo decir de inmediato a la persona que su comentario es una microagresión, sino que le hago alcanzar esa conclusión por sí misma. Suelo aconsejar a otras personas trans que hagan lo mismo si tienen energía, porque así su interlocutore suele pensar con más seriedad lo que intenta decir con su pregunta o comentario y llega a esa conclusión por sí misme.

Con tal de responder a mi pregunta, la voluntaria se vio obligada a pensar sobre lo que quería decir con «es que no lo pareces». La respuesta honesta sería que, para ella, las personas trans tienen un aspecto determinado, a lo que yo habría respondido: «¿Y cuál es?». Entonces ella habría dicho que exhiben muestras de su identidad trans (es decir, que «parecen» del género que les asignaron al nacer) o que pensaba que todas las personas trans llevaban una chapa con el mensaje SOY TRANSGÉNERO. El caso más habitual es el primero.

Cuando alguien me dice que no parezco trans y lo considera un cumplido, en el fondo lo que quiere decir es que no pueden ver la mujer en mí; que, para esa persona, «parezco un hombre» y que no ven que «solía ser una mujer». A veces también quieren decir (y en ocasiones lo dicen explícitamente) que «parezco normal» o «bueno» y que, por tanto, no «parezco transgénero». Esto es perjudicial por muchos motivos, aunque hay personas que creen que así nos apoyan. Y por eso les pido, mediante preguntas, que reflexionen sobre las implicaciones de lo que están diciendo.

Para las personas trans que estén leyendo: esta es una de las herramientas más potentes que he descubierto a la hora de enfrentarme a las microagresiones. Pregunto: «¿A qué te refieres?» con una curiosidad muy genuina. A menudo la respuesta no es la que esperaba (a lo mejor han planteado mal la pregunta y querían decir otra cosa mucho menos desconsiderada), pero en la mayoría de casos la respuesta a «¿Qué quieres decir?» ya no es una sutileza, sino directamente prejuicios, sesgos o discriminación. He descubierto que este tipo de preguntas es una forma productiva de educar a la gente que, en otros casos, dirán que no son tránsfobes ni discriminan a nadie. Con esas preguntas les pides que reflexionen sobre un pensamiento, una pregunta o incluso un «cumplido» que supuestamente era inocente.

Cuando presionas a alguien de esta manera, la mayoría de la gente se detendrá antes de responder a la pregunta porque se dará cuenta de que la respuesta revela algo inapropiado u ofensivo. Y por eso se lo pregunto. Cuando le pido que me explique lo que quiere decir, le fuerzo a enfrentarse a la microagresión por su cuenta.

Estas conversaciones o preguntas pueden ser así:

La otra persona: Schuyler, ¡eres más varonil que yo! (Comentario real que he recibido).
Yo: ¿Qué quieres decir? (¡La pregunta!).

La otra persona: Bueno, es que... eres más masculino de lo que esperaba... (En general, aquí dudan un poco sobre su respuesta).

Yo: ¿Y qué esperabas? (Insisto con la pregunta).

La otra persona: Supongo que esperaba que fueras... no sé... más femenino.

Yo: ¿Y eso? (¡Insisto más!).

La otra persona: Bueno, porque... (Aquí su incomodidad suele aumentar). Porque eres transgénero.

Yo: Entiendo. ¿Entonces esperabas que fuera más femenino porque soy transgénero? (Aquí lo guío un poquito).

La otra persona: Bueno, es que naciste... o sea que eras... A ver, yo nací chico, por lo que... (A lo mejor dicen algo así o del tipo: «No lo sé... Creo que no esperaba que los hombres trans fueran masculinos». Y a veces mi pregunta les sorprende por completo y no saben qué responder. Y ahí está lo que buscaba).

Yo: Entiendo. Así que, en resumidas cuentas, crees que los hombres trans son intrínsecamente menos masculinos que los hombres cis solo porque se nos asignó el género femenino al nacer. O quizás creías que la gente trans tenía un aspecto concreto y yo no encajo dentro de esa creencia. O que los hombres trans no pueden ser masculinos. ¡Pues estos son prejuicios bastante dañinos sobre los que deberías reflexionar!

Recomiendo emplear este tipo de preguntas y esta disección para la mayoría de las microagresiones en conversaciones *si tienes energía*. En mi caso, he descubierto que es una forma de educar más pasiva. Puede conducir a le microagresore hasta la respuesta de un modo más independiente, lo que resulta menos didáctico y, por tanto, es posible que lo procese y lo integre mejor para el futuro.

Prejuicios como los de estos ejemplos se manifiestan en forma de microagresiones que, cuando se acumulan, pueden resultar agotadoras y dolorosas para las personas trans y otra gente marginalizada. A lo mejor era la primera vez que esa voluntaria decía: «Guau, ¡no pareces trans!», pero no fue la primera vez que yo había recibido ese comentario. Y no creo que sea la última.

Antes de hablar sobre algunos de estos prejuicios quiero hacer un apunte amable pero importante a otras personas trans: es muy válido si te sientes cómode escuchando las siguientes afirmaciones o respondiendo a estas preguntas. Estás en tu derecho a responder a las preguntas que no te incomoden y a no ofenderte por ciertas frases. Y te animo a recordar que solo porque *tú* estés cómode con ello *no* significa que todo el mundo vaya a estarlo. Los privilegios que tenemos (o no), como el acceso a terapia, familiares y amistades que nos apoyen, atención sanitaria afirmante, etc., afectan en profundidad nuestra capacidad de estar presentes en los momentos de discriminación. Si puedes y quieres recibir los siguientes comentarios, preguntas y otros prejuicios con tranquilidad y bondad, genial, pero te suplico que tengas en cuenta que no todo el mundo posee este privilegio ni quiere hacerlo.

Y ahora, analicemos estos prejuicios.

En 2021 consulté a mis seguidores sobre qué desearían que no le preguntaran a la gente trans. Aquí está esta lista, que recoge centenares de respuestas de personas trans.

No digas «¡No pareces trans!» ni «¡Nunca lo habría dicho!»

Esto implica que hay un «aspecto típico» trans, lo cual es falso. «Transgénero» no es un aspecto, es una identidad. La creencia de que siempre podrías «saber» cuándo una persona es trans es errónea en el mejor de los casos y tóxica en el peor. Las personas trans no tienen un aspecto determinado. No somos un monolito.

A lo mejor quieres preguntarte, como yo suelo hacer, qué significa «parecer» trans. Luego pregúntate si hay personas cis que puedan tener estos rasgos. Hay muchas posibilidades de que la respuesta sea sí. Bien. Sigue cuestionando el género.

No digas «¡Pasas por cis!»

Mucha gente recibe esto como un cumplido, pero no lo es. Es lo mismo que decir: «Encajas en *mi* categoría de mujer, ¡bien por ti!». Esto no es ni apropiado ni de buena educación.

Lo más perjudicial es que implica que es malo parecer trans, que solo hay una única forma de tener un «aspecto» trans; también da por supuesto que las personas trans no pueden ser tan atractivas como las cis. Esto es falso. La gente trans también irradia belleza. Además, esta afirmación perpetúa la creencia de que la expresión de género (nuestro aspecto) siempre es lo mismo que la identidad de género (quiénes somos), lo cual también es falso.

No preguntes «¿Con qué género naciste?»

No necesitas saber qué género se le asignó a una persona al nacer para respetarla e interactuar con ella. Esta pregunta es innecesaria e invasiva.

Además, la forma de expresar esta pregunta implica que las personas trans hemos cambiado de género cuando salimos del armario, pero en realidad muches no consideramos que cambiamos de género, sino que afirmamos nuestro auténtico género. Yo soy un hombre y siempre lo he sido.

Si sientes que tienes que preguntar esto, párate a pensar un momento. ¿Qué ganarás con conocer el género asignado al nacer de una persona? ¿O acaso solo sientes curiosidad sobre sus genitales? Recuerda que la curiosidad no siempre es un motivo válido para plantear una pregunta. Siéntate un momento con tu curiosidad antes de preguntar… y, quizás, elige no preguntar.

No preguntes «¿Cuál es tu nombre *real*?» ni «¿Cuál era tu nombre antes?»

Para empezar, los nombres que las personas trans usamos son nuestros nombres «reales». Hacer esta pregunta implica que son falsos o menos válidos. El término más apropiado para referirse al nombre que una persona usaba antes de transicionar es «necronombre» o «antiguo nombre», como aprendimos en el Capítulo 5. En segundo lugar, es posible que no sea necesario que sepas el necronombre de esta persona. Una vez más, la curiosidad es válida, pero no te exige hacer una pregunta ni que la otra persona la responda.

Si eres médique, abogade u otra persona que necesita saber el nombre legal de alguien para un propósito profesional o logístico, asegúrate de dejar claro dicho propósito y reconoce que esto puede incomodar a la persona: «Como debemos tratar con tu seguro, debo preguntarte cuál es tu nombre legal. Sé que puede ser doloroso, así que me disculpo de antemano por la molestia. Si lo prefieres, puedes escribirlo en vez de decirlo en voz alta».

No digas «Eres atractive para ser trans» ni «Pero ¿por qué eres más atractive que yo? ¡Qué injusticia!»

A mí me han hecho estos dos comentarios, en posts de Instagram, en discursos y en mi vida personal.

Este supuesto «cumplido» suele venir, en el mejor de los casos, acompañado de sorpresa y, en el peor, de asco, celos y rabia. Esto indica que la persona que ha hecho el comentario cree que la gente trans debería ser menos atractiva que las personas cis; que, de algún modo, nuestra identidad trans nos hace menos belles. Las personas trans no son menos atractivas que las cis. Esa creencia errónea es dañina y tránsfoba. No añadas «para ser trans» a un cumplido. Si sientes la necesidad de hacerlo, pregúntate por qué. Este es tu sesgo implícito hacia las personas trans. ¡Reflexiona sobre ello!

No digas «¡Eres más masculino/femenina que yo!»

Unos cuantos compañeros de clase y yo atravesábamos el puente hacia la piscina. La mayoría del equipo sabía más sobre mí que yo sobre ellos; a esas alturas, se habían publicado varios artículos acerca de mi historia. Todos sabían que era trans. Uno de los otros chicos se giró hacia mí mientras seguíamos andando.

—Ostras, se me olvida que no eres un hombre sin más como yo. ¡Pero es que eres más masculino!

Se rio. Yo solté una risita, porque no sabía qué decir. No solo porque no me sentía especialmente «más masculino» que él, sino también porque sabía que ese comentario contenía cierta transfobia.

—Pero, a ver, ¿por qué pensaste que serías más masculino que yo? —pregunté al fin con amabilidad. Él farfulló un poco antes de responder.

—¡No lo sé! Tienes razón...

Por suerte para los dos, ya habíamos llegado a la piscina y era hora de cambiarse para entrenar.

Comunicar que te sorprende que una persona trans exhiba más feminidad o masculinidad que tú es tránsfobo porque da por supuesto lo siguiente: que las personas trans son, por naturaleza, menos de su propio género y que cada persona trans pretende ser masculina o femenina, algo que no es cierto. La masculinidad y la feminidad pueden existir a la vez dentro de una persona, no se excluyen mutuamente.

A menudo los celos o la envida acompañan a la sorpresa. En ocasiones he percibido un matiz de: «¿Por qué puedes ser más masculino que yo si no eres un hombre de verdad?». Esta reacción, para mí, tiene mucho sentido. Tanto que hay todo un capítulo dedicado a ella. Hablaremos más sobre masculinidad en el Capítulo 18.

No preguntes «¿Te has operado?»

Como he comentado en el Capítulo 4, preguntarle a una persona trans si «se ha operado» es lo mismo que preguntarle qué aspecto tienen sus genitales. Además de ser raro, invasivo e inapropiado, también es irrelevante. La apariencia de los genitales de una persona no debería afectar la conversación que mantengas con ella, a menos que solo interactúes con gente que tiene una longitud de pene concreta o un tamaño de clítoris específico. Espero, de corazón, que no sea este el caso.

Aun así, entiendo por qué hay gente que me plantea esta pregunta. Cuando revelo mi identidad trans, existen personas que se piensan que estoy invitándolas a mantener una conversación sobre mi cuerpo y, por tanto, mis genitales. Pero no es el caso, al menos para la inmensa mayoría de las personas trans. Cuando compartimos que somos trans, no estamos dando pie a que nos hagan preguntas sobre nuestras partes íntimas o nuestro historial médico, sino que compartimos y confiamos una parte importante de nuestra identidad contigo.

Por último, no olvides que no existe únicamente una operación. Hay al menos catorce cirugías de afirmación de género a las que las personas trans pueden someterse (o no) en sus transiciones.

No preguntes «¿Vas a hacer la transición entera/completa?»

Caracterizar una transición como «entera» o «completa», o incluso ponerle artículo a veces, implica que solo hay una forma de transicionar. Pero las transiciones no son una especie de receta médica que puedas conseguir en el centro de salud. «¡Sí, dame una transición completa, por favor!». Aunque eso, en teoría, pueda sonar ideal, en la práctica la transición cambia según cada caso, porque, como ya he dicho, las personas trans (al igual que las cis) no son un monolito. No todo el mundo quiere pasar por el mismo proceso. Y eso es genial. Cuando usas expresiones como «la transición» o «la transición completa» estás minando de forma inconsciente la libertad de la persona trans para definir su transición. Es mejor decir sin más «transición» o, mejor aún, no hacer esta pregunta, ya que implica que una persona trans debe transicionar sí o sí y eso no es decisión tuya. Por último, no es ningún secreto para las personas trans que, cuando alguien nos pregunta si vamos a hacer «la transición completa», lo que realmente nos está preguntando es qué tenemos en los pantalones. Con suerte, entenderás que no es un dato apropiado ni relevante para una conversación con esa persona. Para saber más, consulta el Capítulo 16.

No preguntes «¿De qué te vas a operar?», ni «¿Vas a tomar hormonas», ni «¿Aún tienes vagina/pene?» ni nada que tenga que ver con nuestro cuerpo o nuestros genitales

¿A otras personas les preguntas por su historia clínica y sus planes médicos futuros? Seguramente no.

Además de ser preguntas invasivas e inapropiadas, la información que consigas al hacerlas es irrelevante para la mayoría de las interacciones que tengas con una persona. Si a une desconocide no le preguntas por su historia clínica antes de hablar o de trabar amistad con elle, entonces tampoco deberías preguntárselo a una persona trans. Si a une desconocide no le preguntas qué aspecto tiene su pene o su clítoris, entonces tampoco deberías preguntárselo a una persona trans. Si a une desconocide no le preguntas nada de esto, entonces deberías reevaluar tus prioridades.

«Pero ¿y a la hora de salir con alguien?». Sé que muches de mis lectores se lo están cuestionando. En pocas palabras, creo que esta retórica también se aplica a las interacciones románticas. No te acercas a alguien, le bajas los pantalones, le inspeccionas los genitales y te enamoras. En general, empiezas por preguntarle a esa persona si quiere ir a cenar contigo y dónde quiere ir. Hablaremos más de esto en el Capítulo 15.

No digas «Necesitas pene para ser hombre» ni «Necesitas vagina para ser mujer»

En un discurso que di a finales de 2018, une estudiante de instituto en la segunda fila alzó la mano y me hizo la siguiente pregunta:

—Sé que te has operado el pecho, pero… y lo otro… o sea… —Perdió el hilo de la frase sin saber cómo plantear la pregunta. Yo sabía a dónde iba aquello—. ¿Aún tienes las partes de *una mujer?*

Sonreí. Esta es una pregunta frecuente y he elegido aceptarla siempre que doy una charla, sobre todo si la plantea gente joven. A medida que les estudiantes crecen, se enrevesa más y más, puesto que intentan hacer que la pregunta invasiva sea menos ofensiva. Cuanto más jóvenes sean les asistentes, con más claridad hablarán.

Les niñes de parvulario preguntan directamente lo que quieren decir: «¿Tienes pene?».

Respondí a este alumne:

—Bueno, ¡qué pregunta más interesante! En pocas palabras, no me he operado en ningún otro sitio por mi género, por lo que aún tengo las partes con las que nací. Pero me gustaría hablar un poco sobre el lenguaje que has usado. Lo has llamado «las partes de una mujer», pero yo soy un hombre. Y mis partes son mías. Así que, según la gramática, mis partes son las partes de un hombre. ¿Significa esto que todos los hombres tienen las mismas partes que yo? No. Y lo entiendo. Pero eso no significa que mis partes no sean de hombre.

Le alumne asintió con comprensión.

Por suerte, les niñes suelen entender esto con facilidad, porque aún no les han inundado con mensajes sobre que el sexo es completamente binario y que el género está determinado por el sexo. Tienen una comprensión mucho más fluida del mundo y el ejemplo de mi propia hombría sin pene no les escandaliza. Cuanto más compartamos que cuerpos y géneros los hay en todas las combinaciones posibles, más podremos desmantelar el binarismo de género eurocolonial que no solo limita a las personas trans, sino también a la gente cis.

En resumidas cuentas: los genitales no determinan el género. Si entiendes el género a través de tus genitales, ha llegado el momento de empezar a cuestionarte más tu género.

No preguntes «¿Cuándo *elegiste/decidiste* ser transgénero?»

Cuando me preguntan cuándo «elegí» se transgénero, respondo lo siguiente:

—¿Y cuándo elegiste tú no serlo?

La mayoría de la gente enseguida se aturulla y a veces se frustra.

—¡No lo elegí! ¡Simplemente no lo soy! —protestan a veces.

—¡Pues yo igual!

Yo elegí afirmar mi identidad trans. Elegí contárselo a la gente. Pero no elegí *ser* trans.

Ser transgénero no es algo que una persona decida o elija. Igual que *no* ser trans no es algo que alguien decida o elija. Una persona puede *elegir* salir del armario. Una persona puede *elegir* aceptar su identidad y *elegir* contárselo a les demás. Una persona trans puede *elegir* las etiquetas que mejor se apliquen a ella y que expliquen su experiencia. En lugares donde la atención sanitaria de afirmación de género es accesible y la gente tiene acceso a ella, podemos *elegir* transicionar.

Pero ser transgénero es solo una identidad. Nadie tiene que *hacer* nada para serlo. No tiene que pasar nada para que una persona se *convierta* en trans. Una persona es trans sin más.

Piensa en lo difícil que es ser abiertamente trans. Es poco probable que una persona «eligiera» sin más serlo sin la fuerte convicción de que es el camino correcto para ella.

Por último, me gustaría destacar que, aunque la identidad trans fuera una elección… ¿qué pasaría? ¿Tan malo sería? ¿A quién hacemos daño si una persona elige no conformarse con el género que le asignaron al nacer y decide no pertenecer a esa categoría?

Algunas personas trans que conozco me han hecho ver que si no dejamos espacio para la posibilidad de que alguien decida ser trans, a lo mejor con ello estamos implicando que ser trans es horrible. Y, en realidad, todas las personas trans que he entrevistado para este libro me han dicho que adoran serlo. Coincido con ellas. Ser trans es una de las perspectivas de vida más bonitas.

No digas «Es muy difícil para *mí*» ni «Me había acostumbrado tanto a usar tu necronombre/viejo pronombre que me cuesta cambiar»

Progenitores y familiares, os estoy hablando a vosotres. Todo esto puede resultaros difícil, aunque no sea asunto vuestro. Ese *sentimiento* es válido. Los *sentimientos* siempre son válidos. Las acciones que derivan de esos sentimientos *no* siempre lo son.

Solo porque una tarea sea difícil no significa que no puedas o debas hacerla. Sí que puedes, y deberías, hacer cosas que te cuesten, sobre todo si es por tus hijes. Pero sé que siempre cometemos errores. No es la ausencia de errores lo que te convierte en una persona amable, porque lo importante es cómo lidias con ellos. Cuando te equivoques, discúlpate y corrígete. Recuerda que el hábito y tu historia con la otra persona pueden explicar ese error, pero no son excusas válidas. Y, con el paso del tiempo, es muy posible que la tolerancia a esos errores disminuya, y con razón.

Si la transición de otra persona te resulta difícil y/o remueve algo en tu interior, busca ayuda y recurre a tu comunidad, pero no responsabilices a la persona trans por tu reacción. Acude a un grupo de apoyo comunitario, comunícate con une terapeuta, tu pareja o une amigue; o busca más recursos en línea.

No digas «¡Pero si eras una chica muy guapa/un hombre muy guapo!», ni «¿Por qué quieres destruir tu hombría/feminidad?» ni «Estás arruinando tu cuerpo»

Al inicio de mi transición, este fue el tipo de comentarios más habitual que recibí de gente con buena intención. Todo el mundo estaba muy decepcionado con que dejara atrás mi belleza y mi supuesta feminidad tan ejemplar.

Estos comentarios están arraigados en unos cuantos prejuicios. Para empezar, descubrí que un número preocupante de personas creían que la transición era el resultado de «fracasar» en el género asignado al nacer. La gente pensaba que sentía que no era lo bastante mujer y que quería ser hombre por eso. Esta idea trae con ella los estándares de belleza eurocéntricos, estándares, sobre la talla y gordofobia, hasta racismo y misoginia. No creo que una persona pueda «fracasar» en su género, ya que el género no es una prueba. Yo no fracasé en feminidad. Pensé mucho lo de la feminidad. Mi transición y mi hombría no tienen nada que ver con una «feminidad fracasada», sino que parten del conocimiento intrínseco que poseo sobre mi propia identidad de género.

En segundo lugar, estos comentarios insinúan que solo la belleza puede hacer que una persona esté feliz con su género, lo que se aleja muchísimo de la verdad, no solo para las personas trans, sino también para las cis. Las personas trans no transicionamos porque seamos feas ni para ser hermosas. Transicionamos para ser felices. Transicionamos para vivir.

El objetivo de mi transición *no* era satisfacer a otras personas o amoldarme a su visión, ni tampoco encajar en los estándares de hombría de otra gente, ni ser atractivo o guapo a ojos de les demás ni conseguir aprobación por mi aspecto físico. No transicioné para nadie. Transicioné solo para mí.

No preguntes «¿Puedo ver una foto del antes?»

A lo largo de los años en varias ocasiones he compartido fotos de todos los momentos de mi vida, desde que era un bebé con unos mofletes enormes, pasando por fotos de cuando iba al instituto, donde lucía pantalones cortos de color caqui y mi corte de pelo a lo Justin Bieber; fotos en las que aparecía con mi vestido de gala para el baile de fin de curso y fotos actuales. En general, las comparto para que las vean otras personas trans. Porque nunca pensé que este sería mi futuro. Nunca pensé que un día podría sentirme tan en consonancia conmigo mismo como ahora. Para la infinidad de personas trans que tampoco se imaginan un futuro, comparto fotos de distintas versiones de mí para demostrar que aún es posible y para darles esperanza. *En el mundo hay más cosas de las que te puedas imaginar.* Eso es lo que quiero que oigan.

Pero aunque yo me sienta cómodo compartiendo estas fotos, nadie (y menos las personas trans) te debe fotos del viaje que han hecho hasta ser quienes son ahora. Además de invasivo y doloroso (a muchas personas trans no les gusta ver fotos antiguas de sí mismas porque recuerdan el trauma y la disforia), esto también puede ser muy reduccionista. Nuestros viajes a menudo se tratan de una forma sensacionalista a través de imágenes, se reducen a la yuxtaposición percibida entre quiénes somos y quiénes parecíamos ser antes.

La gente trans no existe para exhibir transformaciones espectaculares. No somos chicas que ahora son chicos ni chicos que ahora son chicas. Lo repito: la mayoría no consideramos que nuestras transiciones sean un cambio de género, con lo que pedirnos fotos legitima el binarismo de género y subraya sin necesidad la importancia de nuestro aspecto. Somos personas con historias llenas de detalles y matices. No somos un antes ni un después. Somos un durante y perduramos.

No preguntes: «¿Crees que es solo una fase?» ni «¿Una parte de ti no piensa que lo haces solo porque ahora está de moda?»

Aunque haya gente que pueda hacer estas preguntas con buena intención, porque no quieren que une amigue tome decisiones de las que más tarde se arrepienta ni se deje influenciar demasiado por los medios de comunicación, es *muy poco probable* que ser trans se trate de una fase o el resultado de algún tipo de moda. Una persona trans no está «confundida» ni «intenta llamar la atención». Para la mayoría de la gente, salir del armario puede ser difícil y hasta doloroso; no es algo que alguien vaya a intentar hacer un sábado solo porque lo vio en TikTok. A causa de la transfobia persistente y violenta, muches reflexionamos de forma crítica y durante un largo periodo de tiempo antes de compartir nuestras identidades con el mundo.

Si hay algo que sea una fase para las personas queer es la cisexualidad y la heterosexualidad. Pasé años intentando con desesperación ser hetero y cis para evitar el dolor y la discriminación que podría sufrir al aceptar que era trans. Al final, elegí reclamar mi identidad para poder vivir mi propia verdad, incluso con todo el odio que ha traído esta decisión. Las personas trans no salen del armario porque esté de moda, por hacer el tonto o por diversión, sino que declaramos nuestras identidades como una forma de supervivencia en nuestros viajes con tal de realizarnos como personas y ser felices.

A veces ofrezco otra línea de pensamiento distinta: sí, a lo mejor es una fase... *¿y qué pasa si lo es?* Todo el mundo experimenta distintas fases en sus vidas, ya sea una pasión, un trabajo o una relación que no dura. Muchas de estas «fases» tienen efectos de larga duración, incluso permanentes, y no ocurre nada. Aunque ser trans casi nunca es «solo una fase» (o puede que sea la «fase» más larga en la vida de mucha gente), no pasa absolutamente nada si una persona se da cuenta con el tiempo de que en realidad no es trans. La auténtica resiliencia surge de la confianza que tenemos en nosotres mismes para tomar las mejores decisiones que podamos y, cuando esas decisiones inevitablemente no producen los efectos esperados o deseados, entonces debemos confiar en que también podremos resolverlos.

No digas «Eres demasiado masculino/femenina», ni «Tu estatura es demasiado alta/baja» ni «Tu voz es demasiado alta/grave»

Estas variaciones son algunas de las respuestas más frecuentes que compartieron mis seguidores de Instagram. Fue devastador, aunque nada sorprendente, oír que a muchas personas trans les han dicho que no pueden ser quienes son por un rasgo concreto de su cuerpo. Esto es tránsfobo, cruel y ridículo.

Mucha gente no se acercaría a un hombre cis para decirle que es demasiado bajo para ser hombre. Sí, puede que lo ridiculicen o lo acosen por su estatura, pero pocas veces le negarían su calidad de hombre. Eso sería absurdo. Su altura nunca le arrebatará su hombría.

Lo mismo debería aplicarse a las personas trans. Nuestros cuerpos no definen nuestro género. Nuestros cuerpos no deberían ser juzgados ni clasificados, igual que tampoco debería hacerse con los cuerpos de les demás.

Animo a todo el mundo a apartarse de esta cultura de avergonzar los cuerpos, de juzgarlos, de centrarlo todo en ellos. Recuerda que todas las personas, incluida la gente trans, son más que sus cuerpos. No debes reducir a las personas trans solo a sus cuerpos y al aspecto que tengan para ti.

No preguntes «¿Lo has pensado bien?»

Cuando la gente me hacía esta pregunta en los primeros días de mi afirmación de género tenía que esforzarme para no soltar un improperio. *¡Que sí que lo he pensado bien, hostias!,* me daban ganas de gritar. Nunca se me escapó en voz alta y por lo general optaba por un breve: «Sí, claro».

Nadie alcanza la conclusión de que es trans en un minuto, sin haberlo pensado antes, para luego soltárselo a la primera persona que esté dispuesta a escuchar. La mayoría de las personas han pasado meses, o incluso años, pensándolo bien, llorando hasta quedarse dormidas, sufriendo por cómo y cuándo y qué decir sobre su identidad. Muchos individuos trans ya han pasado años intentando reducir su verdad, enmascararla o incluso engañarse pensando que se equivocaban. Esta luz de gas tan interiorizada que hemos aprendido de la sociedad puede degradarnos poco a poco, pero con firmeza, y muchas personas trans se plantean dejar de vivir antes que compartir su identidad con sus seres queridos y el mundo.

Así que sí, lo hemos pensado bien. Nuestra identidad trans no es fruto de un capricho, un deseo momentáneo o una moda. No es impulsiva ni irreflexiva. Es algo serio e importante, y aceptarla nos puede salvar la vida.

No digas «Esto es muy repentino, ¿qué quieres decir con que eres trans? Si siempre te ha gustado ser una chica/un chico»

Algunas personas trans han sabido que lo eran desde muy jóvenes. Hay niñes trans que son capaces de expresar su identidad desde que aprenden a hablar, con tres, cuatro o cinco años. Pero no todo el mundo encuentra las palabras adecuadas con la misma rapidez. No todo el mundo puede deconstruir toda la cisnormatividad en la que se han criado.

Además, cuando alguien dice «Siempre te ha gustado ser una chica/un chico», ¿qué quiere decir en realidad? Cuando insisto a la persona para que me responda, suele expresar que le niñe en cuestión no exhibió deseos explícitos de adoptar los roles estereotípicos de otro género, como podría ser el caso de una persona a la que le asignaron el género femenino al nacer, igual que yo, que no rechazó cosas como vestidos, muñecas o el color rosa; alguien que disfrute incluso de maquillarse y de hacer actividades que tradicionalmente se han considerado «femeninas». Es vital recordar que la feminidad y la masculinidad no predicen la identidad de género. Hay muchos chicos a los que les gusta arreglarse y maquillarse. Y hay muchas chicas a las que no les gustan estas cosas.

Es importante separar la expresión de género de la identidad de género y permitir que una persona reclame su identidad de género como quiera en vez de intentar clasificarla según las normas de género que tú entiendes.

No preguntes «¿Por qué no eres homosexual y ya?»

La identidad de género no es lo mismo que la orientación sexual:

Identidad de género = quién eres.
Orientación sexual = hacia quién sientes atracción.

En muchas ocasiones, cuando una persona transiciona, la sexualidad no cambia. Pero, como hemos visto antes, cuando la sexualidad sí cambia durante la transición, suele deberse a que una persona se siente más cómoda expresando quién es y su sexualidad real porque ha encontrado autenticidad en la transición.

Cuando transicionamos, la etiqueta de la sexualidad de una persona puede cambiar para reflejar su identidad de género. Como ya he mencionado en el Capítulo 1, yo siempre he salido con mujeres. Antes de transicionar, me llamaba «lesbiana» porque, en esa época, pensaba que era mujer y no sabía que era trans. Cuando anuncié que era un hombre trans empecé a llamarme «hetero» porque no soy una *mujer* que siente atracción por otras mujeres, sino que soy un *hombre* que siente atracción por mujeres y la palabra que usamos para eso es «hetero».

Sin embargo, en los años que han pasado desde que salí del armario he comenzado a utilizar la etiqueta «queer» para referirme a mi sexualidad, a pesar de que solo he salido en serio con mujeres. «Hetero» me parece que limita mi identidad y mi historia con el género. «Queer» engloba más lo que sé que es cierto sobre mí y mi viaje.

No digas «No eres un hombre/una mujer de verdad»

Aunque esto es abiertamente tránsfobo y maleducado, lo oímos demasiado. Al principio me resultaba fácil reaccionar a comentarios como este con dolor y vergüenza. Me cohibía, me sentía empequeñecido y no me veía capaz de reclamar mi propia historia. Pero con el tiempo me he percatado de que otras personas no tienen el poder de decirme quién soy, aunque el sistema les haya otorgado más poder que a mí. Nunca me arrebatarán lo que sé sobre mí mismo.

He aprendido a usar la misma indignación que cuando me dicen que no soy coreano, o que no soy estadounidense, o que no soy una parte inherente de mi identidad. El hecho de que alguien refute mi género es igual de absurdo que si refutan mi raza o mi nacionalidad.

¡Cómo se atreve a decirme quién soy! ¡Es una ridiculez que piense que me conoce mejor que yo! ¡Qué insignificantes son sus opiniones delante de la verdad de mi identidad!

Si consideras que las personas trans no son «hombres reales» o «mujeres reales», te animo a que te plantees por qué piensas así. ¡Siente curiosidad! ¿Qué descubres cuando reflexionas sobre esta pregunta? ¿De verdad tus genitales determinan tu género? ¿Acaso tu hombría o tu feminidad dependen del aspecto de tus genitales? A lo mejor sí. Pero, del mismo modo, a lo mejor no. Sea como sea, vale la pena pensar que otras personas quizás no definan su género del mismo modo que tú y que, por ello, su género no es menos válido ni real.

No digas «¿Entonces no puedo hablar sobre nada con una persona trans?»

Si no hacer preguntas invasivas ni inapropiadas a una persona trans significa que no puedes hablar con nosotres sobre nada, entonces lo mejor será que te distancies un poco. Hay muchas cosas de las que hablar con personas trans aparte de nuestro historial clínico privado, nuestros planes para operarnos y nuestros genitales. Seguro que no te acercas a otras personas cisheteros que no conoces ni a tus amigues cisheteros a preguntarles: «¿Cuándo supiste que eras cisgénero?», o «Eres hetero, ¿cuándo se lo contaste a tus padres?» o «¿Te sientes bien con tus genitales y su tamaño?». ¿Por qué no lo haces? Pues porque es un comportamiento maleducado, raro e inaceptable.

Deberías tener el mismo respeto por las personas trans.

Cuando conoces a una persona trans, una frase genial para empezar a conversar es: «Hola, ¿cómo estás?». Igual que harías con cualquier otra persona.

PARTE III
EL GÉNERO Y LA SOCIEDAD

11

Lo que les niñes nos enseñan sobre el género

Cuando me desperté de la operación de pecho, empecé a sollozar nada más mirarme el torso. Aunque estaba cubierto por unas vendas gruesas, tenía el pecho más plano de lo que había estado en mucho tiempo. Mientras lloraba, sentía también una tirantez en mi interior. Las enfermeras vinieron corriendo a asegurarme que todo iba bien. Pensaban que me había echado a llorar porque habían perdido un pendiente mío.

—Lloro porque estoy muy feliz —les dije entre lágrimas. Se rieron de alivio.

Aunque mi familia había apoyado mi identidad, les costó entender el concepto de transición médica. Todo el mundo estaba nervioso por la operación. Mis dos progenitores no creían que fuera buena idea ir en contra de lo que les psicólogues me habían recomendado, pero, además, mi madre no comprendía por qué quería cortarme una parte del cuerpo que, en teoría, estaba completamente «sana». Pero *yo* sabía que operarme el pecho era lo mejor para mí. A pesar de que las directrices médicas de la época sugerían empezar por la terapia hormonal, estaba seguro de que primero quería operarme para quitarme los senos.

Cuando mi padre me vio llorar en la sala de reanimación, suspiró. Me vio feliz por primera vez en años. Desde entonces, me ha dicho que ese fue un momento decisivo para él. Al percibir mi paz y mi felicidad, se dio cuenta de que confiar en mis decisiones sobre mi cuerpo había sido lo correcto.

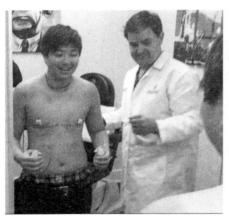 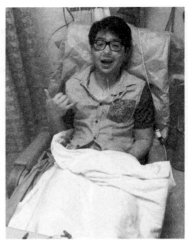

«Ver esa felicidad fue suficiente. Me quedó claro que era lo más apropiado para ti», me dijo.

En la actualidad, mi madre lamenta la ignorancia que rodea la experiencia trans y la atención sanitaria para nosotres. Me ha dicho en múltiples ocasiones, a veces con lágrimas en los ojos, que desearía haberme proporcionado esos recursos para que hubiera podido transicionar antes. Y así me habría ahorrado el dolor que sufrí de no haber vivido mi género desde una edad más temprana.

No culpo a mis xadres por lo que no sabían o comprendían; soy consciente de que se necesita más educación sobre ser trans. Mucha gente no sabe lo que está diciendo cuando comenta alguna cuestión trans, sobre todo si está relacionada con el cuidado de les niñes trans.

En febrero de 2022, el gobernador texano Greg Abbott (él) declaró que proporcionar atención sanitaria de afirmación de género a une niñe trans se consideraría abuso infantil y que los servicios de protección de menores en Texas investigarían a las familias con niñes trans con efecto inmediato. Esa semana se rompieron algunas familias cuando separaron a les niñes trans de sus progenitores y se les llevaron de sus casas. En marzo de 2023, un republicano de Florida imitó esta acción e introdujo una ley que permitiría a los tribunales extraer a les niñes de aquellas casas donde une progenitore o une hermane se estuviera sometiendo a cualquier tratamiento de afirmación de género, así como a niñes trans que vivieran con xadres que les apoyaran. Esta ley se sustenta en la creencia de que proporcionar a les niñes atención sanitaria que afirme su género es doloroso o perjudicial para la criatura.

Pero en realidad ocurre todo lo contrario: prohibir este tipo de atención médica es maltrato infantil, ya que contribuye a crear una serie de problemas de salud mental en les niñes, como autolesiones, depresión y suicidio. Esto viene respaldado por investigaciones científicas y por las principales autoridades médicas.[1, 2, 3, 4, 5, 6, 7, 8, 9, 10, 11, 12, 13, 14, 15, 16, 17, 18, 19, 20]

Por desgracia, el gobernador Abbott, al igual que el gobernador de Florida Ron DeSantis (él) y muchas otras personas, ignoran de un modo irresponsable a les expertes. A pesar de que la mayoría de las asociaciones médicas, psicológicas y psiquiátricas coinciden en que la atención sanitaria de afirmación de género es necesaria, apropiada y puede salvar vidas, las autoridades estatales han determinado con arrogancia que saben más que el resto. Abbott y DeSantis no son los únicos. En esta época de desinformación, les políliques de derecha ya no se remiten a la ciencia, sino que confían en la transfobia, las mentiras y el alarmismo.

Y por eso aquí vamos a hablar de ciencia.

¿DE VERDAD LES NIÑES PUEDEN SABER QUE SON TRANS TAN JÓVENES?

A lo largo de mi carrera se me han acercado varies progenitores de niñes trans con una combinación desconcertante de respeto y la incapacidad de ampliar un poco ese respeto hacia sus propies hijes. Con frecuencia, estas son las preguntas que me hacen:

«Bueno, entiendo que tú sepas quién eres, Schuyler. Pareces muy elocuente y maduro, pero transicionaste cuando ya no eras niño. Con dieciocho años, ¿verdad? ¿Y qué pasa con los niños que lo están decidiendo tan jóvenes? ¡Sus cerebros aún no se han desarrollado! ¿No son demasiado jóvenes para tomar esta decisión?».

En general, la persona que lo pregunta es une progenitore nerviose que quiere con desesperación lo mejor para su hije y siente un miedo terrible de que afirmar la identidad trans de le niñe le cause daño en el futuro. Siento mucha empatía por este tipo de pánico; sé que a mi madre le costó aceptarlo aunque yo ya no fuera un niño cuando salí del armario.

Les niñes son capaces de conocer su identidad de género sin problema. Esto lo respaldan varios hechos clave:

El primero es que, según las principales asociaciones médicas como la Mayo Clinic, la identidad de género se forma entre los tres y los cinco años.[21] Se suele establecer mucho antes que la orientación sexual, pero como mucha gente confunde estos dos términos deduce que el género no se puede conocer antes de la adolescencia o la adultez. Y esto es falso. En cuanto une niñe puede verbalizar su identidad, es que es capaz de conocerla.

Sin embargo, esto no significa que todes les niñes se den cuenta de que son trans de bebés. La presión social y parental, así como los estereotipos sociales de género, que se suelen imponer con rigidez en el colegio y el hogar (y en todas partes), pueden causar que muchas personas trans sigan presentándose durante años con el género que les asignaron al nacer. Habrá quien no se percate de los motivos de esa desconexión y habrá quien no se dé cuenta de su identidad trans.

No pasemos por alto que une niñe que *no* sea transgénero nunca duda sobre su identidad en la niñez ni nadie le dice que es demasiado joven para saber que *no* es trans. Nadie va por ahí diciendo a los niños cisgénero o las niñas cisgénero que son demasiado jóvenes para saber que son chicos y chicas, respectivamente. La gente se fía de que les niñes cis sepan su género desde que nacen. Les niñes trans se merecen esta misma confianza, autonomía y dignidad.

El segundo es que la identidad de género no es una decisión. Les niñes trans no *deciden* que son transgénero, deciden *contártelo*. Y esto suele requerir una gran cantidad de valor, sobre todo en un mundo donde abunda la transfobia violenta y unos estereotipos y expectativas de género tan estrictos. Yo pasé casi cinco años sabiendo y escondiendo mi sexualidad, y más tiempo aún reprimiendo mi identidad. Muches niñes han estado meses o años llorando a solas y preocupándose por cómo compartir esa parte de su persona con nosotres.

El tercero: cuando la gente habla de que «el cerebro de un niño aún no se ha desarrollado por completo» se refiere a la corteza prefrontal, que se suele considerar el centro de control del cerebro. Es de las últimas partes que se desarrollan y controla la función ejecutiva. Decir que la corteza prefrontal no está completamente desarrollada en les niñes es cierto: la función ejecutiva no madura hasta los inicios de la adultez. Esa función ejecutiva se suele llamar cognición o autocontrol e incluye tres habilidades: la flexibilidad cognitiva, la memoria de trabajo y la inhibición de la respuesta, que en conjunto contribuyen a que una persona siga las reglas y a que modere su comportamiento social.[22, 23, 24, 25]

Centrémonos en la inhibición de la respuesta durante un momento. La inhibición incluye la capacidad de afinar la atención y concentrarse, de ignorar las distracciones y de regular o controlar las emociones y los impulsos básicos. Aunque a menudo la inhibición es muy útil y nos permite adherirnos a las normas sociales y, por tanto, funcionar de un modo apropiado en sociedad, también nos permite inhibirnos a nosotres mismes e inhibir nuestra propia identidad.

Si eres una persona adulta, seguramente lo hayas vivido. Toda persona inhibe (o esconde, evita, oculta) partes de sí misma por diversos motivos cuando interactúa con otras, sobre todo en ambientes sociales.

Pero, según la pregunta inicial, el control de inhibición aún no ha madurado en les niñes. No tienen conexiones neurológicas de la corteza prefrontal lo bastante maduras para aplicarlo. Como resultado, les niñes poseen una habilidad única de expresar justo lo que son, porque es lo único que pueden hacer. No han crecido para aprender cómo deberían ser, así que sencillamente se muestran como son.

La función ejecutiva madura (en una corteza prefrontal completamente desarrollada) puede, de hecho, *reducir* la capacidad de una persona de hablar con libertad sobre lo que piensa y expresar su autenticidad, porque esta función nos permite intensificar nuestra capacidad para inhibirnos, y hasta podría permitir que una persona trans inhibiera su capacidad de autoexpresión por miedo o incertidumbre. Una corteza prefrontal en vías de desarrollo podría permitir que les niñes declarasen su identidad con más claridad que una persona adulta.

Por último, la pregunta inicial introduce una comparación entre otras personas trans y yo. Tal comparación suele ser elitista, capacitista y a menudo incluso racista. ¿No sabes por qué? Sigue leyendo.

Cosas como «Eres muy elocuente y maduro» suelen decírmelas como cumplidos y le siguen frases como «Pero mi hije no». Le progenitore o persona adulta suele explicarme a continuación que duda sobre la validez de la identidad trans o la capacidad de autoconocimiento de une niñe. Este razonamiento es peligroso porque transmite lo siguiente: *Como mi hije no parece tan elocuente ni madure como tú, no creo que merezca tener los mismos derechos ni confianza que tú.*

Dicho así, suena cruel. Porque lo es. Esto es lo que le niñe interiorizará cuando comparta su identidad y se encuentre con dudas y rechazo. Muches progenitores creen que es su responsabilidad guiar a le niñe hacia lo positivo, pero yo creo con firmeza que debería ser al revés. Le progenitore debería permitir a le niñe que guiara elle, y es el deber de les xadres sostener la mano de le niñe, ser su apoyo y proporcionarle ayuda, sobre todo en cuestiones de identidad y autodeterminación.

Invalidar la comprensión de une niñe sobre sí misme no solo le transmite que no puede confiarte su identidad, sino que debería aprender a dudar de sí misme. Esta alteración en el proceso de aprendizaje a la hora de confiar en une misme puede echar raíces profundas en le niñe y llegar a perturbar su autopercepción. Muchos estudios han demostrado que invalidar los entornos infantiles es un caldo de cultivo para la aparición de enfermedades mentales graves, como la depresión, los trastornos alimentarios y hasta los de personalidad, como el trastorno límite de la personalidad y el trastorno de identidad disociativo.[26, 27, 28]

La respuesta a esta pregunta es: les niñes sí son capaces de conocer su identidad de género incluso de pequeñes y están mejor equipades neurológicamente para declarar su identidad de género a una edad muy temprana, gracias a las estructuras cerebrales de inhibición que aún no han madurado. Independientemente de su capacidad para expresar bien sus identidades, deberíamos respetar y reafirmar a les niñes por ser quienes son.

12

Atención sanitaria de afirmación de género

—Yo también soy trans —susurró el niño, con la mano ahuecada alrededor de mi oreja. Sonreí.

—Eso es genial —respondí con cuidado. Sabía que demasiada emoción podría ser inapropiada y demasiada poca lo decepcionaría.

—Sí, les dije a mis padres que era un chico cuando era muy pequeño, pero ahora no digo a mucha gente que soy trans. Cumpliré once años… —Se calló un momento y alzó la mirada al techo—. ¡En ocho días!

—¡Guau! Feliz cumpleaños por adelantado. Me alegro de que puedas ser tú —dije, con un nudo en la garganta. El niño sonrió y aguardó a que siguiera hablando. Sin saber qué decir, probé con algo genérico—. ¿Qué tal el colegio, cómo te va?

—Bien. Me gusta ser yo —respondió, asintiendo para sí—. También me ha gustado conocerte y oír tu historia. Me gusta ver a otras personas como yo.

Me esforcé al máximo para no echarme a llorar.

La gente suele preguntarme dónde encuentro fuerzas para tener esperanza u optimismo, y la respuesta es siempre: en les niñes trans y su alegría. Ese niño estaba viviendo su vida y era feliz. Nos conocimos en su colegio durante un pequeño encuentro que la administración había organizado con solo les estudiantes trans y queer. Nos habíamos quedado hablando y fue entonces cuando me contó que llevaba unos años con inhibidores de la pubertad y que tenía ganas de empezar pronto con la testosterona.

—Empezaré cuando el resto de los chicos comiencen la pubertad.

Sonrió. Le brillaban los ojos.

• • •

Ha pasado un tiempo desde que conocí a ese niño; ahora debe de estar en el instituto y seguramente haya comenzado con la testosterona. Me aferro a las imágenes que tengo de nuestra conversación, con la esperanza de quedarme con un poco de su felicidad trans como antídoto para todas las formas horribles e incorrectas con que la gente caracteriza nuestra atención sanitaria.

«¡Te estás mutilando el cuerpo!» suele ser una acusación habitual. «¿Por qué destruyes lo que Dios te dio?», preguntan.

Y, por desgracia, estos tipos de acusaciones no solo las hace gente desinformada en redes sociales, sino que también aparecen en artículos y salen de las bocas de gente poderosa.

He leído infinidad de artículos sobre atención sanitaria de afirmación de género y la inmensa mayoría ni siquiera definen el término. Pero para comprender este tipo de atención médica hay que saber con exactitud qué implica, a quién va dirigida y a qué edad es apropiado recibirla, algo imprescindible ahora que están prohibiendo que personas jóvenes accedan a ella.

Según la Organización Mundial de la Salud, «la atención sanitaria de afirmación de género puede incluir una o varias intervenciones sociales, psicológicas, conductuales o médicas (como tratamiento hormonal o cirugía) designadas para apoyar y reafirmar la identidad de género de una persona».[1]

Las principales asociaciones médicas, psicológicas y psiquiátricas coinciden en que, según las pruebas, la atención sanitaria de afirmación de género es necesaria y apropiada, ya que reconoce la identidad de género de le paciente mediante un enfoque multidisciplinar que le permite reivindicar su identidad en el sistema sanitario.

La atención sanitaria de afirmación de género *no* intenta forzar a la persona a ajustarse al género que le asignaron al nacer, sino que cree a la persona trans y le facilita su viaje para encarnar su identidad. Además, este tipo de atención puede diferir según el individuo.

La atención sanitaria de afirmación de género implica tener profesionales de la salud que se dirijan a nosotres con el vocabulario de género apropiado, que usen nuestros nombres correctos y que no patologicen nuestras identidades trans. Esto incluye formularios de admisión inclusivos y afirmantes, así como comprender que la atención médica rutinaria de una persona quizás no encaje dentro de la categoría de hombre cis o mujer cis. Por ejemplo, como persona con cérvix, debo hacerme una citología cada pocos años. La atención sanitaria de afirmación de género es consciente de esto y proporciona los servicios necesarios sin malgenerizarme; es decir, que no me envía a una clínica de «mujeres» ni me dice que necesito «atención femenina».

La asistencia sanitaria de afirmación de género puede incluir:

- Hormonas (testosterona, estrógeno, inhibidores de la pubertad).
- Procedimientos quirúrgicos.
- Pronombre, género y nombre correcto, independientemente de las designaciones legales.
- Afirmar la identidad de género de una persona (sin intentar en ningún momento cambiar su género al que le asignaron al nacer), sin importar los pasos que haya seguido esa persona en su transición médica
- Formularios de admisión inclusivos:

En vez de:	Prueba esto:	Porque...
Sexo: M/F o Sexo biológico: Hombre/ Mujer	Género asignado al nacer: Identidad de género: Pronombre:	Preguntar por el sexo de una persona de esta forma es simplista y no siempre proporciona información relevante para les profesionales de la salud. Esto puede parecer tránsfobo y excluye a las personas trans. Preguntar la identidad de género y el pronombre crea espacio para las personas trans. ¡Pero luego acuérdate de usar bien su pronombre!
Nombre:	Nombre legal: Nombre de preferencia, si es diferente:	Muchas personas trans usan un nombre diferente de su nombre legal. Pedir los dos y asegurarse de usar el nombre de preferencia es inclusivo, afirmante y de buena educación.
SOLO PARA MUJERES: (preguntas sobre menstruación y embarazo)	Preguntas sobre menstruación y embarazo. No responda si no corresponde.	No todas las personas que menstrúan/ se pueden quedar embarazadas son mujeres y no todas las mujeres se pueden quedar embarazadas/ menstrúan. Así que no hay ninguna necesidad de especificar lo de «para mujeres». Haz sin más las preguntas sobre embarazo y menstruación para conseguir la información que necesites. La gente que no se pueda quedar embarazada ni menstrúe se las saltará.

¿Y QUÉ PASA CON LA ASISTENCIA SANITARIA DE AFIRMACIÓN DE GÉNERO PARA NIÑES?

Aunque a mucha gente enseguida le viene a la mente la cirugía, la atención sanitaria de afirmación de género para niñes no suele incluir una visita al quirófano. Al igual que pasa con las personas adultas, este tipo de atención puede cambiar de une niñe a otre. Antes de la pubertad, la afirmación de género no suele incluir intervenciones médicas. Si un niño de cinco años declara que es trans («¡Mamá, que soy un chico en realidad!»), a lo mejor se corta el pelo de una forma distinta, se compra ropa nueva y puede que use un nombre y un pronombre diferente. No se realiza ningún tipo de cirugía de afirmación de género en niñes de cinco años. Ni tampoco se les proporcionan hormonas a esa edad.

Cuando une niñe trans se acerca a la pubertad se pueden dar algunos pasos médicos, como la toma de inhibidores de la pubertad, que bloquean los efectos de las hormonas sexuales como la testosterona y el estrógeno (que en general se liberan en mayor cantidad durante la pubertad).[2] Como explica el Hospital Infantil St. Louis, los inhibidores puberales son como «un botón de pausa» en la pubertad. Esto permite a le niñe tener más tiempo para pensar qué es lo mejor para elle, sin pasar por una pubertad que podría empeorar su salud mental.

Según le médique, la zona y las leyes locales, los inhibidores se suelen proporcionar a los diez u once años, en lo que se suele llamar la etapa «Tanner II» de la pubertad, que señala el inicio del desarrollo físico cuando las hormonas empiezan a incrementarse.[3] Hay quien recomienda que le niñe exhiba algunos efectos visibles de la pubertad (como protuberancias en las mamas o cierto volumen testicular) antes de proporcionar inhibidores, mientras que otros permiten el acceso antes del inicio de la pubertad.

Cuando les niñes alcanzan la pubertad, pueden tomar hormonas cruzadas si lo desean. (Un recordatorio: las hormonas cruzadas son hormonas que, en general, no se producen en grandes cantidades durante la pubertad; por ejemplo, para un hombre trans como yo, la hormona cruzada sería la testosterona). Aunque es poco frecuente, si une niñe decide pasar por la pubertad sin ningún tipo de intervención médica, también puede hacerlo. Los inhibidores puberales se pueden retirar y comenzaría entonces la pubertad natal. En todos los estados de EE.UU. que permiten estos inhibidores o tratamientos con hormonas cruzadas, le niñe debe tener el consentimiento de sus xadres.

En resumidas cuentas, la mayoría de las prácticas sanitarias de afirmación de género para niñes tienen poca o ninguna intervención médica antes de la pubertad. Con la aproximación de la pubertad, existe la opción de proporcionar inhibidores puberales, que son seguros y reversibles, justo antes de la aparición de la pubertad o cuando comienza, o también tratamientos hormonales. La cirugía en menores es muy poco frecuente y la mayoría de les médiques no la proporcionan en la actualidad.

Ahora que entiendes qué implica este tipo de atención médica vamos a profundizar en los argumentos habituales que se dan en su contra. O, descrito de una forma más precisa, en las herramientas de propaganda.

MITOS FRECUENTES

Mito: *¡Los activistas trans quieren que tus hijos sean trans! ¡Van a convertir a todo el mundo en transgénero!*

Realidad: Nadie quiere que les hijes cis de otra persona sean trans. El objetivo es permitir que les niñes trans sean trans o, mejor dicho, que sean *aceptades* por serlo. No queremos convertir a niñes cis en trans. Queremos asegurarnos de que les niñes trans crezcan sanes, felices y tengan vidas adultas. El miedo de que proporcionar atención sanitaria de afirmación de género vaya a convertir a todo el mundo en transgénero no solo es infundado, sino también divisivo y manipulador.

«Pero no lo cuentes», he oído decir a mucha gente sobre la identidad trans y su extendida notoriedad. «¡No se lo impongas a los niños!». Esta retórica se ha usado para pintar a les docentes trans y queer como *groomers** y afirmar que la gente como yo hacemos daño a les niñes.

Les defensores de la infame ley «No digas gay» (Don't Say Gay) de Florida, que prohibía a les profesores enseñar historia LGBTQ+ y temas afines, se referían a ella como «la ley anti *grooming*», lo que insinuaba la profunda idea homófoba de que la única ocasión en la que una persona adulta hablaría sobre temas queer y trans con une niñe sería con el objetivo de abusar (sexualmente) de elle.[4] Parece que pasaron por alto el hecho de que una parte significativa de los abusos sexuales reales que se dan en Estados Unidos los cometen familiares varones, blancos y cis.[5, 6, 7, 8, 9]

La hipocresía prevalece: de los dos principales partidos políticos, son más numerosos los republicanos que se han visto relacionados en múltiples casos de abuso sexual, en concreto con menores y estudiantes jóvenes.[10] Tómate un momento para leer la referencia bibliográfica si quieres, pero repasemos algunos hechos recientes:

- Mark Foley (él), exrepresentante de Florida en la Cámara de Representantes, se vio obligado a dimitir en 2006 después de que saliera la noticia de que había enviado mensajes sexuales explícitos a páginas de adolescentes.
- Dennis Hastert (él), representante de Illinois en la Cámara, se declaró culpable en 2015 de despedir de forma ilegal a unes luchadores de instituto a quienes había entrenado y abusado sexualmente décadas antes.
- Brett Kavanaugh (él), juez de la Corte Suprema, fue acusado de agresión sexual durante su nominación en 2018.
- Roy Moore (él), candidato al Senado por Alabama, fue acusado de aprovecharse de chicas de entre catorce y dieciséis

---

* En su uso más reciente en inglés, *groomer* es, según el *Urban Dictionary*: «Una persona que desarrolla una relación llena de confianza y conexión emocional con otra persona menor de edad o más joven para poder manipularla, explotarla y abusar de ella». [En español no existe un término que sea una correlación directa y, en muchas ocasiones, se suele emplear en inglés *(N. de le T.)*]

años en 2018 y, como resultado, le prohibieron la entrada en un centro comercial local.

- Matt Gaetz (él), representante de Florida en la Cámara, fue investigado por tráfico sexual.

Y la lista sigue.

Es irónico que quienes fomentan el pánico moral al acusar de ser *groomers* a las personas queer y trans, que simplemente viven abiertamente su verdad, sean a menudo hombres cis que son *groomers* de verdad y que abusan de jóvenes.

Enseñar historia LGBTQ+ a niñes en los colegios no les causa daño, ni es una forma de maltrato ni es peligroso para elles. No existen estudios ni informes que proporcionen ninguna correlación entre enseñar historia LGBTQ+ y una mayor probabilidad de cometer abusos sexuales.

No, los únicos *groomers* aquí son los hombres (en su mayoría, blancos y cis) que abusan de les jóvenes.

Mito: *¡No deberíamos dejar que les niñes se sometan a cirugías irreversibles!*

Realidad: La mayoría de les niñes no reciben cirugías de afirmación de género porque gran parte de les médiques no proporciona este tipo de operaciones a menores de dieciocho años y nadie lo hace antes de la adolescencia.

La retórica antitrans quiere convencerte de que están operando a bebés para cambiar sus genitales, pero no es verdad. La única cirugía de este tipo que se practica es la mutilación genital no consentida que se les hace injustamente a les bebés intersex, a menudo sin el consentimiento de les xadres. Cómo no, las leyes que prohíben la atención sanitaria de afirmación de género vienen con unas excepciones específicas para *permitir* la mutilación genital, con lo que se refuerza la idea de que todo esto solo lo hacen para controlar los cuerpos, no para salvar a les niñes; para proteger la cisnormatividad, no para proteger la infancia.

Las directrices de la Asociación Profesional Mundial para la Salud Transgénero recomiendan que la cirugía para afirmar el género esté disponible según el deseo de le paciente a partir de los dieciocho años. Por consiguiente, es muy poco frecuente que una persona menor de dieciocho tenga acceso a este tipo de cirugía, ya sea genital o de otro tipo. Quienes la consiguen antes de llegar a la edad adulta se operan a finales de la adolescencia, en general sobre los dieciséis o diecisiete años, y solo tras vivir en su género afirmado durante amplios periodos de tiempo y tras recibir muchos niveles de aprobación, como el consentimiento parental, médico y hasta de comités médicos.

> *No existe la cirugía de afirmación de género para niñes trans. Ese es un mensaje encubierto de la derecha. La afirmación de género en menores es completamente social e implica recibir apoyo de la gente que les rodea y cosas como cambiarse el pelo o la ropa. Ni siquiera hay afirmación médica antes de que empiece la pubertad, que es cuando algunes niñes trans pueden tener acceso a inhibidores puberales, medicamentos que se han usado durante décadas para detener la pubertad precoz en niñes cisgénero. Hay adolescentes que han afirmado su género hace tiempo y que quizás tengan acceso a cirugía después de pasar por exhaustivos procesos de evaluación y con el consentimiento paterno, pero no es lo habitual. Cabe destacar que les adolescentes cisgénero también se someten a operaciones para afirmar su género, como reducciones o aumentos de pecho, rinoplastias y cosas así. Pero la afirmación de género para niñes consiste en quererles y en apoyarles y en ofrecerles la posibilidad de ser elles mismes.*

> ELIZABETH BOSKEY (ella), doctora en Salud Pública y Ciencias Sociales. Es trabajadora social e investiga la salud de las personas trans[11]

A lo mejor estás pensando cosas como «¡Les niñes cisgénero no piden someterse a operaciones que les cambien la vida, con lo que les niñes transgénero tampoco deberían hacerlo!». Y te equivocarías. Les niñes cis sí que se someten a procedimientos quirúrgicos que les cambian la vida. Y, en algunos casos, ni siquiera los piden, sino que les obligan a operarse.

En 2013, de las operaciones estéticas que más se realizaban en pacientes (cis) de entre trece y diecinueve años había aumento de pecho, rinoplastia, reducción de pecho, otoplastia y liposucción.[12, 13] A pesar de que la FDA, la Administración de Alimentos y Medicamentos de EE.UU., recomienda el aumento de pecho a partir de los dieciocho años, algunos cirujanos aún operan de esto a menores.[14] La rinoplastia es el procedimiento estético más solicitado en adolescentes y se puede hacer hasta a personas de trece años. La otoplastia (fijación de las orejas) se puede realizar a niñes de cinco o seis años.[15] A pesar de los numerosos riesgos para la salud física y emocional que presentan estas operaciones, han recibido muy poca oposición (política o del tipo que sea).

Mito: *No se han hecho investigaciones sobre los inhibidores de la pubertad ni las hormonas. ¡No son seguros!*

Realidad: Esto es falso por partida doble. Los inhibidores de la pubertad son seguros y hay investigaciones que los avalan. El acceso a estos inhibidores, además de la edad en la que una persona recurra a ellos, hace que disminuya la disforia de género, mejore la imagen corporal y se reduzca en general la angustia psicológica. Las personas que acceden a ellos al inicio de la pubertad, a diferencia de quienes empiezan a tomarlos una vez empiezan a notarse los efectos puberales, tienen más posibilidades de conseguir resultados positivos, como una tasa menor de suicidio.[16, 17, 18, 19, 20, 21, 22, 23, 24, 25, 26, 27, 28, 29, 30, 31, 32, 33, 34, 35]

Los inhibidores de la pubertad y las hormonas (como el estrógeno y la testosterona) se han usado en personas cisgénero durante más tiempo que en la gente trans. El argumento de que no son seguros pasa completamente por alto los datos existentes sobre su uso durante *décadas* sin ningún problema en niñes cisgénero que sufren un desarrollo puberal temprano. Si los inhibidores de la pubertad son seguros para les niñes cisgénero, también lo son para les niñes trans.

En pocas palabras: las personas trans tienen mejor salud mental cuando pueden acceder a hormonas de afirmación de género en la adolescencia que si solo acceden a ellas en la edad adulta.

Si te interesa ver qué se ha investigado al respecto, consulta mi página web para más información.

Mito: *¡Los inhibidores de la pubertad tienen efectos secundarios negativos! ¡Son un riesgo!*

Realidad: Los «efectos secundarios» a los que se suele referir la gente son aumento de peso, sofocos y cambios de humor. Se ha descubierto que todos ellos son completamente reversibles[36] y que también son síntomas que les niñes pueden sufrir cuando pasan por la pubertad natal.

El «efecto secundario» final del que habla mucha gente para causar alarmismo sobre los inhibidores de la pubertad es una presunta disminución en la densidad ósea. Sin embargo, los estudios que sugieren que las mujeres trans pueden tener una densidad ósea menor como resultado de tomar inhibidores al principio de la pubertad[37] fueron desmentidos más tarde por un estudio en el que se descubrió que el principal factor de la baja densidad ósea, sobre todo en chicas trans, era no hacer ejercicio.[38] Esto tiene sentido: las más afectadas por las leyes antitrans en el deporte y por el acoso escolar son las chicas trans y, como resultado, muchas no pueden y/o no quieren participar en deportes de equipo u otras actividades deportivas. En pocas palabras: es más probable que la baja densidad ósea no sea resultado de los inhibidores puberales sino de la transfobia.

El término «efectos secundarios» se suele emplear en muchas ocasiones para incitar una sensación de peligro sobre los inhibidores puberales, cuando en realidad muchos de estos efectos también se darían en la pubertad natal. La principal diferencia es que la pubertad natal no es reversible, mientras que los inhibidores sí. Estos inhibidores son seguros, mientras que la pubertad natal puede no serlo para les niñes trans.

Pero muches progenitores, incluso cuando tienen en cuenta los estudios y la ciencia, aún se acercan a mí con miedo. Cuando pienso en les niñes trans y en la necesidad de que tengan acceso a una atención médica de calidad, siempre recuerdo en concreto a una madre preocupada. Me había llevado aparte después de un discurso en Pittsburgh para hablarme sobre su hijo.

—Ella es… perdón, él, él es trans, igual que tú. Me lo dijo hace unos meses, después de que… —Estaba claro que intentaba contener las lágrimas, pero sin éxito. Se limpió los ojos y se le quebró la voz—. Mi hija… ¡hijo! Mi *hijo* estuvo en el hospital. Intento de suicidio. Solo tiene once años… Y no sé qué hacer.

La última frase la dijo entre sollozos.

—¿Puedo darte un abrazo? —pregunté. Ella asintió. Se acercó y la estreché con fuerza entre mis brazos. Como sabía que podía notar mi cuerpo, moderé la respiración y contuve las lágrimas. Al cabo de unos segundos, me aparté—. Es muy duro. Siento que esté sufriendo tanto.

Aguardé hasta que recuperó la compostura.

—No sé qué hacer —repitió—. Dice que quiere tomar inhibidores de la pubertad. ¡Pero no sé si son seguros! He leído que tienen muchos efectos secundarios… ¡y yo solo quiero que mi hijo esté bien!

—Eso tiene mucho sentido. —Asentí—. Te preocupas mucho por él, eso es evidente. Te agradezco que lo quieras tanto. Seguro que él también te lo agradece…

—Me preocupa mucho que se arrepienta. ¿Y si se equivoca ahora? —me interrumpió.

—Ah, pero podría estar en lo cierto. —Fue más una afirmación que una pregunta.

«¿Y si se equivoca?» es una de las tácticas alarmantes más habituales de la retórica antitrans, porque es muy efectiva. Se aprovecha de la preocupación de les progenitores sobre la seguridad de sus hijes para que no vean la pregunta más importante: *¿Y si le niñe tiene razón?*

—¿A qué te refieres? —preguntó la madre, desconcertada.

—¿Y si tu hijo tiene razón sobre su identidad? ¿Y si tiene razón sobre que necesita inhibidores de la pubertad?

—No lo sé —tartamudeó.

—No pasa nada —dije con amabilidad—. Si él está en lo cierto, entonces tendrá la oportunidad de vivir su vida como quiere, de la forma que más se adapte a él. Si está en lo cierto, es más probable que se quede en este mundo, gracias a esa atención sanitaria que le ha salvado la vida. Si está en lo cierto, es muy posible que tú puedas disfrutar de tu hijo. —La mujer asintió, procesando lo que le estaba diciendo—. Entiendo que te preocupes por su bienestar y me alegro de que tenga una madre tan considerada. Pero me inquieta que a ti te preocupe más lo que podría salir mal que lo que podría salir bien. Deberías tener ambas cosas en cuenta. Muchos estudios muestran que los inhibidores de la pubertad no tienen efectos negativos, pero, aunque los hubiera, los efectos negativos de no proporcionarle atención sanitaria de afirmación de género son mucho más graves.

—No lo había pensado así —dijo, asintiendo—. Tienes razón.

La tasa de depresión, autolesiones, pensamientos suicidas e intentos de suicidio entre les niñes trans es cinco veces mayor que la de les niñes cisgénero de la misma edad.[39] Un 82 % de personas trans se han planteado suicidarse y cerca de un 40 % lo ha intentado al menos una vez.[40] Les *jóvenes* trans tienen un mayor porcentaje en este sentido: el 86 % se ha planteado suicidarse y el 56 % lo ha intentado.[41]

Les jóvenes trans ya están en riesgo, sobre todo en temas de salud mental, y los estudios han descubierto que les niñes trans a quienes se les obliga a pasar por la pubertad natal sufren problemas mentales como depresión, autolesiones y tendencias suicidas.[42] También se ha descubierto que el acceso a los inhibidores puberales en la adolescencia está asociado con un menor índice de pensamientos suicidas a lo largo de toda la vida de una persona.[43]

Dicho con claridad: les niñes trans que quieren y toman inhibidores de la pubertad en la adolescencia tendrán menos probabilidades de suicidarse. Y los suicidios son mucho más peligrosos que cualquier efecto negativo que puedan causar los inhibidores.

Estamos omitiendo la pregunta clave, que no es «¿Qué pasa si los inhibidores puberales tienen efectos secundarios negativos?» (ya hemos visto que, según los estudios, no los tienen). Lo que deberíamos preguntarnos es: «¿Qué pasa si *no* proporcionar inhibidores puberales tiene efectos secundarios negativos?». En esta situación, la última pregunta es mucho más importante porque los estudios indican que *no* proporcionarlos puede tener consecuencias extremas e incluso letales.

Mito: *¡Muchos niños que dicen ser trans al final no lo son!*

Realidad: Sí, sí que lo son.

Negar que la identidad trans persiste es una de las refutaciones más habituales que recibo cuando hablo de la necesidad de proporcionar atención sanitaria de afirmación de género a les niñes que lo necesitan.

En diciembre de 2022 di un discurso en línea en un foro de las Alianzas de Género y Sexualidad en Nueva Jersey. Después di paso a la ronda de preguntas, como siempre. La cuarta pregunta la planteó un chaval joven que, según me dijo, estaba en segundo curso y también era trans.

—Mi madre no deja de enviarme artículos sobre gente que ha transicionado y que… no es feliz. Que siguen siendo infelices despues de la transición. Tiene miedo de que transicionar no sirva de nada. Y no sé qué decirle. Así que, bueno… —Hizo una pausa y aparecieron las lágrimas—. Tú eres un adulto trans. Por eso quería… Quería preguntarte si… si eres feliz.

Se echó a llorar antes de terminar. Yo también noté que se me formaba un nudo en la garganta. Tragué saliva y respiré hondo antes de responder.

—Gracias por tu pregunta. La respuesta es sí, sin duda. Soy un adulto trans feliz con una vida plena y próspera. Y habrá muches más de lo que tu madre haya podido encontrar. Por desgracia, les xadres tienden a leer artículos anecdóticos que a menudo están llenos de sensacionalismo y solo hablan sobre un par de personas. Pero no leen los estudios científicos. Y eso puede sesgar su perspectiva. —El chico asintió y se limpió las lágrimas—. Conozco a muchas personas trans adultas, pero, en general, no son tan visibles como quienes sufren o como quienes proclaman que se arrepienten y/o han detransicionado. Es importante reconocer esto: que la gente trans que está ahí fuera viviendo su vida se dedica, de hecho, a vivir su vida sin más.

—Tiene sentido.

—¿Existe gente trans que sigue sufriendo después de transicionar? Claro. Pero no porque la transición no «funcionara», sino por la transfobia. Vivimos en un mundo que trata con bastante crueldad a la gente trans y ni siquiera nuestra autoestima puede protegernos contra el dolor de la discriminación. Yo aún sufro transfobia, pero sé que soy más feliz cuando lidio con la antipatía de otra gente que con el desagrado que sentía hacia mí mismo. Una forma de responder con sencillez a tu pregunta es que mi transición ha traído mucha felicidad, satisfacción y, sobre todo, paz a mi vida.

Tanto por miedo como por rechazo, mucha gente optará por mencionar artículos sensacionalistas que demonizan la transición. Hay quien incluso citará un estudio y afirmará que «las investigaciones» o «los estudios» muestran que «los niños lo superan». Aunque mucha de esa gente no conocerá bien las fuentes que está citando, unos cuantos estudios de 2011 y 2012 sugirieron que la disforia de género infantil no perduraba hasta la adultez.[44, 45] Sin embargo, estas investigaciones tienen más de una década, hacen gala de una metodología cuestionable y, en algunos casos, fueron desmentidas más tarde, cuando se reexaminaron datos y se descubrió que lo contrario era cierto: la disforia de género sí que perdura.[46]

En 2018, varies investigadores publicaron una revisión de estos estudios más antiguos y descubrieron que eran escasos y deficientes: «Algunos de los primeros estudios en jóvenes de género expansivo son cuestionables en cuanto a su metodología», escribieron.[47] Los estudios no contaban con suficientes participantes (uno de ellos solo examinó a veinticinco participantes, mientras que otros más recientes examinaron a miles de personas) y gran parte de esa investigación no se ha repetido. Esto disminuye la veracidad y fiabilidad de los resultados.

Al leer estos estudios salta a la vista que les investigadores no afirmaron ni por un momento la identidad de las personas trans. El lenguaje y la terminología están desfasados y a menudo son tránsfobos (incluso para ser 2011 o 2012) y, además, se centran sobre todo en la sexualidad y no en la identidad de género. Un estudio se refería a les participantes solo con el género que les asignaron al nacer.[48] Investigaciones más recientes que hacen gala de una metodología íntegra señalan con claridad que la identidad trans perdura: la mayoría de les niñes que afirman ser trans siguen siéndolo. Les niñes trans son quienes dicen ser.

En 2021, les investigadores de la Facultad de Medicina de Harvard estudiaron a miles de personas (a 17.151, para ser exactes) que habían transicionado socialmente en algún momento de sus vidas. Una mayoría aplastante de gente (el 86,9 %) persistió en su identidad de género. Y lo que les investigadores descubrieron sobre el 13,1 % restante que detransicionó es incluso más esclarecedor. No es solo que la gente no detransiciona a menudo, es que, cuando lo hacen, no es porque no sean trans, sino por la transfobia y por presión social/interpersonal. Y la mayoría de las personas que detransicionan no se operaron ni tomaron hormonas; quienes pudieron acceder a la sanidad afirmante tienen menos probabilidades (como ocho veces menos) de detransicionar.

Examinemos con más atención los datos:

- **La detransición suele ser resultado de la transfobia, no de que alguien no sea trans en realidad.** El 82,5 % de las personas que detransicionaron lo hicieron por al menos un factor externo, como la familia o el estigma social. Solo una pequeña fracción (un 15,9 %) lo hizo por al menos un factor *interno*, como incertidumbre sobre su género. En resumen: la mayoría de la gente detransiciona por presión social, por transfobia, no por no ser trans.[49]
- **La detransición suele darse debido a la presión que ejercen nuestros seres queridos.** La gente joven que detransiciona lo hizo por la presión de sus progenitores, comunidad, sociedad, amistades o compañeres de piso, mientras que el razonamiento de otres participantes fue por responsabilidades como cuidadores o por presión de su cónyuge/pareja.[50]
- **Detransicionar es poco frecuente, sobre todo en personas que han pasado por una transición médica.** Solo un 2,1 % de quienes afirmaron su género (que «transicionaron») detransicionaron por un motivo interno, como incertidumbre acerca de su género o identidad trans, lo que significa que la gente que ha pasado por una transición médica tiene ocho veces menos probabilidades de transicionar que aquellas personas que solo transicionaron socialmente.[51]
- **La detransición suele ocurrir antes de los diez años, antes de que se tomen medidas médicas.** Recuerda que la mayoría de les niñes no tienen edad suficiente para someterse a una cirugía o tomar hormonas o inhibidores. La afirmación de género para la mayoría incluye un corte de pelo, cambiarse el nombre y el pronombre y un viaje a una tienda de ropa.[52]

Aunque un 86,9 % es la inmensa mayoría, también cabe destacar que en un trabajo más reciente, que estudiaba a les jóvenes trans, se descubrió una tasa menor de detransición: solo el 2,5 % de les niñes vuelven a la identidad cisgénero al cabo de un periodo de cinco años.[53]

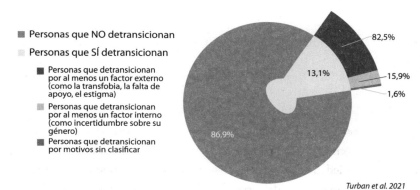

Turban et al. 2021

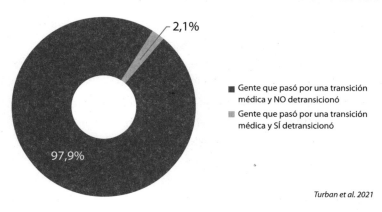

Turban et al. 2021

He leído y oído a muches polítiques irresponsables e ignorantes citar las (falsas) estadísticas donde «el 98 % de les niñes que dicen ser trans se dan cuenta de que no lo son». Cómo no, cuando se les insiste en que respalden esta afirmación con referencias y datos, no pueden, porque no es cierto. Los estudios ratifican que la identidad trans es una identidad persistente, no una fase pasajera o algo que les niñes superarán cuando crezcan. El problema no es que seamos trans, sino la transfobia.

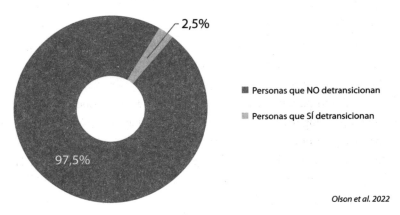

Olson et al. 2022

Mito: *Es posible que alguien se arrepienta y, por tanto, los niños deberían esperar a tener dieciocho años para tomar estas decisiones.*

Realidad: Una persona se puede arrepentir, pero es muy poco probable. Y el miedo al arrepentimiento no debería impedirnos tomar decisiones importantes que podrían mejorar nuestra vida.

«Pero ¿y si se arrepienten? ¡Hay gente que se arrepiente!». Sí, hay gente que lo hace. Pero, como hemos visto en los datos, esto solo ocurre en porcentajes pequeños.

Se me ha acusado a menudo de no contar las historias de la gente que detransiciona. Quiero que quede claro: la poca ocurrencia de la detransición no desacredita ni invalida las historias y luchas de las personas que detransicionan. Sus experiencias son válidas, pero defender la afirmación de género (ya que muchas personas no se arrepienten de haber afirmado su género) no borra la existencia de la detransición. Se trata de defender el acceso a este tipo de asistencia sanitaria.

—¿Sabes en lo que no se fija la gente sobre las personas que detransicionan? —me preguntó en una ocasión Ashlee Marie Preston (ella), amiga, activista y figura mediática—. En que casi siempre son personas blancas.

Para detransicionar hace falta que una persona haya podido transicionar. Es necesario tener une médique que crea que necesitas hormonas y te las proporcione. Es necesario tener asistencia sanitaria o dinero para pagar el tratamiento. Es necesario que une médique o psicólogue apruebe la cirugía y luego hay que pagar miles de dólares para operarse. En contra de lo que dicen sobre que les médiques recetan cirugía y hormonas como si fueran caramelos, la atención sanitaria de afirmación de género es, de hecho, muy difícil de conseguir para mucha gente.

Cuando en mis grupos de apoyo mensuales aparece el tema de la cirugía de afirmación de género, la mayoría de las veces es porque les participantes han pasado años esperando que se la concedan. *Años.* Para muchas personas trans, sobre todo para aquellas que experimentan una marginalización interseccional, oír esas historias sobre que «es demasiado fácil de conseguir» puede desconcertarles y hasta enfadarles. La mayoría de las personas trans que conozco han luchado con uñas y dientes para conseguir hormonas o cirugía. Hasta a mí me costó: me cancelaron la operación de pecho porque ningune médique ni terapeuta quería firmar la carta para dar su aprobación al procedimiento. Si a mí, una persona con la ventaja de tener xadres que me apoyan, recursos económicos y acceso a la sanidad, ya me costó pasar por esto, imagínate cuán difícil será para alquien con menos privilegios.

Por ejemplo, las personas negras y marrones ya sufren altos niveles de discriminación médica. Es menos probable que les concedan seguro médico, pero también suelen recibir atención sanitaria menos adecuada y apropiada, si lo comparamos con lo que les pasa a sus homólogues blanques.[54, 55, 56, 57] El racismo médico, combinado con la transfobia, puede dificultar que las personas trans negras y marrones tengan acceso a la afirmación de género. Si la mayoría de las personas que detransicionan son blancas es porque han tenido más posibilidades de acceder a este tipo de atención sanitaria. Y no, esto *no* significa que debamos reducir el acceso a ella, sino que siempre habrá pacientes para quienes ciertos tratamientos no son efectivos y siempre habrá médiques que tengan prejuicios y den diagnósticos erróneos.

En cuanto a las detransiciones, habrá progenitores descontentes que afirmarán que les médiques atendieron a toda prisa a sus hijes, que les dieron afirmación de género demasiado rápido y que no dieron los pasos necesarios para comprender a su paciente. Si fuera cierto, esto no significa que la atención sanitaria de afirmación de género deba criminalizarse ni que se restrinja su acceso, porque no deberíamos castigar a les pacientes por malas prácticas médicas. Lo que indican estas situaciones es la necesidad de una formación en competencias trans para les profesionales de la salud. Necesitamos una sanidad que esté mejor formada en cuestiones trans.

Por último, no debemos pasar por alto la parte más importante de todo esto: las personas que detransicionan suelen vivir para contarlo. Con casi un índice de suicidios del 40%, que se incrementa directamente por el rechazo familiar y la imposibilidad de conseguir hormonas de afirmación de género, les niñes que recibieron este rechazo o a quienes se les negó la atención médica necesaria no suelen *vivir para contarlo*.

En cuanto al «¿Y qué pasa si detransiciona?», los estudios sugieren que, si esa persona ha recibido bastante apoyo, no le pasará nada.[58] Cuando les jóvenes reciben ayuda durante todo el proceso de afirmación de género, volver a la identidad de género que les asignaron al nacer no es doloroso, sino una parte saludable y aceptada de la exploración de su identidad.

La mayoría de alarmistas hacen esta pregunta: «¿Y si se equivocaban sobre ser trans y se arrepienten de haberse sometido a la afirmación de género?». Pero yo te animo a que reflexiones sobre lo contrario: «¿Y si estaban *en lo cierto* sobre ser trans y se arrepienten de *no* haber conseguido afirmación de género?».

Mito: *¡Los niños son demasiado jóvenes para tomar estas decisiones que les cambian la vida!*

Realidad: Les niñes, y sus progenitores, toman decisiones que les cambian la vida todo el tiempo.

Mis xadres me apuntaron a natación competitiva cuando tenía ocho años. Con doce, entrenaba a las cuatro de la madrugada para poder hacerlo dos veces día, antes y después del colegio. En el instituto, pasaba todo mi tiempo libre bajo el agua; también pasé infinidad de fines de semana en competiciones que duraban toda la jornada. Me salté más clases que cualquiera de mis compañeres para asistir a competiciones en otras ciudades. Y luego me reclutaron para nadar en Harvard, Yale, Columbia, Princeton y Dartmouth. Apuntarme a natación fue una decisión que me cambió la vida y la encaminó en una dirección concreta. No me puedo ni imaginar cómo habría sido mi vida y cómo sería ahora sin esa decisión.

Puedo contar muchas más decisiones que tomé yo, o mis progenitores por mí, que me cambiaron la vida. Pero no vemos tentativas a escala nacional para prohibir que les xadres apunten a sus niñes a cualquier deporte (excepto, cómo no, a les niñes trans, pero esa es otra historia), que les envíen a universidades concretas o elijan clases o actividades extracurriculares por elles. ¿Y por qué no? Porque estas son decisiones personales que debe tomar cada persona.

«¡Pero no es cirugía!». Bueno, como ya he dicho antes, les niñes cisgénero reciben cirugías estéticas optativas y muches lo hacen incluso más jóvenes que las personas que se operan para afirmar su género. Y aun así no hay una brigada nacional en contra de esto, aunque la tasa de arrepentimiento de la cirugía estética es significativamente mayor que la de las operaciones por afirmación de género.[59]

Si evitamos hacer cosas importantes por miedo a arrepentirnos, entonces no haríamos nada. Debemos reflexionar sobre nuestras decisiones con seriedad y atención, e incluso debemos consultar con expertes cuando sea necesario. Después de eso, cada persona debe dar un salto de fe con la confianza de que, si la decisión acarrea un resultado desfavorable o inesperado, podrá pensar en una forma de dar el siguiente paso.

Si eres progenitore o una persona adulta cercana a une niñe trans, sigue leyendo. El siguiente capítulo explora más las dudas, el miedo y el temor sobre nuestras transiciones.

13

Lo que he aprendido sobre
ser trans... ¡de niñes!

Tras presentarse con su nombre y pronombre como había pedido, el chico preguntó:

—Tengo una pregunta… ¿Te gusta el queso?

La multitud en el pequeño instituto al oeste de Massachusetts estalló en carcajadas. El chico que había hecho la pregunta era un estudiante de primero que se había levantado cuando le di la palabra. Llevaba un jersey con cremallera y pantalones caquis. Incluso de pie, era más bajo que la mayoría de sus compañeres sentades.

—A ver, que lo digo en serio —añadió con gesto adusto mientras les demás se reían—. ¿Te gusta el queso? Porque a mí sí.

—Sí, lo cierto es que me flipa el queso —dije, intentando no reírme.

—¿Cuál es tu favorito? A mí me gusta el muenster.

—¡Ese también es uno de mis favoritos! También me gusta el pepper jack.

—¡Guay!

El chico se rio, se sentó y le pasó el micrófono a le profesore que tenía al lado.

Momentos como estos me hacen sonreír. Los públicos más jóvenes me preguntan por qué decidí nadar en vez de patinar, qué cereales son mis favoritos, qué se siente cuando la gente me trata mal, cuál es mi color o película de Marvel favorita y cosas así. No tienen miedo de hacerme preguntas sobre mi identidad trans, pero casi nunca se centran en ella y, cuando me preguntan algo, son cuestiones sorprendentes, profundas y puras. Se me han llenado los ojos de lágrimas más veces por la pregunta de une niñe que por la de une adulte.

Te dejo unos cuantos ejemplos de preguntas y comentarios reales que me han hecho estudiantes de primaria:

Si no te sentías cómodo en el baño de las chicas, ¿por qué lo usabas? Une niñe de parvulario me planteó esta pregunta en mi tercer discurso. Me hizo reflexionar. Allí estaba yo, en el suelo con nueve niñes sentades con las piernas cruzadas que aguardaban mi respuesta. La pensé bien. *Si te resultaba incómodo, ¿por qué lo hiciste?* Qué pregunta tan honesta. Ojalá nosotres nos lo preguntáramos más.

Si estabas asustado y a la vez emocionado por nadar en el equipo masculino, ¿eso significa que te sentías «ambivalente»?

¿La gente se burla de ti?

En mi colegio no nos burlamos de la gente que tiene un aspecto diferente. Y cualquiera puede usar el baño. Solo es un baño.

¡A mí me encanta nadar en estilo mariposa! ¿Y a ti?

Tanto las chicas como los chicos tienen el pelo largo. Tanto las chicas como los chicos tienen el pelo corto. ¡Está guay que la gente tenga diferentes aspectos!

¿Por qué la gente cree que ser trans es malo?

Los públicos de más edad (compuestos por progenitores, profesionales en activo, entrenadores y personal de administración) plantean preguntas casi exclusivamente sobre mi experiencia como persona trans o queer. Pero cuanta menos edad tenga el público, menos se centran las preguntas en mi género o sexualidad. Lo que plantean son cuestiones sobre toda mi persona. Les niñes son más capaces de ver todo mi ser (así como de preocuparse por mí cuando les cuento mi historia) que les adultes. Y creo que todo el mundo puede aprender de esto.

Cuando voy a un colegio, las personas adultas se suelen mostrar nerviosas por hablar de género e identidad de género con les niñes. «¡Pero esta cosa trans les confundirá! Esperad hasta que sus cerebros estén listos para procesar esta información», argumentan progenitores y profesores.

Bueno, dado que la identidad de género se solidifica en la infancia (entre los tres y cinco años, cuando sus cerebros ya están listos para estas cosas), deberíamos comenzar a hablar sobre género en los colegios, ¡e incluso en los parvularios!

Mis primes pequeñes tenían cuatro y nueve años en la época en la que empecé a contar a otras personas que era trans. Aunque se lo dije a mi tía y a mi tío y no hubo ningún problema, estaba bastante nervioso por revelar mi identidad a les niñes, sobre todo al más pequeño. ¿Qué palabras usaría? ¿Entendería el concepto?

Cuando se lo conté, resultó que fue bastante sencillo… para elles. No se ofuscaron en nada de lo que dije y empezaron a usar el género adecuado con más rapidez que cualquiera de las personas adultas.

En los años que llevo trabajando de esto he descubierto que esta facilidad de aceptar la identidad es consistente entre les niñes más pequeñes. Tras dar charlas en decenas de escuelas primarias he descubierto que necesitan explicaciones menos complicadas y extensas sobre el género.

Cuando hablo con niñes, les explico que soy trans de esta forma:

Cuando nace un bebé, les médiques lo miran y dicen: «¡Es una niña!» o «¡Es un niño!». Pero a veces no aciertan. Cuando nací yo, le médique me miró y dijo: «¡Es una niña!». Y todo el mundo se pensó que era una niña. Pero, al crecer, me di cuenta de que no era una niña en realidad y cuando se lo pude contar a la gente, dije: «¡No soy una niña, sino un niño!». Y eso es lo que significa ser trans. Yo no era la persona que me dijeron que debía ser. Ser trans no tiene nada de malo. Solo se lo tengo que explicar a la gente.

Si también tengo que hablar sobre personas no binarias, añado:

A veces, una persona no es ni niño ni niña. No acaba de encajar en ninguna de esas categorías, ¡y no pasa nada! Hay gente que está en medio o que no son ni niños ni niñas en absoluto, o a lo mejor son una combinación de los dos. A esas personas las llamamos no binaries. ¡Y ser no binarie tampoco tiene nada de malo!

No es habitual que les niñes, sobre todo si son pequeñes, tengan muchas preguntas después de oír esta explicación. En general, asienten con comprensión y están listes para pasar al siguiente tema. A veces me comentan con emoción su propia experiencia con el género y su relación con lo que les he contado. Es muy bonito.

En ocasiones nos olvidamos de que a les niñes se les dan de maravilla las emociones. Viven rodeades de emoción. Los seres humanos están neurológicamente «programados» para establecer conexiones. Les niñes no nacen con odio, sino que con el tiempo se les enseña a odiar. De hecho, nacen con una capacidad inmensa para amar.

«¡Pero confundiréis a los niños!». Sí, es posible que lo hagamos. Y todo irá bien. Todo irá *muy* bien.

Por desgracia, la confusión y el caos se suelen considerar malos, indeseados o un problema que solucionar. Pero la confusión y el no saber son justo lo que nos anima a crecer y a descubrirnos. El sistema escolar estadounidense tiene muchos defectos, y uno de los peores es que no deja espacio para que les niñes aprendan sobre sí mismes, sus emociones y sus identidades. Sin embargo, si podemos apreciar la confusión como algo positivo, como una forma de exploración, quizás este proceso no sea tan aterrador para le niñe y así la confusión se convertirá en otra herramienta para el descubrimiento.

He visto que la mayoría de les progenitores le tienen más miedo al mundo que sus hijes. Aunque empatizo mucho con este miedo, también quiero recordar a les xadres que nunca debería ser responsabilidad de le niñe mitigar y perpetuar el miedo de sus progenitores. Esa es vuestra responsabilidad como xadres. Devastado, he presenciado a xadres enseñar sus miedos a une niñe trans valiente, audaz y orgullose. Enseñarle a ser precavide y a tener expectativas realistas es importante (por su seguridad y su capacidad para navegar el mundo), pero enseñarle a temer el mundo solo porque le xadre lo hace es dañino.

Tras un discurso que di en un colegio en la Pensilvania central, una madre se me acercó a hablar sobre su hijo.

—Es muy audaz y los otros niños se van a burlar de él —me contó—. Me preocupa mucho su seguridad. Le da igual no hacer lo que hace el resto de los niños. O sea… Va al colegio con vestidos y quiere maquillarse… ¡No sé qué hacer!

—Gracias por compartir conmigo tus preocupaciones… —empecé a decir.

—¡No sé qué hacer! No debería vestirse así, ¿y si le hacen daño? —intervino antes de que pudiera continuar.

—Lo entiendo —dije con suavidad—. Sé que es difícil. Temes por el bienestar de tu hijo y eso es importante. Sé que te preocupas por él. Ese amor salta a la vista. Y sé que quieres protegerlo todo lo posible.

—¡Exacto!

—Es comprensible. Tienes miedo. Pero parece que él no ha adoptado aún ese miedo. Y no pasa nada. Hay una diferencia entre enseñarle a temer y enseñarle a ser juicioso. Una hará que se retraiga hacia dentro y la otra le permitirá ir por el mundo con una valentía preparada. Enséñale a ser prudente, cuidadoso. Enséñale a entender su entorno y su posición en el mundo. Pero no le enseñes que su identidad es algo que debe temer, algo de lo que debería preocuparse. Enseñar a un niño que debe tener miedo de sí mismo no le traerá felicidad ni seguridad emocional, sino todo lo contrario. Lo mejor que puedes hacer es ofrecerle un lugar seguro en casa. El mundo será cruel y terrorífico hagas lo que hagas. Pero sé que quieres darle esa seguridad.

—¡Claro que quiero! Pero ¿y los otros padres? ¡Dicen cosas crueles y estoy harta de que me juzguen! ¡No quiero que se burlen de él!

Era como si me suplicara.

—Y eso es válido. Pero, al final, no puedes controlar lo que hagan otros padres. Solo puedes controlar lo que tú haces. Si quieres que tu hijo cambie su forma de presentarse para que otras personas se sientan cómodas, entonces lo que estás haciendo es dar prioridad a las críticas de otra gente y al miedo que sientes tú por esas críticas, en vez de dar prioridad a la libertad de expresión y el bienestar de tu hijo. —La mujer se quedó en silencio, pensativa—. Sé que esa no es tu intención. Por lo que me has contado sobre tu hijo, sé que lo quieres mucho y deseas lo mejor para él. Y la forma de hacerlo es dejarlo ser él mismo… Confiar en que podrá descubrir esa parte por su cuenta. No le hagas cambiar para encajar.

También es importante recordar que dar espacio a les niñes para que se planteen su género y la expansión de sus identidades es un privilegio precioso, una oportunidad para que exploren y descubran más sobre sí mismes. Si mi identidad trans y la diversidad y posibilidad de mi género confunden a une niñe, tendrá un privilegio que la mayoría de las personas cisgénero no han tenido. Muchas personas adultas cis *nunca* se han cuestionado su género.

Por último, como siempre, te animo a plantearte la pregunta contraria. En general, nos interrogamos sobre lo siguiente: «¿Y si confundimos a les niñes al hablarles sobre la identidad trans?». Pero yo te pregunto: «¿Y si no les damos acceso a un lenguaje que les permita describirse precisamente porque no les hemos hablado sobre la identidad trans?». En el primer caso, lo peor a lo que se arriesgan es a estar un poco confundides, pero también obtendrán la posibilidad de autodescubrirse. En el segundo caso, nos arriesgamos a perder a eses niñes. La elección está clara.

14

Mear en paz: la gente trans y los baños

Durante un verano caluroso cuando tenía diez años fui a un campamento de verano en el Zoo Nacional que duraba una semana. Por aquella época, los animales eran mi mayor pasión e interés, y estaba muy emocionado por pasar toda una semana con ellos. Por desgracia, el campamento también implicaba hacer una cosa que temía: tratar con gente que no sabía que, en teoría, yo era una chica, lo que significaba decirles que era una chica.

Por aquel entonces, la gente me trataba en masculino si nadie decía lo contrario. Aún no había llegado a la pubertad. Llevaba el pelo corto, a lo «chico», y vestía casi siempre con pantalones cortos y camisetas, con lo que tenía el mismo aspecto que el resto de los chicos.

Aun así, como no había descubierto ni la palabra ni la identidad «transgénero», decía que era una chica. Con mucha angustia, me sentía obligado a corregir a la gente cuando pensaban que era un chico.

Una monitora del campamento decidió que su misión sería fastidiarme la semana. A pesar de que le dije en múltiples ocasiones que era una chica, no dejaba de molestarme en el baño.

Los primeros días me reñía con un tono de voz que me daban ganas de desaparecer.

—¿Seguro que eres una chica de verdad?

—Sí —respondía antes de encerrarme en un cubículo para orinar.

Al tercer día intenté beber menos agua y contener la vejiga todo lo que pude. Fue una idea horrible hacerlo en el bochornoso verano de Washington D. C. Pero, por suerte, trabé amistad con alguien. Y Seo-yeon (ella) no pensaba aguantar aquello.

—Voy contigo —declaró al tercer día y entrelazó su brazo con el mío—. Venga.

Nos condujo al baño de mujeres con la cabeza bien alta.

—Los *chicos* no pueden entrar aquí —se burló enseguida la misma monitora.

—Es una chica —dijo Seo-yeon en voz alta—. No sé qué más quieres. Cierra el pico y déjanos en paz.

Atónita, la monitora no dijo nada. Seo-yeon me arrastró orgullosa a los cubículos.

No sé qué cara puse, pero por dentro sentí calidez. Daba igual que la etiqueta «chica» siguiera sin encajar conmigo. Me alegraba de tener a alguien de mi lado. Me sentía protegido.

Durante el resto del campamento, Seo-yeon y yo fuimos al baño a la vez. Si alguien me decía algo, ella gritaba hasta que me dejaba en paz. Gritaba *de verdad*.

Por desgracia, no tuve a Seo-yeon para que me acompañara a más baños durante el resto del instituto. Aunque mis compañeres de clase sabían que se suponía que era una chica, no dejaban de reprenderme en el baño de chicas del insti.

—¿Qué haces aquí? Es el baño de *chicas* —me decían con desagrado. No había nada que me hiciera sentir peor.

—Soy una chica. —Mi respuesta apenas era audible, porque ni yo estaba seguro sobre esa afirmación.

Ir al baño se convirtió en una experiencia terrorífica. Intentaba aguantarme la mayoría de las veces, pero, si no podía, corría hasta el otro extremo del instituto, donde estaba el baño individual para profesores. Prefería arriesgarme a meterme en un lío por usar ese baño que enfrentarme a las reprimendas de todas las chicas del instituto.

Cuando no me quedaba otra opción que usar los baños para chicas, aguardaba hasta asegurarme de que no había nadie. Me daba la sensación de estar colándome. Me acercaba a la puerta y la abría despacio. Si había una chica dentro, ponía cara de espanto al percibir mi masculinidad y yo gritaba «¡Perdón! Me he equivocado de baño» y seguía andando por el pasillo como si hubiera cometido un error. Luego lo intentaba de nuevo.

Nunca olvidaré el sonido de las puertas pesadas del baño abriéndose y el ritmo acelerado de mi corazón cada vez que intenté mear en paz en el instituto.

Este miedo inculcado se extendió fuera de los muros del instituto a los baños de las tiendas, de los aeropuertos y al vestuario de la piscina. En los baños públicos, las mujeres no solo me gritaban a mí, sino también a mi madre.

—¿Cómo te atreves a traer a tu *hijo* al baño de mujeres? ¡Es demasiado mayor! —le decían con desprecio.

—Es mi *hija* —replicaba ella. Yo me encogía.

Con el tiempo, me negué por completo a usar un baño público. Cuando volaba, esperaba a subir al avión para usar el baño individual y sin género. En la piscina, aprendí que si me ponía el traje de baño en el coche podía usarlo como símbolo de que pertenecía al vestuario de chicas. Bajaba de un salto del coche verde brillante con una mochila verde neón. A quince pasos de la puerta del vestuario, me colgaba la mochila de un hombro y me quitaba la camiseta para dejar expuesto el bañador. Esa era mi entrada para acceder al baño sin que me hostigaran.

Años más tarde, cuando me preguntaron al fin qué baño quería usar, enseguida dije que el de hombres. No recuerdo en cuántos baños de mujeres *no* me han hostigado. En cambio, el baño de hombres (en su asquerosa gloria empapada de pis) siempre ha sido como un refugio extraño para mí.

Las personas trans y nuestro derecho a usar el baño que elijamos ha sido un tema candente durante años. La controversia sobre permitir que las personas trans usen el baño acorde con nuestra identidad de género fue sin duda el primer gran ataque legislativo que inauguró la tanda creciente de leyes antitrans.

Pero, cómo no, es mucho más probable que las personas trans sufran daño en los baños, como me pasó a mí, que sean ellas la causa del daño. Por desgracia, este no es el mensaje que recibe la mayoría de la gente, así que vamos a dedicar un tiempo a desmitificar esta propaganda.

Mito: *Permitir que la gente transgénero use el baño es una amenaza para la seguridad pública.*

Hecho: Los veintidós estados y más de trescientas ciudades en Estados Unidos que incluyen a las personas LGBTQ+ en sus normativas antidiscriminación para los espacios públicos no han visto un aumento en los incidentes que conciernen a la seguridad pública como resultado de sus normativas.[1,2]

Mito: *Dejar que las personas trans entren en los baños tendrá como resultado un aumento de las agresiones sexuales, sobre todo de mujeres en los baños de mujeres.*

Hecho: Las leyes antidiscriminación no han hecho que aumenten las agresiones en los baños. Un estudio realizado por el Williams Institute en 2019 descubrió que no existía ninguna correlación entre la aprobación de las leyes antidiscriminación (como las que protegen el derecho de las personas trans a usar los baños que elijamos) y la frecuencia de los incidentes delictivos en baños, vestuarios o cambiadores.[3]

Mito: *Permitir que les estudiantes trans usen el baño que se corresponde con su identidad de género prioriza a les estudiantes trans por encima de les estudiantes cis y su seguridad.*

Hecho: No solo es más probable que les estudiantes trans sean quienes sufran agresiones en vez de les cis, sino que, además, un estudio reciente muestra que les estudiantes trans corren más riesgo de agresión sexual en los centros educativos donde se les impide usar el baño que se ajusta a su identidad de género (un 35 %) que en aquellos donde se les permite usar el baño que les corresponde (un 26 %).[4, 5, 6]

Incitar pánico sobre los baños y la supuesta amenaza a la seguridad de las mujeres y chicas cis fue una táctica que emplearon los republicanos en 2014 en Houston, Texas. El ayuntamiento había aprobado la Houston Equal Rights Ordinance (Ordenanza para los Derechos Igualitarios), que prohibiría la discriminación en los lugares de trabajo, los servicios de vivienda y en espacios públicos por distintas características, entre las cuales se incluían la identidad de género y la sexualidad. El objetivo de esta ordenanza era mejorar la protección para los individuos LGBTQ+, porque en al menos dieciocho estados era legal (y sigue siéndolo) disparar a una persona por ser queer o trans.[7, 8, 9] Fíjate en que esto no ha cambiado mientras escribo este libro. En cuarenta estados, les estadounidenses LGBTQ+ no están completamente protegides; en dieciocho estados, les empresaries pueden despedir legalmente a une empleade por ser trans; en veinte estados, les propietaries pueden rechazar a une inquiline por ser trans; en treinta estados, les estudiantes pueden sufrir legalmente discriminación por ser trans; en cuarenta estados, pueden echar a una persona de un jurado por su identidad de género.[10]

A esta ordenanza de Houston le iba muy bien hasta que les republicanes «empezaron a asustar a la gente sobre los baños».[11] Argumentaron que esta normativa antidiscriminación haría que las personas trans usaran el baño que se correspondiera con su identidad de género, con lo que abrirían las puertas para aquellos individuos malvados y depravados que se aprovecharían de esta ley con tal de hacer daño a las mujeres. El argumento era que los hombres (cis) se disfrazarían como mujeres trans para poder acercarse a mujeres en los baños con el objetivo de agredirlas sexualmente.

Respiremos hondo. Este tema se pone intenso enseguida y por eso esta táctica de miedo es tan efectiva.

Las prohibiciones para acceder a los baños se convirtieron en el foco de atención en 2016 cuando los republicanos repitieron estas técnicas para aprobar la HB2 en Carolina del Norte, una normativa que restringía el acceso a los baños públicos para que la gente usara el baño que se correspondiera con su indicador de género en el certificado de nacimiento, con el objetivo explícito de prohibir que las personas trans usáramos baños según nuestra identidad de género. Emplearon los mismos argumentos para reforzar su caso: *¡Si dejamos que las personas trans usen los baños que quieran, los hombres cis (disfrazados de mujeres) se aprovecharán de esto y harán daño a las mujeres!* ¡Hombres cis!

La ironía sería graciosa si no fuera tan dañina. Es mucho más probable que las personas trans sean agredidas en baños y, pese a todo, estos argumentos están hechos para pintar a la gente trans o disidentes del género como agresores.

Estos argumentos se olvidan de un punto vital y flagrante: no importa quién cometa una agresión sexual ni dónde lo haga, porque *las agresiones sexuales siguen siendo ilegales y constituyen un crimen.* A estos criminales les va a dar igual qué es o no es ilegal. ¿De verdad creéis que tienen la ley en mente cuando deciden atacar sexualmente a una persona? «Ah, vaya, ahora es más legal para mí entrar en el baño de las mujeres, así que voy a entrar legalmente en ese baño para poder cometer una de las ilegalidades más atroces que existen».

Terry Kogan (él), un investigador de Derecho de la Universidad de Utah, ha analizado con exhaustividad la historia de los baños segregados por género y nos recuerda que estos agresores «no esperan que les concedan permiso para disfrazarse como mujeres y entrar en un baño».[12] Kogan también señala un hecho histórico de importancia: los baños segregados por género surgieron a partir de la creencia sexista de que las mujeres tenían que estar en casa, eran más débiles y necesitaban protegerse de «las duras realidades de la esfera pública».[13] Incluso el propósito original de los baños segregados está anclado en el patriarcado y la misoginia.

La histeria de los baños parece relacionar a las personas trans con la perversión, una táctica intencional de manipulación que busca demonizarnos de cara al público, de pintarnos como el otro, como personas perversas, peligrosas. Pero en la realidad no hay pruebas de que las personas trans compongan un número significativo de agresores sexuales (o de cualquier tipo de agresores, ya que estamos). Ocurre todo lo contrario: comparadas con las personas cis, es mucho más probable que las personas trans sufran agresiones sexuales.[14] Una de cada tres mujeres (presuntamente cis*) y uno de cada cuatro hombres (presuntamente cis) sufrirán agresiones sexuales,[15] mientras que una de cada dos personas trans sufrirá agresiones sexuales.[16, 17, 18, 19]

Puede que te hayas fijado en que el pánico sobre los baños fue incitado por políticos de derecha; según las estadísticas, es más probable que ellos mismos sean agresores sexuales (recuerda el Capítulo 12). Este pánico fabricado pasa por alto la raíz del miedo que están inculcando: si temes que los hombres (presuntamente hombres cis) se disfracen de mujeres con tal de agredirlas, entonces tienes miedo de los hombres cis tóxicos abusivos. No tienes miedo de las mujeres trans. Son los mismos hombres que perpetúan el patriarcado los que propagan este pánico sobre el patriarcado al demonizar a las personas trans, cuando ellos mismos son los auténticos agresores.

El miedo de los hombres cis a su propio comportamiento despreciable es explícito: en mayo de 2023, cuando la Casa de Representantes de Illinois aprobó una ley que permitía a los negocios crear baños para todos los géneros, el senador republicano Neil Anderson (él) dijo que «daría una paliza» a cualquier hombre que estuviera en el baño con su hija y declaró que: «Esto provocará que los padres como yo se pongan violentos».[20]

---

* Los estudios generales sobre la población suelen analizar de un modo desproporcionado a la población cis. Por este motivo, aunque estas estadísticas no digan «mujeres cis» ni «hombres cis» de forma explícita, es muy probable que los datos recogidos provengan sobre todo de personas cis.

Si eres una persona que ha temido por la seguridad de las mujeres y las chicas a las que quieres a manos de una persona trans, es imperativo que reconozcas que las personas trans no son una amenaza intrínseca.

En realidad, los hechos muestran que hay más posibilidades de que la persona que agreda a tu hija o hije sea alguien que ya conozca o incluso un miembro de la familia. Entre un 90 % y un 93 % de las víctimas infantiles de agresión sexual conocen a su atacante; entre un tercio y la mitad de los agresores son familiares.[21, 22] Solo un 7 % de los agresores son desconocidos. El 88 % son hombres.

Resumámoslo todo en palabras sencillas: la gente que tiene más probabilidades de abusar de tu hija son los hombres cis que ya están en su vida: su padre, su padrastro, su abuelo, su tío, su hermano, el novio de su madre u otros amigos.

Si aplicáramos el mismo alarmismo a estos datos, entonces deberíamos prohibir la entrada a todos los hombres cis de los hogares donde haya mujeres y niñes. Esto, además de imposible, también es poco razonable.

Debemos dejar de castigar a los grupos marginalizados por el comportamiento tóxico de los hombres cis. Es válido temer a los hombres cis, ya que el patriarcado es lo que más daño ha causado a la mayoría de la gente durante muchísimo tiempo. Pero la solución a que los hombres cis se aprovechen de la ley no es quitarles los derechos a las personas trans. La solución es enseñar a los hombres a ser mejores.

¡Nos da igual cómo se identifique, no quiero que una persona con pene entre en el baño con mi hija!

Por desgracia, he oído bastante este comentario. En primer lugar, presupone que todas las mujeres trans que te encuentres en el baño tendrán pene, lo que es falso. En segundo lugar, independientemente de los genitales de una persona, si tú te preocupas por los genitales con los que está meando no es problema de esa persona, sino tuyo.

No hay inspecciones obligatorias para entrar en un baño y, si las hubiera, sería una violación absoluta de nuestra privacidad. No sabes el aspecto que tienen los genitales de todas las mujeres que hay en el baño ni deberías saberlo. Se llaman «partes íntimas» por algo.

Hay gente que comparte el daño que ha sufrido a manos de una persona con pene, y ese es el motivo de sus miedos. Este dolor, por supuesto, es muy válido. Pero no significa que debamos discriminar a las mujeres trans o investigar los genitales de otras personas. Es decir, si un hombre asiático atacara a una persona, y esa persona desarrollara miedo hacia los hombres asiáticos u hombres que se parezcan a su atacante, esto no haría que prohibiéramos que todos los hombres asiáticos salieran a la calle. No es justo. Y tampoco significa que la persona que sufrió este daño sea menos válida por su miedo. Estos sentimientos tienen sentido, pero deberíamos tratarlos en terapia, no prohibiendo a todas las personas que se parezcan a la que la atacó.

Permitir mear en paz a las personas trans *no* es una amenaza para les demás.

15

Ligar siendo trans

—Hay muchas formas de salir con alguien —empecé a responder a la pregunta—. Puedes salir con alguien a largo plazo, como mis xadres, que llevan casi cuarenta años de matrimonio. Puede ser algo más corto que eso, claro. Unos cuantos años o incluso unos cuantos meses. —El público seguía mi razonamiento, aunque no sabía a dónde quería ir a parar—. Y luego puedes salir con alguien muy a corto plazo. Unas semanas, quizás, o unos cuantos días... o incluso unas cuantas horas... o minutos, según lo que se tarde en... —Les espectadores estallaron en carcajadas. Sonreí—. Vale, vale. Lo entendéis. Estamos en la misma página. Genial. Así pues, hay muchas formas de salir con alguien. Cada persona se las apañará de un modo distinto según la situación y el tipo de cita.

Esta es una respuesta practicada que he ofrecido cientos de veces, porque una de las preguntas más frecuentes que me hacen en el escenario es sobre ligar: si salgo con gente, cómo lo hago, qué tal es eso de ligar, si estoy en una relación, si practico sexo, cómo lo practico y cómo es el sexo para la gente trans. En general, suelen ser preguntas muy invasivas tanto para personas cis como trans. Pero creo que son importantes a la hora de hablar de la gente trans, así que entiendo por qué generan curiosidad.

Antes de profundizar en las respuestas, debo recordarte que no todas las personas trans estarán dispuestas a responder este tipo de preguntas. La mayoría no lo hará, y deberás respetar a quienes decidan no contestar. Me imagino que no vas por ahí preguntando a personas cis al azar si tienen citas o qué tipo de postura les gusta en la cama, porque eso sería muy inapropiado, invasivo, raro y de mala educación. Así que concede la misma cortesía y respeto a las personas trans.

La respuesta corta a este tipo de preguntas es que sí que he tenido citas, he practicado sexo y ahora estoy casado. He tenido varias relaciones, en general de larga duración. En estas relaciones, he recibido varios comentarios tránsfobos, desde una novia que me dijo que soñaba conmigo con otros genitales, hasta otra que me rechazó por completo por ser trans, y otra que declaró que mis partes no eran muy masculinas.

He tenido pocas relaciones de corta duración (aventuras de una noche y similares) y me resulta difícil saber si hubiera explorado más estas situaciones de no ser trans. Aun así, estoy seguro de que ser transgénero contribuyó a que me sintiera nervioso y vacilase a la hora de buscar algo corto o concretamente sexual cuando no estaba en una relación larga.

Aunque soy trans, a veces la gente se piensa que soy cisgénero y en las fiestas universitarias o en otras situaciones en las que era habitual ligar con alguien temía el momento en el que tuviera que revelar mi identidad trans. ¿La otra persona se enfadaría o se pondría violenta? Esto último era menos probable, dado que aquí se dan dos verdades. La primera es que soy un hombre trans y no una mujer trans. Las mujeres trans tienen más posibilidades que los hombres trans de sufrir violencia (a veces incluso letal) cuando salen con personas cisgénero. Y la segunda es que he salido sobre todo con mujeres y, por estadística, es menos probable que ejerzan violencia en relaciones interpersonales.

Aun así, nunca sabía cómo sería el momento y, en muchas ocasiones, no tenía ganas ni estaba listo para descubrirlo. En vez de arriesgarme e ir a entornos en los que interactuaría con personas desconocidas, para ligar solía acudir a espacios donde mi identidad trans ya se supiera. Esto incluía amistades preexistentes y aplicaciones de ligue en línea.

Por lo que he visto como mentor y como persona que se ha relacionado con otras personas trans, mi experiencia no es ni única ni poco frecuente. Por desgracia, he descubierto que la mayoría de las personas trans se han encontrado con dificultades a la hora de ligar, sobre todo por miedo al rechazo y las posteriores consecuencias, como la violencia. Esta transfobia (y sí, creo que es transfobia) puede tener repercusiones profundas y dolorosas en la autoestima de una persona trans y en su sentido de la pertenencia.

Muches de mis clientes trans me han dicho que sus progenitores creen que su hije no encontrará a una pareja que le quiera por su identidad trans. Una cantidad desoladora de gente trans ha oído a sus xadres decir: «Si dices que eres trans, no te querrá nadie». Muches progenitores incluso me han comunicado directamente esta preocupación: «Tengo miedo de que nadie quiera jamás a mi hije». Esto me indica que ese miedo surge del amor, pero, por desgracia, no es amor lo que se transmite aquí y le hije acaba sintiéndose marginade e insignificante.

Cuando hablo con xadres, les recuerdo que crear un espacio de amor en su hogar es muy importante para luchar contra la transfobia externa. Y que replicar esa transfobia en casa nunca sanará ni protegerá a su hije. Luego profundizaremos en las implicaciones que acarrea esta transfobia, tanto a la hora de ligar como en la vida misma.

«¡NO QUERER SALIR CON GENTE TRANS NO ES TRANSFOBIA, SINO UNA CUESTIÓN DE GUSTOS!»

En marzo de 2021, un video que describía una «nueva sexualidad» se volvió viral en TikTok. En él, un chico afirmaba que se le había ocurrido el término «superhetero», una sexualidad que excluye a la gente trans porque este chico estaba cansado de que lo llamaran tránsfobo. Cuando le preguntaron sobre salir con mujeres trans, dijo en el video: «Para mí no es una mujer real. Yo quiero una mujer real. [...] Así que por eso ahora soy superhetero. [...] No pueden decir que soy tránsfobo porque esa es mi sexualidad, ¿sabéis?».[1] Borraron su cuenta de TikTok por violar las normas de la comunidad.

Pero, por desgracia, el movimiento continuó. Un número decepcionante de personas se apuntaron a la moda y enarbolaron su «superheterosexualidad». Miles se unieron a un subreddit para «superheteros» y ahí dieron rienda suelta a su profunda transfobia. Algunes incluso afirmaron que sufrían «superfobia» y describían la «opresión» que vivían por su supuesta sexualidad. Desde entonces, este foro ha sido bloqueado por «promover el odio».[2]

Aunque la etiqueta «superhetero» tenía el objetivo explícito de excluir a la gente trans por nuestra identidad (y es, por definición, tránsfoba), el argumento de que «es solo una cuestión de gustos» sigue siendo, de lejos, el que más he oído para intentar validar el rechazo hacia las personas trans por nuestra sexualidad.

«Es solo una cuestión de gustos». Pero, por desgracia, no es así de simple.

A un nivel básico, «gustos» aquí suele referirse a los gustos en cuanto a genitales: hay quien dice preferir salir con hombres con pene y hay quien prefiere salir con mujeres sin uno. «Superhetero» y otras ideologías similares usan esta «preferencia» para declarar que no saldrían con personas trans y se basan en el supuesto de que los hombres trans no tienen pene y las mujeres trans sí. Pero incluso este supuesto es falso: hay hombres trans con pene y mujeres trans sin él.

Aparte de este error, incluso el concepto de «gusto» genital es simplista. Si viviéramos en un mundo perfecto sin transfobia, entonces sí, sentir atracción solo hacia ciertos genitales podría ser «una cuestión de gustos». Pero ocurre que *no vivimos en un mundo ideal.* Vivimos en un mundo racista, sexista, misógino, homófobo y muy tránsfobo. Nuestros gustos no se forman en un vacío social. Nuestros gustos nacen y surgen en un mundo cargado de opresión sistémica y una gran injusticia hacia ciertas identidades. Dado todo esto, creo que es imposible sacar esa «cuestión de gustos» de la opresión sistémica (en este caso, la transfobia) que está presente en nuestras vidas.

Piensa en todas las excusas que se dan sobre la raza: «No soy racista, es que no me gustan las mujeres negras» o «No estoy en contra de los asiáticos, es que no me gusta salir con hombres asiáticos» y demás. Nadie te obligaría a salir con alguien que no quieras, pero estos «gustos» siguen siendo racistas por naturaleza. Nacen a partir de un sistema de opresión y contribuyen a que este crezca para seguir discriminando y marginando a las personas negras y a otras personas racializadas. Y es lo mismo que la decisión de no salir con gente trans.

Una persona puede elegir no salir con nosotres y esa decisión sigue siendo tránsfoba.

Si un hombre trans no tiene pene es por una razón: porque es trans. Si una mujer trans tiene pene es por una razón: porque es trans. Rechazar a una persona trans por sus genitales es, por tanto, una forma de rechazarla por su identidad trans.

Aparte de las definiciones, te animo a que pienses en el tema del sexo y las citas para las personas que no son trans. Como he dicho antes, la mayoría de la gente cisgénero no inspecciona los genitales de una posible pareja antes de decidir si salir o no con ella. Aunque para muchas personas la química sexual es importante para su relación, la mayoría lo van averiguando sobre la marcha. Hay gente que compra lo que no tiene. Hay quienes aprenden lo que le gusta a la otra persona. Y cortan si aquello no les mola.

Además, el argumento de los «gustos genitales» pasa por alto que las personas cisgénero también tienen variaciones genitales. La creencia de que otra forma de presentación genital es inaceptable o desagradable no se puede separar de la transfobia que nos impone la sociedad.

▉▉▉▉▉ No estoy de acuerdo con matar a nadie por esto, pero para nada. Aunque sí tengo una pregunta. Ni siquiera las personas trans se ponen de acuerdo sobre si tienen o no la obligación de revelar sus genitales o su condición como trans en el caso de que haya un encuentro sexual. Si los genitales de la persona no encajan con las expectativas de la pareja, ¿acaso la pareja tiene fundamentos legítimos para retirar su consentimiento o esto es tránsfobo? Personalmente, creo que siempre deberías estar en tu derecho de retirar tu consentimiento y no tiene por qué ser necesariamente tránsfobo no sentir deseo sexual por ciertos genitales, porque mucha gente no se excita al ver algunos en concreto. Pero he oído argumentos sobre que no es una razón legítima para detener un encuentro sexual y que hacerlo es tránsfobo. Yo no lo tengo claro y, la verdad, busco más información u opiniones sobre esto.

1d   21 likes   Reply   Message

 pinkmantaray ✓ ▉▉▉▉▉
Para mí, la respuesta corta a estas dos preguntas es: sí. Sí, que los genitales de una persona no cumplan tus expectativas es una razón legítima para retirar tu consentimiento, pero porque ¡CUALQUIER razón es legítima! Cualquier persona puede retirar su consentimiento por lo que sea en cualquier momento. Y sí, el motivo también puede ser tránsfobo (o, en otras situaciones, racista, clasista, capacitista, etc.). En este caso, para mí es tanto legítimo como tránsfobo retirar el consentimiento por los genitales de una persona trans. (Piensa en la definición de transfobia: discriminación por la identidad trans de una persona. Si alguien decide rechazar a una persona porque sus genitales no son los que esperaban por ser trans, entonces está rechazando a esa persona por su identidad, la misma definición de transfobia. Te diré que un acto tránsfobo es eso, un acto. No define tu personalidad. Y 201 no es una sentencia al infierno ni eres mala persona. Pero, para mí, y por la definición de antes, esto es tránsfobo).

23h   33 likes   Reply

«¡PERO YO QUIERO TENER HIJES Y LA GENTE TRANS NO PUEDE! ¡MI RECHAZO NO ES TRÁNSFOBO!»

Esta es complicada. En pocas palabras, pensar que una persona trans no puede tener descendencia biológica no siempre es correcto, ya que mucha gente trans sí puede dar a luz o contribuir a ello. Además, entre un 9% y un 17% de la población mundial tiene problemas de fertilidad.[3, 4] Este porcentaje es mayor que el de personas trans en el mundo. Cuando sales con alguien, te arriesgas a que tu pareja o tú seáis estériles o tengáis dificultades a la hora de concebir une niñe en vuestros cuerpos. Como resultado, muchas parejas cisgénero optan por otras formas de tener niñes y criarles. Rechazar a una persona trans (o a cualquier persona, sin importar su historia con el género) solo por su capacidad de tener hijes parece cruel y poco razonable.

• • •

Si estás a la defensiva o incluso te has enfadado porque piensas que tus gustos no son tránsfobos, tómate un momento. A lo mejor necesitas consultar el Capítulo 9 y repasar los pasos que te he enseñado. Respira. Esto no es un ataque ni una forma de denigrarte. Puede que por dentro estés gritando: «¡No soy mala persona solo por no querer salir con alguien trans!». No, no eres mala persona. Eres una persona que se ha criado en un mundo tránsfobo y tus «gustos» son inextricables de este mundo. Etiquetar una acción como tránsfoba no significa necesariamente que seas una persona horrible ni te impide seguir haciendo esa acción. Quiero decir, hay quien actúa con transfobia y, pese a eso, puede no ser una persona horrible que odia a toda la gente trans.

Seguro que la mayoría de la gente (¡incluso las personas trans!) tiene un sesgo tránsfobo, a menudo inconsciente. ¿Por qué? ¡Porque todes vivimos en un mundo tránsfobo! Debemos reconocer por lo menos que ese sesgo (in)consciente existe.

«¡ESTÁIS OBLIGANDO A LA GENTE A FOLLAR CON PERSONAS TRANS!»

En las múltiples ocasiones en las que he hablado sobre este tema por Internet o en persona he recibido comentarios como este, según los cuales, al declarar que los «gustos genitales» son en esencia tránsfobos, estoy negando a una persona su capacidad de consentimiento. Esto, además de estar muy lejos de la verdad, es otra táctica de manipulación para demonizar a las personas trans y consolidar la narrativa de que las personas trans son depredadores depravados.

No puedo recalcarlo más: decir que algo es tránsfobo (o racista, clasista, capacitista o cualquier otro tipo de discriminación) *no* niega la capacidad o habilidad de una persona de consentir a algo. Decir que algo es tránsfobo es decir que algo es tránsfobo. Punto. A lo mejor también implica animar a la otra persona a analizar sus sesgos inconscientes y desenredarse de la transfobia sistémica que ha procesado sin saberlo y quizás sin pretenderlo. Pero, aun así, cualquier persona puede retirar su consentimiento por cualquier motivo en cualquier momento, y es una decisión que siempre debería respetarse. Y, sin embargo, esa decisión también puede ser por transfobia y por un sesgo tránsfobo.

 A ver si lo he entendido… Si una mujer trans que no se ha cambiado los genitales decide no contar que aún tiene polla y deja que el tío se la lleve a la cama, a sabiendas de las expectativas de él y las ganas que tiene ella de seguir con el tema, ¿es el tío el culpable cuando descubre que tienen los mismos genitales y no quiere seguir? ¿Lo he entendido bien?

1d   8 likes   Reply   Message

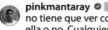

> **pinkmantaray** ✓ ▓▓▓▓▓ Esto no tiene que ver con si quiere tener sexo con ella o no. Cualquier persona puede retirar su consentimiento en cualquier momento por cualquier razón. No os estamos diciendo que la gente deba tener sexo sí o sí con una persona trans después de saber que es trans. Lee el post. En él hablo de que nadie debería enfadarse NI MATAR cuando se entera de nuestra identidad.
>
> 1d   164 likes   Reply

«SI ME INTERESA SALIR CON UNA PERSONA TRANS, ¿CUÁNDO DEBERÍA PREGUNTARLE SOBRE SUS GENITALES?»

Espero que leas esta pregunta y enseguida te des cuenta de lo invasiva y ridícula que es. Si de verdad te interesa una persona, no debería importarte el aspecto de sus genitales. Si te interesa solo por los genitales, eso no es salir con alguien y seguramente no deberías buscar una relación. A lo mejor estás fetichizando y/o necesitas reevaluar tus prioridades. Recuerda que no es una práctica estándar ni aceptada pedir información sobre los genitales de una persona en la primera cita.

Aun así, muchas personas se seguirán preguntando si es apropiado, cuándo es apropiado y cómo hay que preguntar a una persona trans con la que sales o en la que estás interesade en salir sobre sus genitales, con lo que aquí tenéis mi respuesta: que elle os lo diga. Si te interesa esa persona por algo más que sus genitales, entonces la respuesta no debería importar.

16

«Me has mentido»: revelar que eres trans

Lo que sigue es un correo que recibí de une seguidore hace unos años.

Jue 20/08/2020, 13:39, «Censurado» <censurado@censurado.com> escribió:

¡Hola!

Te llevo siguiendo un par de meses para intentar aprender a contribuir más.

Hace poco, subí un post a mis stories que decía «LAS VIDAS NEGRAS TRANS IMPORTAN». Una persona que conozco respondió que debería decir sin más «Las vidas negras importan». Respondí que debíamos recordar a la gente que las vidas negras trans importan porque a menudo matan a estas personas por su identidad. Él respondió que a las mujeres trans las matan porque a menudo intentan engañar a los hombres. Hubo más comentarios igual de horribles.

Quería saber si existe un sitio donde pueda encontrar formas de responder cuando la gente suelta mierdas así. Me da la sensación de que necesito más munición.

Mil gracias.

Por desgracia, este tema no me resulta ni nuevo ni sorprendente.

Es como si me hubieras mentido.

¿Por qué no me lo dijiste?

¿Has fingido todo este tiempo?

Sorpresa, desdén y traición parecen ser reacciones habituales que la gente trans recibe (sobre todo las mujeres) cuando elige revelar su identidad trans a alguien que había presupuesto que era cisgénero. Muchas personas eligen no contarlo por múltiples razones, pero en la mayoría de los casos es por una cuestión de seguridad y tranquilidad.

Vivir sin revelar intencionalmente tu identidad trans se suele denominar «*living in stealth*» o a veces «*being/going stealth*».* El término «*stealth*» evoca sentimientos complejos en la comunidad trans. Aunque muchas personas aprueban su uso, otras no. «*Stealth*» puede asociar a las personas trans con un engaño intencional, artimañas o perversión, cuando en realidad las personas trans *stealth* no intentan engañar ni mentir, sino solo sobrevivir. Yo casi nunca uso esta palabra, pero no creo que sea mi lugar determinar si otras personas trans deberían utilizarla.

Incluso después de ocho años siendo una figura pública y luciendo mi identidad trans con toda la obviedad de la que soy capaz (como en la universidad, que iba casi desnudo con un bañador masculino), a veces aún siento miedo de compartir que soy trans. Nunca sabemos cómo reaccionarán otras personas o el extremo de su rechazo. En 2015, una encuesta sobre la experiencia trans realizada en Estados Unidos descubrió que la mitad de las personas encuestadas recibieron acoso verbal en el último año por ser trans y casi un 10 % recibió ataques físicos por serlo.[1] En muchas ocasiones, las personas trans tenemos miedo de compartir que somos trans, y con razón.

---

* A falta de un término asentado en español para este concepto, existen múltiples traducciones posibles, como «vivir en secreto», «vivir de incógnito», «llevar una vida furtiva», etc. Sin embargo, en la comunidad trans de habla hispana no es raro verlo en inglés como «ser stealth». *(N. de le T.)*

Algunes elegimos no lidiar con estos riesgos en nuestra vida diaria y no revelamos nuestra identidad trans. Sinceramente, a veces siento celos de algunes amigues míes que no han revelado su experiencia trans. Reciben menos preguntas inapropiadas, menos ataques verbales, no son *tokens* de diversidad en su lugar de trabajo ni tampoco tienen que aguantar otros comportamientos agresivos y amenazantes.

Creo con firmeza que las personas trans no le debemos a nadie nuestra identidad. Si una persona trans no te cuenta que lo es, no te está «engañando».

Esta afirmación ha provocado mucha controversia todas las veces que la he compartido. Las reacciones negativas varían entre atacar la integridad de las personas trans, pasando por llamarnos mentiroses o falses y acusarnos de violación por no revelar nuestras identidades en situaciones románticas, hasta otras actitudes más extremas: creer que las personas trans merecen ser asesinadas por no decirlo.

Vamos a analizar estas acusaciones una a una.

«¡ME HAS MENTIDO!» O «¡HAS ESTADO FINGIENDO!»

Y yo pregunto: ¿fingir el qué? ¿Mentir sobre qué? Solo hay unas pocas respuestas lógicas: «Mentir sobre ser un hombre ("real")», que enseguida revela la transfobia de pensar que los hombres trans no son hombres reales ni válidos, o «Mentir sobre ser cisgénero», lo cual es falso. Nunca he dicho que era cisgénero, ni tampoco lo han hecho la mayoría de las personas trans. Podemos «parecer» cisgénero a quien nos vea, pero eso no es ni culpa ni responsabilidad nuestra. Si te «parecemos» cisgénero y, como resultado, piensas que lo somos, es tu deber deconstruir esa cisnormatividad. La rabia o la sensación de traición que sientas al descubrir que alguien no es cisgénero es transfobia.

Plantéate esta situación en un contexto racial: durante la mayor parte de mi infancia, la gente pensó que era chino. Esto podría deberse a que existen más personas chinas que coreanas en el mundo, así que, desde un punto de vista estadístico, pensar que soy chino es razonable. Pero no tendría sentido que alguien se enfadara conmigo cuando le explicase que no soy chino, sino coreano. Solo sería motivo de enfado o de enojo si hubiera alguna especie de discrepancia entre las dos opciones: si ser coreano fuera inferior a ser chino. Por ejemplo, si a una persona le gustasen mucho más las personas chinas que las coreanas, eso explicaría su rabia al descubrir que soy coreano en vez de chino y se consideraría un prejuicio contra las personas coreanas. Esa forma de reaccionar con rabia sería el resultado de interiorizar ese prejuicio. Como mucha gente no tiene un gusto particular por ninguna de las dos identidades, nadie se ha enfadado nunca conmigo por ser coreano, pero cuando transfiero este paradigma al género, el enfado es bastante habitual. Ahí está la transfobia: la sociedad nos predispone contra las personas trans y a favor de las personas cis.

«¡ESO ES FRAUDE SEXUAL!»

He oído muchísimas variaciones de esta frase. Hay quien considera que no revelar nuestra identidad trans es lo mismo que no decir que tenemos infecciones o enfermedades de transmisión sexual o que mentir sobre una vasectomía. Llamar a esto «fraude sexual» enseguida identifica la intimidad o el contacto con una persona trans como perjudicial o malo. Algunos casos judiciales en los que se ha condenado a personas por fraude sexual incluyen a hombres que fingían ser el cónyuge o pareja de otra persona con tal de conseguir su consentimiento y un hombre que se hizo pasar por funcionario del gobierno en Israel y prometía beneficios a las mujeres para que se acostaran con él.[2]

Cada uno de estos casos tiene consecuencias negativas que, de forma individual, también son crímenes. No informar sobre infecciones o enfermedades de transmisión sexual puede provocar la contracción de esa infección o enfermedad. Mentir sobre tener una vasectomía o quitarse el condón o agujerearlo sin el consentimiento de la pareja puede acabar en un embarazo forzado. Y fingir ser alguien que no eres para conseguir acceso a cualquier cosa tampoco suele ser legal.

He aquí la transfobia de nuevo: *¡Pero estás fingiendo ser un hombre real/una mujer real!*

Voy a repetirme: las personas trans no fingen ser reales. *Somos reales*. Si no quieres salir con una persona trans, dilo. Esperar que cada persona trans vaya a sentirse cómoda revelando su historia con el género, así como su posible historial clínico, es una expectativa poco realista y considerada.

Aunque pudiéramos determinar que, al no revelar su identidad trans, una persona estuviera engañando a otra y esta se sintiera defraudada, este no es motivo para ejercer violencia o matar a alguien. Como dijo Ashlee Marie Preston: «Insinuar que las mujeres trans negras somos responsables de nuestros asesinatos en vez de examinar el mal espiritual que se da cuando se arrebata la vida de una persona es sintomático de una sociedad carente de empatía».[3]

«LAS PERSONAS TRANS DEBERÍAN SER SINCERAS»

Me encanta la autenticidad, y seguro que a muchas personas trans también. La mayoría anunciamos que somos transgénero y transicionamos porque queremos ser auténtiques y sinceres con nosotres mismes y con otra gente. Pero el comentario de que «las personas trans deberían ser sinceras» no se suele decir con buena fe.

Al preguntar «¿Sinceras sobre qué?», la transfobia explícita de la respuesta varía, pero siempre hay connotaciones: «Sinceras sobre que son trans», «Sinceras sobre que no son un hombre/una mujer real» o bien «Sinceras sobre quiénes son *en realidad*».

Ser sinceres y revelar todos los detalles sobre nosotres mismes que sean importantes y relevantes para otra persona no es lo mismo.

Nadie es capaz de contar hasta el más mínimo detalle sobre su persona que sea importante y relevante, ni en la vida cotidiana ni en interacciones románticas. Por ejemplo, como ya he dicho, tengo antecedentes de un trastorno alimentario. Al empezar mi recuperación, decidí que no saldría con una persona que tuviera un trastorno alimentario porque me imaginaba que sería demasiado para mí y no quería arriesgarme a recaer. Esperar que cualquier posible pareja enseguida me hablase sobre la historia y el viaje con su salud mental antes o durante la primera cita y sin que yo lo preguntase directamente habría sido muy invasivo y poco razonable. Lo que hice fue comunicar directamente ese límite a cualquier posible pareja para que así pudiera contarme cualquier cosa si se sentía cómoda.

Quiero dejar claro que he relacionado estas dos cosas (compartir tu historia con un trastorno alimentario y revelar tu identidad trans) no porque ambas sean enfermedades mentales (no lo son; el trastorno alimentario sí lo es, mientras que la identidad trans, como ya hemos visto, no), sino porque son cuestiones que pueden ser delicadas, vulnerables y privadas.

Situémonos de nuevo en el contexto del género: si no quieres salir con una persona trans, depende de ti comunicar y mantener ese límite, no de la persona trans. Pensar que la experiencia trans siempre debería aparecer en la lista de identidades o verdades importantes que revelar implica que la identidad trans es destacable para todo el mundo, y no siempre es el caso, o que es algo negativo y que merece ser confesado, y este no debería ser jamás el caso. Esto último es la expectativa más habitual y refuerza la idea tránsfoba de que las personas trans son inferiores, imitaciones de hombres y mujeres con las que solo saldría cierta gente.

Este comentario de «Sed sinceres» es tránsfobo; si la sociedad viera la identidad trans como algo positivo (o solo neutral), poca gente exigiría la revelación de nuestras identidades como si fuera algún tipo de enfermedad.

«LA GENTE TRANS DEBERÍA DECIR QUE LO ES POR SU PROPIA SEGURIDAD»

Hace unos años, en Twitter se volvió viral una respuesta a una frase del tipo «Las mujeres trans deberían decir que son trans». Esta respuesta decía: «Los hombres cis deberían decir que matarán a una mujer si es trans».

La gente trans no es responsable de las acciones e intenciones de sus asesinos, sin importar si han dicho o no si son trans. No tendríamos que preocuparnos de si podemos acabar siendo víctimas de un acto violento o un asesinato al revelar nuestra identidad. La gente trans no debería ser responsable de los actos homicidas de otra persona.

Pero en un mundo donde la posibilidad de que nos reciban con violencia es demasiado real, la seguridad es, cómo no, esencial. La urgencia de que revelemos nuestra identidad por una cuestión de seguridad procede de dentro y de fuera de la comunidad trans. Cuando alguien se acerca a mí para hablar de este tema, siempre le animo a incluir la seguridad entre sus prioridades. *¿Cuándo se lo vas a decir? ¿Y cómo? ¿Quién más estará allí? ¿Te sientes segure? ¿Tienes un plan de huida por si acaso?* Cada persona tiene derecho a decidir cuándo y dónde (y si quiere) revelar su identidad trans y siempre debería tener en cuenta su seguridad.

Como dice Mila Jam (ella), artivista pop y mujer trans:

Lo he hecho todo. He sido sincera, he sido tímida, he querido contarlo y he querido retractarme. Ahora prefiero que la gente lo sepa cuanto antes, en el momento más cómodo posible. Antes de hacer planes. Es una cuestión de supervivencia. No quiero que me ataque mi pareja. Creo que la gente debería revelar [sus identidades], pero no es obligatorio. [...] Si alguien me dijera que puedo tener los genitales que tengo y que una persona me amaría igualmente... eso habría sido más afirmante.[4]

Coincido en que revelar nuestra identidad puede protegernos de interacciones negativas, pero porque hay personas en la sociedad que nos harían daño y/o asesinarían por ser trans, no porque ser trans sea algo malo. Conozco a varias personas trans que se han beneficiado de revelar su identidad al avanzar en una relación (de cualquier tipo).

Yo soy una de esas personas. Tengo varies amigues que sé que no habrían trabado amistad conmigo si hubieran sabido de antemano que soy trans y quienes, después de conocerme, han podido aceptar más tarde mi identidad trans. Por culpa de la transfobia, a las personas cis les cuesta hacerse su propia opinión sobre la gente trans. Si no existiera esta nube de transfobia, habría quien vería a la persona directamente, sin esa retórica predominante de odio, y su empatía reluciría.

Al final, una persona trans no pretende engañar ni mentir. La decisión sobre si revelar o no su identidad al inicio de una interacción depende de cada une. No es una decisión que deba tomar nadie más.

17

Les deportistas trans
y los deportes

—¡Es un hombre! —me grita la señora—. ¿Por qué pensáis que es justo?

Estoy sentado en la parte de las gradas más cercana a la piscina. Esa señora me ha visto animar a Lia Thomas (ella), una mujer trans que compite en el campeonato femenino de natación de la NCAA en 2022. Me levanto cuando anuncian su nombre.

—¡Vamos, Lia! —animo. Llevo un polo negro con una bandera trans bordada en el pecho. Sobre ella, aparece el siguiente texto: EL DEPORTE TAMBIÉN PERTENECE A LES DEPORTISTAS TRANS.

La señora está sentada en la fila de atrás y sigue abucheándonos a mí y a Lia.

—¡Ese hombre es un tramposo! —chilla.

Siento que me hierve la sangre. Esa señora forma parte de un grupo de gente grande que llevan camisetas con los lemas MUJER: HEMBRA HUMANA ADULTA Y FUERA HOMBRES DEL DEPORTE FEMENI-NO. Han venido a protestar por la participación de Lia Thomas en la categoría de mujeres. Esto ocurre poco después de que aparecieran miles de artículos en los medios de comunicación centrados en Lia y de que mucha gente con poder expresase su indignación cuando la incluyeron en el equipo, ya que la percibían como una amenaza competitiva.

Con los años, el debate sobre la inclusión de les deportistas trans en el deporte ha recibido atención internacional; en general, se centra en unas cuantas atletas que compiten en la categoría de mujeres: Laurel Hubbard (ella), de Nueva Zelanda, la primera mujer abiertamente trans en competir en las Olimpiadas (halterofilia); CeCé Telfer (ella), ganadora de segunda división de la NCAA (atletismo); Andraya Yearwood (ella) y Terry Miller (ella), dos corredoras que van a un instituto de Connecticut, y un puñado más.

En cada ocasión, los medios de comunicación se llenan de opiniones controvertidas y de ataques crueles contra estas mujeres. En general, gente que no sabe nada sobre deporte empieza a ofrecer su opinión extremadamente sesgada y desinformada. Detractores como Donald Trump Jr. (él) y el gobernador de Florida Ron DeSantis se han aprovechado de su poder y su plataforma para difundir narrativas tránsfobas. Las preguntas y los comentarios se convierten en una cantinela amarga.

¿Y qué me dices de las ventajas biológicas?

¡Las mujeres trans son hombres biológicos en realidad!

Si dejamos jugar a las mujeres trans, ¡dominarán y destruirán el deporte femenino!

Y, cómo no: *¡No soy una persona tránsfoba! Solo quiero justicia. ¡Hay que proteger el deporte femenino!*

Este tema tiene muchas texturas y capas y, en el fondo, no trata de verdad sobre las personas trans. Los argumentos contra la inclusión de deportistas trans siguen siendo bastante consistentes, así que los diseccionaremos. Pero antes, echemos un vistazo a la historia actual.

BREVE HISTORIA DEL DEPORTE TRANS

A diferencia de lo que se suele pensar, les deportistas trans llevan en el deporte mucho tiempo. No hemos salido de la nada en los últimos años. Aquí tienes unos cuantos aspectos destacados:

1976: La tenista Renée Richards (ella) gana un torneo femenino en La Jolla (California). Como resultado, la asociación estadounidense de tenis empieza a pedir pruebas genéticas a las jugadoras. Richards denuncia a la asociación.

1977: La Corte Suprema de Nueva York falla a favor de Richards, un caso clave para los derechos trans.[1] Richards compite durante unos años en tenis femenino y se convierte en la primera mujer trans conocida en competir de forma profesional. Luego se retira y lleva una vida privada.[2]

2003: El Comité Olímpico Internacional (COI) aprueba el Convenio de Estocolmo y permite de forma oficial a les deportistas trans competir en la categoría olímpica que se ajuste a su género, con unas cuantas estipulaciones bastante estrictas: cirugía genital, incluida una gonadectomía (extracción de las gónadas); reconocimiento legal del género y terapia hormonal durante al menos dos años tras la gonadectomía.[3]

2008: Keelin Godsey (él), lanzador de martillos, se convierte en la primera persona abiertamente trans en competir en las pruebas olímpicas de Estados Unidos. Queda quinto en lanzamiento de martillo femenino y no entra en el equipo olímpico por una plaza.[4]

2011: Kye Allums (él), hombre transgénero, juega al baloncesto en la Universidad George Washington y se convierte en el primer atleta abiertamente trans en competir dentro de la NCAA en cualquier deporte.[5]

Ese mismo año, la NCAA publica una nueva política sobre la inclusión de estudiantes-atletas transgénero, que permite a les deportistas trans competir en los equipos que se ajustan a su identidad de género. A diferencia de la normativa de 2003 del COI, la NCAA no exige ningún tipo de cirugía, pero sí pide al menos un año de supresión de la testosterona en las mujeres trans.[6]

2013: Fallon Fox (ella) se convierte en la primera luchadora de MMA trans. Recibe mucha atención y, por desgracia, se vuelve el objetivo de la discriminación de muchas figuras públicas.[7]

2015: Chris Mosier (él) se clasifica en el duatlón masculino mundial y desafía con éxito la política limitante del COI de 2003. El Comité decide quitar cualquier requisito quirúrgico y reduce la duración exigida de la supresión hormonal; en vez de dos años, serán doce meses.[8, 9]

Ese mismo año, yo me convierto en el primer atleta trans en competir en un equipo masculino de primera división de la NCAA en cualquier deporte. Así comienzan mis cuatro años en el equipo de natación masculino de Harvard.

2016: Chris Mosier se convierte en el primer hombre trans en el equipo estadounidense olímpico y en el primer atleta trans en competir internacionalmente con la nueva política del COI.[10]

2017: Dos adolescentes trans, Andraya Yearwood y Terry Miller, se sitúan primera y segunda en la Conferencia Atlética Interescolar de Connecticut y reciben atención internacional.[11] Las familias de tres chicas que perdieron contra Andraya y Terry denuncian al estado, con el argumento de que ellas no eran capaces de ganar a las deportistas trans. En 2021, el tribunal desestimó el caso.[12]

2018: Patricio Manuel (él) se convierte en el primer boxeador abiertamente trans en competir en una pelea profesional.[13]

2019: CeCé Telfer, estudiante-atleta en la Universidad Franklin Pierce, se convierte en la primera persona transgénero en conseguir un título de campeonato en la NCAA. Ganó en 400 metros vallas en segunda división.[14]

2020: También por primera vez, Chris Mosier se convierte en el primer atleta trans en clasificarse y competir en una categoría distinta a la del género que le asignaron al nacer en las pruebas olímpicas estadounidenses. Compitió en marcha atlética.[15]

2021: Laurel Hubbard, levantadora de pesas neozelandesa, se convierte en la primera mujer abiertamente trans en competir en la categoría femenina de las Olimpiadas. La acompañan otros tres atletas trans y no binaries en las Olimpiadas de Tokio: Quinn (elle),[16] atleta transmasc no binarie que compite en el equipo de fútbol femenino canadiense y que es le primere deportista trans en ganar una medalla de oro olímpica; Chelsea Wolfe (ella), una mujer trans que es suplente en el equipo de ciclismo BMX estadounidense; y Alana Smith (elle), patinadore transmasc no binarie que compite en el equipo femenino estadounidense de monopatinaje.[17]

Tras las Olimpiadas, en otoño de 2021, el COI lanza una normativa actualizada de seis páginas y diez principios titulada «Marco normativo sobre equidad, inclusión y no discriminación por motivos de identidad de género y variaciones sexuales». Este marco normativo elimina el requisito explícito de regular las hormonas en les atletas trans y hace hincapié en la no discriminación, en el bienestar (tanto físico como mental) y en la privacidad de les deportistas que sean trans o tengan variaciones sexuales.[18]

Ese mismo otoño, Lia Thomas comienza a competir en el equipo femenino de natación en la Universidad de Pensilvania. Tras batir un récord en una piscina local durante un pequeño encuentro entre temporadas, se produce una tormenta mediática internacional que la coloca en el centro de la tensión sobre la participación de les atletas trans en el deporte.

2022: La NCAA publica una normativa actualizada en la que permite que sean los órganos rectores quienes establezcan las normas para cada deporte individual en vez de hacerlo la NCAA. Esto, en principio, imita el nuevo marco normativo del COI. Sin embargo, la normativa de la NCAA difiere en unos cuantos puntos peligrosos. No incluye *ninguna* garantía contra procedimientos o tratos perjudiciales e invasivos (como las cirugías obligatorias o la inspección visual de los genitales de les atletas); sigue depositando toda la responsabilidad en les deportistas universitaries para que demuestren

que no tienen ninguna ventaja injusta solo por ser quienes son; *no*
respeta los últimos estándares que estableció la Asociación Profesional Mundial para la Salud Transgénero y no busca la colaboración de les atletas trans y no binaries.[19]

Ese mismo año, Lia Thomas se convierte en la primera deportista abiertamente trans en ganar un título de primera división en la NCAA al quedar primera en las 500 yardas estilo libre de la competición femenina, lo que provocó una indignación internacional sin precedentes.

Este no es un recorrido histórico completo; para ello necesitaría escribir un libro dedicado solo a les deportistas trans. Sin embargo, estos ejemplos son vitales a la hora de reconocer que les atletas trans, aunque llevamos existiendo el mismo tiempo que el mundo del deporte, hemos sido excluides de él mucho más tiempo del que hemos sido incluides. Y somos menos de lo que la gente cree. Hay mucha más gente creando normas sobre nosotres que deportistas trans compitiendo a un nivel de élite.

He trabajado con varios de estos órganos rectores, como la NCAA, USA Swimming, World Aquatics (antes conocida como FINA), USA Water Polo y World Athletics (antes conocida como IAAF) y estoy seguro de que estas normas seguirán evolucionando.

ATLETAS TRANSMASC

Después de que me hicieran mi primer perfil en el programa *60 Minutes* de la CBS en 2016, cometí el error de leer los comentarios en Facebook. «Una mujer preciosa y competitiva se ha convertido en un hombre feo y mediocre», había escrito alguien. En esa época, el comentario me impactó mucho. Aún recuerdo que se me humedecieron las manos de la ansiedad mientras estaba sentado en la cama de mi residencia. En parte me molestaba el ataque a mi apariencia, pero sobre todo sentí enfado e indignación: yo no era mediocre.

Mi experiencia resalta uno de los principales argumentos en contra de las personas transmasc que compiten contra hombres cis: *Los hombres trans siempre perderán. ¿Qué sentido tiene incluirlos en los deportes masculinos si no pueden competir contra hombres cis?*

La creencia de que las personas a quienes les asignaron el género femenino al nacer son, por defecto, atléticamente inferiores a aquellas a quienes les asignaron el género masculino es una idea misógina y sin fundamento. Aquí hay unas cuantas pruebas:

- Competí en uno de los deportes más objetivos que existen: o eres rápido o no lo eres. De nada sirve discutir los resultados. Al final de mi carrera universitaria, quedé en el puesto 443 de los 2983 hombres que competían en las 100 yardas estilo braza y el 557 de los 4006 hombres en las 100 yardas estilo mariposa de la NCAA. Esto significa que vencí al 85 % y al 86 % de todos los hombres de la NCAA que participaron en mis dos mejores competiciones. Ten en cuenta que solo el 7 % de les deportistas en secundaria compiten en la NCAA y solo el 2 % lo hace en un equipo universitario de primera división.[20]
- Chris Mosier, duatleta y hombre trans, se ha clasificado para el equipo olímpico estadounidense seis veces a lo largo de su carrera. Ha ganado varias competiciones internacionales. Es más rápido que casi todos los otros hombres estadounidenses en sus competiciones.
- En 2018, el boxeador profesional Pat Manuel ganó su primera lucha profesional contra un hombre cis. Ganó la segunda en marzo de 2023 y quedó invicto en la categoría masculina.[21]

Otra queja típica es: *Te estás dopando, es muy injusto.*

Me han dicho este argumento más o menos con la misma frecuencia que el primero. Y es igual de infundado. Mis niveles de testosterona fueron estrictamente regulados según la normativa de la NCAA de la época. Me hicieron pedir una exención que me permitía tomar testosterona mientras competía en el equipo masculino. También tenía que analizar mis niveles hormonales varias veces cada temporada, en todas las temporadas, para demostrar que el nivel de testosterona estaba dentro de la media de los hombres (cis). Mantuve estos niveles tirando hacia abajo (un tercio más bajos), muy por debajo de la testosterona de un atleta masculino, que suele ser superior a la de un hombre cis corriente.

Algunas personas me han preguntado por qué los mantenía bajos; ¿por qué, si se me permitía existir dentro de un rango, no elegí el más alto? ¿No me beneficiaría en mi deporte? Es posible. Pero no tomaba testosterona por el deporte. La función de la testosterona era afirmar mi género, no mejorar en natación. Esto es vital. La gente trans no transiciona para competir en un deporte. Transicionamos para vivir, y da la casualidad de que existen personas trans que, además, son deportistas.

Por otra parte, piensa en que, aunque la NCAA exige que todes les atletas se sometan a pruebas aleatorias de drogas y hormonas, a la mayoría de mis compañeros (y a la mayoría de les deportistas de la NCAA) nunca les comprobaron sus niveles hormonales. Yo lo hacía tres veces cada temporada. Mis niveles estaban seguramente más regulados que los de mi competencia.

Intentar argumentar contra la inclusión de personas transmasc por su ventaja hormonal es, de nuevo, intentar argumentar en contra de cifras y hechos.

ATLETAS TRANSFEM

Aquí es donde las cosas se ponen difíciles. Algunos puntos y argumentos en el debate se parecen a los que se usan contra los atletas transmasc, así que empecemos por ahí: el tema de las hormonas.

«¡Las mujeres trans tienen niveles más elevados de testosterona!»

Este suele ser uno de los argumentos a medio cocer que se esgrimen contra las mujeres trans en el deporte. Sin embargo, en los deportes de élite en los que se permite competir a las atletas transfem en la categoría de mujeres, sus niveles de testosterona están regulados.

Las atletas trans que conozco tienen niveles de testosterona muy inferiores a la media de las mujeres cis.

Además, varios estudios sugieren que la testosterona no siempre es un factor crucial en velocidad o habilidad atlética. Es uno de muchos factores. La testosterona en sí misma no convertirá a nadie en ganadore.

«Aunque se regulen los niveles de testosterona, las mujeres trans han tenido una pubertad por testosterona y son más altas, grandes y fuertes. Y eso les da ventaja»

En 2019 di un discurso en una universidad de Carolina del Norte. El público estaba compuesto sobre todo por equipos de deportistas a quienes habían obligado a ir. Una persona preguntó, como suele pasar, sobre la inclusión de las atletas trans en las categorías femeninas.

—Gracias por la pregunta. Mujeres deportistas, ¿os podéis levantar, por favor? —Hubo un poco de ruido cuando cerca de la mitad de la sala se puso en pie—. Genial, ahora sentaos si medís menos de uno sesenta y cinco. —Menos de un tercio se sentó, con lo que quedaron unas cien mujeres de pie—. Vale, las que quedáis de pie estáis por encima de la estatura media. Tiene sentido, sois atletas. Guay. Si medís menos de uno setenta y cinco, sentaos. —Otro puñado de mujeres se sentó. Quedaba más o menos la mitad de quienes se habían levantado—. Menos de uno ochenta.

Unas treinta atletas seguían de pie. Mientras iba diciendo estaturas, se fueron sentando más y más. Llegué al metro noventa y tres antes de que todo el auditorio estuviera sentado de nuevo.

—Deduzco que ninguna de las presentes es trans. No solo porque sea poco probable, sino porque conozco a la mayoría de atletas trans que están compitiendo ahora mismo. —Reí con el público—. Genial, pues de aquí deducimos que la mayoría sois más altas que la media. De hecho, muchas sois bastante más altas. Y unas quince de vosotras seguíais de pie cuando he pasado del metro ochenta. —Señalé la zona donde estaba sentado el equipo de baloncesto femenino—. Supongo que a muchas os han felicitado por vuestra altura y por jugar al baloncesto, ¿verdad? «¡Qué alta es!», dicen. «Tan alta y con las manos tan grandes... ¡Está hecha para el básquet!». ¿Verdad? —Muchas de las mujeres asintieron—. Bien, pues imaginemos a una atleta trans que mide un metro ochenta. La sociedad enseguida dirá que eso es injusto. Y la realidad es que esta acusación suele ser tránsfoba, sexista y misógina. La expresión de género de las mujeres trans se suele controlar y acusar de ser «demasiado masculina» o «varonil». Un sello distintivo de la misoginia es el control de la feminidad en las mujeres.

El público entendió la comparación. Vi unas cuantas cabezas asintiendo a medida que la gente comprendía lo que estaba diciendo.

Esta acusación también suele ser racista: muchas de las mujeres trans que han sido atacadas eran negras o marrones. Esto no es ni una coincidencia ni nada nuevo. Los cuerpos de las mujeres negras y marrones han sufrido mucho control a lo largo de la historia, sobre todo en el deporte.

Fíjate en esta comparación:

Michael Phelps, la persona que más veces ha ganado en las Olimpiadas, tiene varias características biológicas que le proporcionan una serie de ventajas únicas en natación. El torso de Phelps es inusualmente largo y tiene las piernas cortas. Su envergadura es diez centímetros más larga que su estatura.[22, 23] Además, la capacidad pulmonar de Phelps es el doble de la media. ¿Te parece que esto es una ventaja en un deporte donde hay que contener la respiración? ¡Pues claro que sí! Por último, su sangre produce la mitad del ácido láctico que une atleta promedie. Esto significa que tarda menos en recuperarse y, por tanto, tiene mayor capacidad para la actividad deportiva.[24, 25] ¿Son ventajas atléticas? Por supuesto, ¡y encima son genéticas y biológicas!

Cuando el COI comprobó los niveles de ácido láctico de Michael Phelps, lo elogiaron por ser genéticamente superior. Aparecieron varios artículos sobre sus maravillosas ventajas biológicas, todas loándolo y celebrándolo. «¡Qué atleta tan increíble!», dijo todo el mundo.

Por otra parte, Caster Semenya (ella) no recibió los mismos elogios cuando ganó los 800 metros en las Olimpiadas de 2016. Tras hacerle pruebas, le quitaron las medallas y le prohibieron competir a menos que redujera de forma artificial sus niveles de testosterona.

Les dos atletas poseen diferencias biológicas que surgen, en teoría, de su genética (o, en todo caso, de un factor intrínseco que no procede de factores exógenos) que podrían darles ventaja en el deporte. A Michael Phelps lo alabaron. A Caster Semenya la calumniaron y le impidieron competir.

Michael Phelps es un hombre blanco hetero. Caster Semenya es una mujer negra queer a la que a menudo acusan de parecer «masculina». Por desgracia, Caster no es la única mujer negra que ha sido excluida por variaciones sexuales. A Francine Niyonsaba (ella), medallista burundesa de plata en los Juegos Olímpicos de 2016, y a Margaret Wambui (ella), medallista keniata de bronce, se les prohibió competir en los Juegos de Tokio de 2020 por su hiperandrogenismo genético o, dicho de otra forma, por sus altos niveles de testosterona.

La testosterona solo es un factor entre muchos de los que pueden afectar al deporte. Entonces, ¿por qué debería excluirse a atletas como Semenya, Niyonsaba y Wambui solo por una supuesta ventaja biológica, mientras que a deportistas como Michael Phelps los alaban y les permiten dominar el deporte durante casi dos décadas y reunir más de veinte medallas de oro (más que cualquier otro deportista en la historia), todo ello gracias a sus ventajas biológicas?

La realidad es que las diferencias biológicas (e incluso las claras ventajas) siempre han estado presentes en todos los deportes. En muchos aspectos, ¡eso da sentido a las competiciones! En cada categoría, los cuerpos son distintos. Entre les atletas cis, esto se suele comprender y aceptar. La gente no dice que las mujeres cis altas (y blancas) deberían ser excluidas para que no jueguen al baloncesto. No dicen que es injusto. Pero cuando se trata de personas estigmatizadas, marginalizadas y con otras identidades de género, la gente califica estas diferencias de «injustas».

En los equipos masculinos, estas diferencias biológicas son muy aceptadas y hasta celebradas. En mi equipo, el nadador de menor estatura medía un metro setenta. El más alto medía más de dos metros. Eso significa que el más bajo medía menos de treinta centímetros que el más alto. ¿Acaso el alto tiene una ventaja biológica por su altura? ¡Por supuesto! Pero ¿es injusto y merece ser descalificado por ello? ¡Para nada! Es solo una diferencia biológica. (Cabe destacar también que el chico que medía un metro setenta era uno de los nadadores más rápidos que tuvimos y fue votado como capitán de equipo en su último año de universidad).

Con lo que: sí, las mujeres trans pueden tener diversidad biológica… ¡igual que todo el mundo! Las mujeres cisgénero también tienen esta diversidad. Y lo que puede parecer una ventaja biológica no tiene por qué ser una superioridad atlética: a muchas personas altas se les da fatal el deporte, mientras que muchas personas de baja estatura destacan en las competiciones.

«¡También necesitamos normas para las niñas! Tenemos que proteger a las chicas jóvenes»

Casi todos los ataques legislativos hacia les atletas trans a nivel estatal (los centenares de leyes que se han propuesto en más de la mitad de estados de EE.UU.) afectan a les niñes. A les niñes de diez años que quieren dar patadas a un balón de fútbol con sus amigues o correr después del colegio. A les niñes de siete años que quieren jugar al voleibol o al tenis. Estas leyes no van sobre las Olimpiadas, ni la NCAA ni el deporte profesional. Las legislaciones locales no tienen jurisdicción sobre la mayoría de los deportes de élite. Esto tiene que ver con les niñes.

Históricamente, la mayor parte de los deportes para niñes no piden restricciones hormonales ni otras prácticas regulatorias. Esto, por desgracia, cambió en 2021 cuando los estados empezaron a presentar y aprobar leyes para impedir que les niñes trans practicaran un deporte junto con sus amigues.

Es vital saber, no solo desde un punto de vista ideológico, sino también biológico, que no existe ninguna diferencia biológica significativa que afecte al deporte infantil. La única diferencia notable entre les niñes a quienes les asignaron el género femenino al nacer y a quienes les asignaron el género masculino es la presencia o ausencia de pene. A lo mejor te estás preguntando por qué he incluido este detalle. Verás, muchas leyes antitrans sobre deportes incluyen propuestas para examinar los genitales con tal de «verificar el género» de les niñes. Estas pruebas son muy invasivas, inapropiadas, irrelevantes y pedófilas. Nadie juega a un deporte con su pene. Y, si alguien lo hace, ese es otro problema.

Al igual que con les atletas trans adultes, muches detractores se obsesionan con la testosterona. Aparte de que la testosterona sigue siendo solo un factor de los muchos que puede afectar a la capacidad atlética, no suele haber diferencias en el nivel de esta hormona entre las personas a quienes asignaron el género masculino al nacer y a quienes asignaron el género femenino antes de los doce o trece años.[26]

Aparte de esto, la mayoría de las personas *no* son atletas de los Juegos Olímpicos. Muches ni siquiera son atletas de *élite*. La mayoría de les niñes no participarán en competiciones internacionales, nacionales ni regionales. Lo digo solo para recordarnos que mucha gente no se apunta a un deporte porque gane siempre. Más que para conseguir la victoria, la mayoría de les niñes juegan para divertirse.

Prohibir que les niñes jueguen a un deporte es una forma de desconectarles de sus cuerpos y robárselos. Esto, combinado con otros ataques contra la autonomía corporal, sobre todo en la juventud trans, es una violación intencional de la libertad. No deberían examinarse de forma invasiva los cuerpos de les niñes con el pretexto de verificar su género (asignado) solo por un deporte. Si (y solo si) le niñe llega a un nivel de élite donde las diferencias biológicas puedan ser más relevantes, ya tendrá que atenerse al reglamento que se le aplique.

Además, esta supuesta lucha por «la justicia en el deporte femenino» crea una situación imposible. En junio de 2022, World Aquatics (antes FINA), la federación internacional reconocida por el COI para administrar las competiciones internacionales en los deportes acuáticos, prohibió a las mujeres trans que participaran en la categoría femenina a menos que hubieran transicionado antes de los doce años. Pero en Estados Unidos y Reino Unido existen varias leyes que prohíben (y hasta penalizan) a las personas transicionar antes de los dieciocho. World Athletics siguió este camino con una política parecida en abril de 2023. Las asombrosas contradicciones refuerzan la certeza de que no es una cuestión de justicia ni de bienestar infantil, sino que el objetivo es prohibir a les niñes trans que prosperen y se conviertan en adultes trans.

«¡Los hombres biológicos están acaparando el deporte femenino! ¡Las mujeres trans robarán becas a las mujeres cis!»

Repasemos el lenguaje: cuando una mujer trans está en un equipo femenino, sigue sin haber hombres en ese equipo. Las mujeres trans son mujeres y es incorrecto y tránsfobo referirse a ellas como «hombres biológicos». Las mujeres trans no son «hombres biológicos». El sexo biológico no es binario; no existe el «hombre biológico» ni la «mujer biológica». Si tienes que diferenciar entre las mujeres trans y cis, dilo así: mujeres trans y cis. Si tienes que hablar sobre personas con niveles altos de testosterona, dilo así. Si tienes que hablar sobre biología reproductiva, dilo así.

Lo siguiente: la afirmación de que las mujeres trans están «robando» becas a las mujeres cis para las universidades tiene cero datos que la apoyen. Hasta 2022, ni una sola mujer abiertamente trans ha recibido una beca deportiva para un deporte femenino en la NCAA.

¿Te acuerdas de Andraya Yearwood y Terry Miller, las dos chicas negras trans que quedaron primera y segunda en un campeonato estatal en Connecticut? Las tres chicas cuyas familias denunciaron la victoria de Andraya y Terry recibieron becas para prestigiosas universidades. Andraya y Terry no recibieron ni una sola oferta. Ninguna de las dos ha seguido practicando atletismo en la universidad.

Esto es resultado de la discriminación que sufre la gente trans. Las mujeres trans no llevan una vida fácil. Miles de mujeres cis reciben becas deportivas cada año y las mujeres trans han recibido exactamente cero. Intentar denigrar a las mujeres trans con el argumento de estas supuestas becas «robadas» es otro ejemplo del odio, la desinformación y las mentiras con las que se pretende sembrar el pánico sobre las personas trans.

Del mismo modo, las mujeres trans no están «robando» el deporte a las mujeres cis en las Olimpiadas. De hecho, la gente trans está muy infrarrepresentada en los deportes de élite. En 2016, 5059 mujeres compitieron en los Juegos Olímpicos. Cerca de un 1 % de la población es transgénero, así que, si las mujeres trans estuvieran representadas como es debido, habría unas cincuenta mujeres trans compitiendo en las Olimpiadas. En 2020 compitió una, *solo una*: la levantadora de pesas neozelandesa Laurel Hubbard.

Cuando las mujeres trans compiten y se llevan la victoria, no están robando nada. Están cosechando las recompensas de su trabajo duro y su determinación, igual que hace cualquier otre atleta al ganar.

«Me importan mucho los derechos trans, ¡pero tenemos que proteger a las mujeres y sus derechos! No soy una persona tránsfoba, ¡pero es que no podemos tener a hombres biológicos en el deporte femenino!»

Antes de profundizar en estos comentarios debemos recordar que hay que usar el lenguaje apropiado. No sé cuántas personas me han comunicado su no-transfobia mientras, a la vez, malgenerizaban a gente trans y nos reducían a nuestros genitales. Si de verdad no eres un individuo tránsfobo, llamarás a las mujeres trans por lo que son: mujeres. Entiendo que hay diferencias entre las mujeres trans y las cis, pero, como ya he dicho antes, podemos describir las diferencias entre la gente sin recurrir a la transfobia. Revisa la sección sobre terminología si necesitas un par de consejos.

Las «feministas» transexcluyentes («terfs»)* han impulsado la narrativa de que excluir a las mujeres trans del deporte femenino es «feminista». Este argumento ha tenido bastante éxito a la hora de crear pánico moral, ya que anima a la gente a votar por leyes crueles que oprimen más a todas las mujeres y a aquellas personas que no son hombres blancos cisheteros.

Quienes creen que las mujeres trans ponen en peligro los derechos de todas las mujeres han sido engañades por la retórica

---

* Término acuñado por la activista Viv Smythe (ella, elle) para describir un movimiento «hostil hacia lo trans» que cobró fuerza en Gran Bretaña. TERF («feminista» radical transexcluyente) es, en sí mismo, engañoso, porque el feminismo no excluye a las personas trans. Se usa para describir a las supuestas feministas que niegan que las mujeres trans sean mujeres. Las llamadas terfs consideran que este acrónimo es despectivo por naturaleza, aunque hay otras que se describen así con orgullo. En cualquier caso, las personas que excluyen a la gente trans mientras se consideran «feministas» suelen ganarse esta etiqueta. Lo cierto es que la ideología terf se suele describir con más precisión como «ideología radical transexcluyente» y en general adhiere al feminismo blanco, otro reino de un supuesto «feminismo» que excluye a otras mujeres, sobre todo a negras, pero también a otras mujeres marginalizadas que no cumplen los estándares blancos de la feminidad. Parece que muchas terfs emplean un método de exclusión que es, para sorpresa de nadie, patriarcal, misógino y racista. El resultado es que no solo se excluye a las mujeres trans, sino también a cualquier mujer cis cuyo cuerpo no funcione como dictamina la ideología terf (véase: patriarcal).

antitrans que, disfrazada de «feminismo», manipula a la gente para que la apoye. Es un aperitivo, un gancho, para llevarte hasta su puerta. Es un método muy efectivo para dividir y, lo más importante, para controlar a la población. Piénsalo así: prohibir que las atletas trans participen en el deporte es un aperitivo para la siguiente opresión. Porque lo es. Para poder excluir a las deportistas transfem es necesario vigilar a *todas* las mujeres en el deporte femenino. Estas prohibiciones no solo afectan a las chicas trans, sino a todas las chicas.

Mucha gente pasa por alto que, para impedir que las mujeres y chicas transgénero participen en el deporte femenino, los órganos directivos de estos deportes tienen que saber qué atletas son trans. No podemos echar un vistazo a la pista, señalar a alguien y decir: «Eres trans, vete». Eso es discriminar a alguien por su apariencia, lo cual es ilegal, y tan injusto que hasta parece ridículo. Lo que se necesitaría es un método para comprobar o verificar la identidad trans de alguien: investigar su historial clínico y legal, ver su genotipo, evaluar sus niveles hormonales y hasta realizar exámenes genitales visuales.

Hay dos formas de hacer esto: 1) estudiar a todas las atletas que participan antes de considerar si son elegibles o no, y 2) hacer pruebas tras una acusación, lo que implicaría estudiar a una atleta que ha sido acusada de ser trans.

La primera opción es logística y económicamente imposible. Además, no todes les xadres consentirían que se expusieran los historiales médicos y legales de sus hijas, y mucho menos que se les examinaran los genitales para que puedan dar patadas a un balón con sus amigas después del colegio.

La segunda opción no solo demoniza la identidad trans y la convierte en un arma, sino que también pone en peligro a todas las mujeres y chicas. Sigue leyendo.

Permitir que un órgano directivo, y en este caso el gobierno, «estudie» a las mujeres y chicas para ver si son transgénero una vez sean acusadas de ello significa que se puede investigar a cualquier atleta que reciba esta acusación. Lee esta frase de nuevo. Se podría investigar el género de *cualquier atleta*, sin importar si es cis o trans, si la acusan de ser transgénero. Y no olvidemos que, en muchos estados, cualquiera puede acusar a una atleta de ser trans por cualquier motivo.

Esto pone en peligro a todas las mujeres y, al mismo tiempo, a todo el deporte femenino. ¿En qué momento una chica es «demasiado buena» para ser cisgénero y, por tanto, puede ser acusada de ser trans? ¿Cuándo es una mujer «demasiado masculina», o «demasiado alta» o «demasiado fuerte» para ser cisgénero? ¿Cuándo se la acusaría de ser trans?

Por desgracia, esta forma de controlar los cuerpos de las mujeres (para demostrar que se es «lo suficientemente mujer») ha persistido desde que existen los deportes femeninos. Y quienes más sufren estos ataques contra la validez de su feminidad son las mujeres ya marginalizadas, sobre todo las negras.

A Serena Williams (ella) se la ha ridiculizado, atacado y degradado sin cesar en el deporte. El presidente de tenis ruso, al que sancionaron más tarde, la llamo a ella y a su hermana Venus (ella) «los hermanos Williams».[27] Los ataques y las dudas sobre la feminidad de Serena han sido tan frecuentes que en 2014 se estrenó un documental titulado *Pruebas irrefutables de que Serena Williams es un hombre.*[28]

Serena no es la única. También tenemos el caso de la corredora Sha'Carri Richardson (ella). Y la gimnasta Simone Biles (ella), a quien también atacaron por tener una supuesta ventaja injusta porque pudo completar un doble Yurchenko carpado, que al parecer era «demasiado peligroso» para otras gimnastas.

> *En otras palabras, a un nivel técnico y cultural, Biles, una joven negra, está siendo castigada y sometida a un doble rasero indudablemente racista y sexista por su grandeza. Porque ya hemos visto esto antes en otras mujeres negras. El año pasado, a Caster Semenya, una corredora sudafricana que ha ganado dos medallas*

en las Olimpiadas, se le prohibió competir en la sección femenina a menos que aceptara tomar medicamentos para bajar sus niveles naturales de testosterona. Cuando las atletas negras trabajan duro y se superan, las tratan con recelo, como si estuvieran siendo fraudulentas o como si su éxito fuera en detrimento de otras personas y, por tanto, hay que castigarlas por ello, limitarlas y prohibirlas, en vez de celebrarlas. Desde Semenya hasta Biles, ellas y otras atletas negras se enfrentan al mismo racismo entrelazado con misoginia.[29]

KYLIE CHEUNG (ella), para *Salon*

Estas leyes antitrans se aprovechan de las fuertes normas sociales que controlan los cuerpos de las mujeres negras y marrones y abren camino para *legalizar* el control de los cuerpos de todas las mujeres. Las leyes en contra de las atletas trans legitiman unas concepciones increíblemente patriarcales, racistas, misóginas y tránsfobas sobre la feminidad, con lo que una «mujer» solo será aquello que el patriarcado y la supremacía blanca decidan.

En 2022, tras la aprobación de una ley en contra de las atletas trans en Utah, una joven cisgénero fue acusada de ser trans porque «superaba» a otras atletas.[30] Más tarde, unes funcionaries revisaron su historia con el género; repasaron sus registros hasta la guardería para verificar que no fuera trans. No lo era. Según los informes, no es la primera mujer en pasar por esta investigación tan invasiva y seguramente no sea la última.

Excluir a las mujeres trans conllevará la destrucción del deporte femenino por culpa de las políticas que controlan los cuerpos de las mujeres y las reducen a una visión muy limitante que determina el aspecto que pueden tener sus cuerpos, cuál debe ser su rendimiento y quiénes son mujeres en realidad.

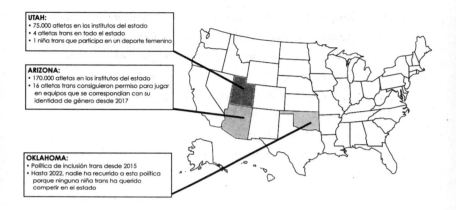

Las leyes antitrans no se están centrando en excluir a las personas trans del deporte porque crean que amenazan de verdad el deporte femenino. No estamos dominando estas categorías porque no hay suficientes atletas trans para conseguir esta tarea. Sin embargo, les legisladores han elegido centrarse en este problema porque es un método excelente para dividir a la población e inculcar a la gente un puñado de creencias dañinas bajo la apariencia de feminismo.

Si lo importante es la justicia, centrémonos, pues, en la justicia.

La Women's Sports Foundation publicó en 2020 un informe titulado «En busca de la equidad» donde se analizaban las distintas barreras en los deportes femeninos. En él no se menciona ni una vez a las mujeres trans, porque no amenazan la esencia del deporte femenino. Lo que sí es una amenaza es atacar y excluir a las mujeres trans.

La realidad es que a mucha gente no le importa el deporte femenino hasta que una mujer trans quiere participar. Y, de repente, son grandes fanátiques del deporte y defensores de la equidad. Pero ¿acaso salen a protestar contra los abusos sexuales generalizados que sufren las chicas en el deporte? ¿Luchan junto a Megan Rapinoe (ella) y otras jugadoras de fútbol profesional para conseguir la igualdad salarial? ¿Se aseguran de que se cumplan los requisitos de igualdad en todos los colegios? (La respuesta en general es: no, no lo hacen).

Si la gente de verdad quisiera traer la justicia al frente, entonces deberían luchar contra las principales barreras que existen para entrar en un deporte: la disparidad socioeconómica, que suele estar ligada a otras opresiones sistémicas como el racismo.

Recordemos que cerca de un 64% de niñes negres no saben nadar, comparado con el 40% de niñes blanques que no saben.[31] ¿Por qué hay tanta diferencia? En contra de lo que dicen los estereotipos populares (y racistas), no es porque la gente negra no sepa nadar por naturaleza. Es por la segregación: históricamente, las personas negras no tenían acceso a las piscinas recreativas ni a clases para aprender a nadar. Hasta los años sesenta y setenta, las piscinas seguían estando divididas entre «exclusivas para blancos» y «negros».

Si queremos hablar sobre justicia, hablemos sobre el *acceso* al deporte. Si de verdad nos importan la equidad y la justicia, debemos centrarnos en motivar a los grupos marginalizados, no en atacarlos.

SÍ, VAMOS A HABLAR DE LIA THOMAS

Aunque las mujeres trans están muy infrarrepresentadas en el deporte femenino y solo unas veintipico mujeres trans han ganado competiciones nacionales o internacionales en la categoría femenina, el odio y las fuertes críticas que ha recibido cualquier mujer trans prominente siempre han sido extremos. Fallon Fox, Andraya Yearwood, Terry Miller y ahora Lia Thomas han recibido una atención inmensa. Cada una de ellas ha sido el objetivo de comentarios cansinos y manidos del tipo «es injusto», «el hombre este o aquello», «hacen trampas», además de otras acusaciones mucho más crueles que no quiero repetir. Como Lia es amiga mía y, probablemente, la atleta trans sobre la que se ha mantenido un debate más candente, quiero hablar en profundidad sobre lo que le pasó para que podamos diseccionar de verdad (y, con suerte, deshacernos de) la obsesión sesgada sobre las mujeres trans en el deporte.

Lia Thomas es una nadadora estadounidense que compitió en la Universidad de Pensilvania. En febrero de 2022, ganó las 500 yardas en estilo libre en un campeonato de primera división y se convirtió en la primera campeona abiertamente trans de primera división en cualquier deporte.

Lia comenzó su carrera universitaria en el equipo masculino, donde compitió durante tres años antes de transicionar. Tras un año sabático en la pandemia, empezó a nadar en el equipo femenino en otoño de 2021. Cuando batió unos cuantos récords en una piscina local durante una competición entre temporadas, el mundo estalló. La gente iba a protestar fuera de la piscina, a pesar de que ella cumplía con todas las regulaciones de la época que exigía la NCAA para competir en la categoría femenina. Lia había tomado supresores para reducir sus niveles de testosterona hasta el nivel medio de las mujeres (cis) y lo había hecho durante dos años, con lo que para cuando comenzó a competir casi triplicaba el periodo requerido.

En casi todos los discursos que di antes de que Lia saliera del armario me preguntaron qué pasaría cuando alguien «hiciera lo contrario». *¿Recibirá el mismo apoyo que yo?* Siempre respondía la pregunta sin rodeos: «No, para nada. Sea quien sea esa chica, será el objetivo tanto de la misoginia como de la transfobia. Y, si es una mujer racializada, también del racismo». Por desgracia, estaba en lo cierto. Aunque Lia recibió apoyo por parte de su familia, amigues, entrenadores y de muchas de sus compañeras de equipo, también recibió un odio intenso y reacciones violentas de la prensa y del mundo en general. La saña con la que el mundo la recibió fue devastadora, pero también un reflejo impactante de la oscuridad que aún existe en la sociedad.

Cada vez que saco este tema en el escenario, o incluso en una conversación con otra persona, animo a la gente a respirar hondo unas cuantas veces. He descubierto que enseguida surgen la rabia y el enojo. Dado todo lo que nos han enseñado, no me sorprende este tipo de reacción. Sí, puede que haya gente que no considere que es justo que Lia compita. Entiendo por qué se sienten de esa forma.

A mí también me costó en el pasado entender estos temas. Yo también crecí en un mundo que privilegia a las personas cisgénero por encima de las personas trans en todo momento. A mí también me enseñaron que la biología es binaria y que «a los chicos se les da mejor el deporte que a las chicas».

Ese es nuestro legado al crecer y vivir en un mundo tránsfobo. Trabajar contra ello implica cuestionar y deconstruir toda esa transfobia aprendida.

Por último, no nos olvidemos de reconocer que Lia es humana. No estamos hablando sobre «La cuestión de Lia Thomas» o «El problema de Lia Thomas». Estamos hablando sobre una persona, un ser humano como tú y como yo y como el resto de la gente que conocemos. *Ella* no es una cuestión ni un problema; más bien lo son las ideas y tensiones que rodean su participación en un deporte.

LA HISTORIA DE LIA

Me senté delante de Lia en un bonito restaurante italiano de Atlanta. Lucía una de esas decoraciones modernas, industrial, con cañerías negras de metal y vigas de madera expuestas. La madre, el padre y unes cuantes amigues de ella nos acompañaban en la mesa. Todo el mundo pidió algo para beber. Lia acababa de terminar su última competición en la primera división de la NCAA. Aunque esa noche había quedado octava, unos cuantos días antes había afianzado su posición como la primera campeona abiertamente trans en primera división.

—¿Cómo te sientes? —le pregunté cuando todo el mundo recibió la bebida.

—Muy cansada —se rio—. Pero feliz.

Contuve las lágrimas durante toda la cena mientras presenciaba la tranquilidad y la alegría de Lia. Estaba muy cambiada, comparada con cuando nos conocimos. Por aquel entonces, su miseria había sido cristalina. Recuerdo temer el camino que le tocaba emprender en el equipo femenino, porque sabía que no la recibirían con amabilidad. Pero, sobre todo, me aterrorizaban más las consecuencias si Lia no elegía priorizar su verdad.

Pero allí la tenía, riéndose y viviendo. Era feliz en su verdad y saltaba a la vista. Durante esa cena, todo el odio, los medios de comunicación y las protestas eran irrelevantes. Durante esa cena, Lia podía ser una orgullosa campeona.

Me escribió por primera vez en junio de 2018 a través de Facebook, después de que une amigue nos pusiera en contacto. Se había dado cuenta de que era trans una semana y media antes de empezar la universidad, aunque no había estado lista para enfrentarse a ello en ese momento. «No puedo con esto ahora mismo, es demasiado», pensó. Pero, al terminar el primer curso en Penn, su identidad se había solidificado en su mente. Recuerda haber pensado: «¡Una mujer trans, eso es lo que soy, esa soy yo!».

«Salir del armario es una de las cosas más duras que he hecho nunca», me escribió ese primer día. «Pero fue bonito poder hablar con alguien sobre ello». Lia se lo había contado a une amigue cercane y le dijo que planeaba contárselo pronto a su hermano. Con suerte, la aceptaría sin problemas, porque tenía la mente abierta. Tras unos cuantos mensajes más, apareció el tema del deporte.

«¿Cuánto te apoyó tu equipo cuando saliste del armario? Porque pensar en eso me está estresando», me escribió. Aunque mucha gente acusa a las personas trans, sobre todo a las mujeres trans, de transicionar con el objetivo explícito de triunfar en el deporte, Lia no me hizo ni una sola pregunta sobre la normativa de la NCAA en esa primera conversación. Lo que le preocupaba era contárselo a personas que quizás no la apoyasen; también quería saber cómo contactar con otras personas trans para buscar nuevas amistades y cómo era transicionar. Sus preguntas se centraban en factores estresantes interpersonales que, en el fondo, decían: «¿Encontraré un hueco en la sociedad?».

Nos conocimos en persona ese mismo año. La acompañó le primere amigue a quien le contó que era trans y nos sentamos a una mesa fuera de la residencia de Penn. A pesar de ser una mujer alta y desgarbada, aún parecía pequeña. Hablaba en voz baja, pausaba entre un pensamiento y otro. Su tristeza y su presión eran palpables. Conocía demasiado bien esos sentimientos.

Una persona que no puede ser ella misma tiene un aire particular, un algo más profundo que la depresión o el malestar. Es la experiencia de retraerse del mundo y, más doloroso aún, de sí misme.

Durante esa primera conversación en persona, nos centramos también en salir del armario y en la relación con sus seres queridos. A sus xadres les costaba entender esa identidad que les acababa de presentar y se preocupaban por Lia, que había empezado el segundo curso en Penn y tenía problemas. La natación parecía ser la última de sus prioridades y a menudo se planteaba dejarlo. No podía ir a entrenar por la depresión y la disforia de género que sufría en esa época.

Fue un «año de saber que era trans, no transicionar, seguir nadando, competir y presentarme como hombre», dijo al rememorar esa época. «Todo esto me causó problemas para nadar». Y, pese a todo, en esa misma temporada (2018-2019) se las apañó para conseguir una de sus mejores clasificaciones en el equipo masculino. A pesar de su éxito en la piscina, la salud mental de Lia seguía deteriorándose y decidió empezar a transicionar en cuanto terminara la temporada. Sin decírselo a su entrenador ni a sus compañeros de equipo, comenzó a tomar hormonas (supresores de testosterona y suplementos de estrógenos) en mayo de 2019.

Cuando le pregunté sobre ese momento, me dijo: «Cuando empecé con las hormonas, no pensaba en el deporte». Calló un momento y se limpió una lágrima. «A esas alturas, intentaba no morir. Hice lo que tenía que hacer para sobrevivir… y eso era transicionar, tomar hormonas, recibir atención sanitaria trans. Sentí que era la única opción que tenía».

Las personas que afirman que las mujeres trans son en realidad «hombres que quieren ganar» denigran su motivación en el deporte y afirman que sus transiciones solo son un medio para conseguir la victoria en un equipo femenino. Lo cierto es que Lia empezó su transición sin pensar en competir. No sabía si seguiría nadando, solo sabía que tenía que transicionar para seguir con vida.

En agosto de ese año, tras unos meses de terapia hormonal, se sentía mucho mejor. Decidió que se plantearía nadar y empezó por salir del armario en la piscina. Un día, después del entrenamiento, le sorprendió el enorme apoyo que recibió de su entrenador, Mike Schnur (él), de sus ayudantes y de sus compañeros de equipo. Y, a pesar del torbellino que fue ese primer año con hormonas y de seguir nadando en el equipo masculino mientras completaba el año exigido de supresión de testosterona, Lia acabó disfrutando de la natación como no lo hacía en años. Consiguió una excepción para el uniforme, con lo que pudo llevar un traje de baño de mujer no solo para practicar, sino también para competir.

«Lo que más noté es que me implicaba más en la natación que antes. Me sentía más comprometida con el deporte, con el agua. Entrenaba y competía mucho mejor porque era más feliz», dijo.

En otoño de 2021, tras un año nadando en el equipo masculino mientras tomaba supresores de testosterona y suplementos de estrógeno, y tras otro año de pandemia, hizo dos años en total de terapia hormonal y comenzó a nadar en el equipo femenino. Su posterior rendimiento y éxito en esta categoría provocó una cantidad enorme de ataques. Aunque Lia y yo habíamos hablado sobre la posibilidad de que ocurriera esto, nunca se habría podido preparar para lo que ocurrió después del encuentro Zippy, cuando salió la noticia y comenzaron las protestas.

«Me lo había esperado, hasta cierto punto. Sabía que me estaban esperando. Pero la magnitud me sorprendió. […] Al principio, me costó procesarlo».

Lia aguantó un gran aluvión de odio, al tiempo que competía en uno de los niveles más elevados de natación competitiva. La mayoría de los comentarios, mensajes privados y otras respuestas negativas sobre su participación carecían de significado y credibilidad y no merecían su atención. Pero me gustaría analizar los hechos más básicos que sí vale la pena comentar.

Lia es una nadadora excelente

Muchas acusaciones insinúan que el éxito de Lia en la piscina es solo el resultado de su género asignado al nacer, el masculino. Hay quien afirma que está arrebatando a otras chicas «todo por lo que siempre han trabajado».

Esto pasa por alto varias verdades: 1) Lia también ha trabajado toda su vida para ser buena nadadora. Empezó a nadar con cinco años y tiene miles de horas de práctica. 2) Lia no es una gran atleta porque le asignaron el género masculino al nacer. Es una gran atleta porque ha trabajado duro durante diecisiete años para destacar en algo que le gusta.

La idea de que las personas a quienes les asignaron el género masculino al nacer son automáticamente mejores en el deporte que aquellas a quienes les asignaron el femenino está arraigada en la creencia sexista de que a los «chicos» se les da mejor el deporte por naturaleza que a las «chicas», lo cual es falso.

Y aunque los argumentos se sustentan en la idea de que *todas* las mujeres trans son inadmisibles en la categoría femenina por su «sexo biológico», la realidad es que hay mujeres trans que compitieron en la NCAA antes que Lia Thomas. La mayoría de la gente no conoce sus nombres, pero encima esas mujeres no fueron víctimas del mismo odio y la misma hostilidad que Lia. ¿Por qué? Porque no triunfaron al mismo nivel que ella. Natalie Fahey (ella), una mujer trans, también nadó en el equipo femenino (unos cuantos años antes que Lia) en la Universidad de Southern Illinois. Pero, a diferencia de Lia, no batió récords ni ganó competiciones, con lo que no hubo ninguna tormenta mediática.

Lia no ha «dominado» la categoría femenina

En 2022, Lia ganó en 500 yardas estilo libre durante los campeonatos de primera división de la NCAA para mujeres, con lo que se convirtió en la primera atleta trans conocida en ganar un título de primera división en la NCAA. Lo hizo bien y no cabe duda de que fue emocionante, pero la mayoría de los artículos y acusaciones en los que se afirma que Lia «ha dominado» y «ha destruido» el deporte femenino son imprecisos y manipuladores.

En ese campeonato de 2022 se batieron veintisiete récords.[32] Lia no batió *ni uno*. Su mejor tiempo en las 500 yardas estilo libre no fue un récord estadounidense, ni de la U. S. Open, ni de la NCAA ni de ningún encuentro o piscina. El tiempo con el que ganó, 4:33.24, *no* estuvo entre los cincuenta mejores tiempos del país y no habría ganado esa misma competición en seis de los nueve años anteriores. En ese mismo campeonato se batieron siete récords estadounidenses, cinco por Kate Douglass (ella), de la Universidad de Virginia. De hecho, dieciocho de los veintisiete récords en total de ese fin de semana fueron de Kate Douglass. Y, cómo no, nadie acusó a Kate Douglass, una mujer cis, de competir de forma injusta o de dominar el deporte.[33]

Te habrás fijado en que he explicado unas cuantas estadísticas para demostrar que Lia no «dominó» nada y, aunque estos datos son ciertos, tener que presentarlos es triste. Lia debería poder ser una gran atleta también. Para los éxitos de las atletas cis nunca se usan frases como «Ah, pues no es tan buena». La gente no mira a la gran nadadora Katie Ledecky (ella) y dice: «Bueno, *solo* ganó por veintiséis segundos, así que sí, sigue siendo justo». (Hay que reconocer que Katie ha ganado, de hecho, una competición nacional por veintiséis segundos, un margen casi inaudito en natación de élite, donde muchas carreras se ganan por milisegundos).

No tendríamos que demostrar que es justo incluir a Lia con el argumento de que *no es tan buena*. Las mujeres trans deberían poder triunfar y celebrar sus éxitos también.

Lia no pasó de ser una doña nadie a ser importante

Una imagen (o un meme) en el que aparece Lia antes y después de transicionar, con el texto «el 462º» y «la 1ª» debajo de cada foto, ha circulado por ahí durante gran parte de la temporada. Lo más obvio es que el objetivo de esta imagen era fomentar la narrativa de que la participación de Lia en el deporte femenino era injusta.

Esta era una de las múltiples afirmaciones para el argumento de que Lia «nunca destacó como atleta» antes de transicionar.[34]

A principios de febrero de 2022, poco antes de que Lia fuera a competir a los campeonatos de la NCAA, dieciséis de sus compañeras de equipo firmaron de forma anónima una carta donde condenaban a la NCAA por permitir que las mujeres trans compitieran en la categoría femenina.

La carta decía: «Biológicamente, Lia tiene una ventaja injusta al competir en la categoría femenina, como muestran sus clasificaciones, ya que ha pasado del puesto 462 como hombre al primer puesto como mujer».[35]

Dejemos los datos a un lado de momento, porque aquí voy a pedirte que pienses en Lia como persona.

Como nadador competitivo durante la mayor parte de mi vida, me he levantado antes de que amaneciera la mayoría de las mañanas, tanto para conducir por carreteras oscuras para ir a entrenar antes de la universidad como para cruzar el puente de Cambridge a Allston, donde competía en Harvard. Cada mañana, mis compañeros y yo nos metíamos medio dormidos en una piscina fría, donde nadábamos como equipo durante dos horas, antes de ir a desayunar juntos para luego empezar el día como estudiantes. Repetíamos esto mismo la mayor parte de las tardes, cuando volvíamos para un segundo entrenamiento agotador, que a veces iba acompañado de un entrenamiento de fuerza.

Y hacíamos todo esto juntos. En cada entrenamiento superábamos el agotamiento físico, el dolor y el miedo juntos. Sabía que mis compañeros estarían allí conmigo. Sabía que también estaban doloridos y cansados. Y sabía que los animaría durante la última serie y que ellos harían lo mismo por mí.

La natación influyó en todos los aspectos de mi vida cotidiana durante mucho tiempo. Y lo mismo para Lia. Imagínate despertar una mañana para descubrir que dieciséis de tus compañeras de equipo no quieren que compitas. Que dieciséis compañeras han ido a tus espaldas para publicar una carta en abierto que puede ver todo el mundo donde comparten su opinión. Imagínate la tristeza, el dolor, la soledad. Imagínate no saber quién te quería allí y quién no. Imagínate llegar a la piscina todas las mañanas para practicar y saltar a la piscina. Imagínate ser Lia por un momento.

Aparte de la crueldad inherente de esta carta, la comparación de su clasificación del puesto 462 al primero que se usa como «prueba» de que Lia consiguió una especie de ventaja biológica sobre las atletas cis es falible como mucho.

Esta supuesta «lógica» tiene infinidad de problemas.

El primero, dicho con sencillez: no son «pruebas». Muchas personas han contrastado esta supuesta clasificación como «prueba» de que Lia no fue una atleta destacable antes, pero ahora sí, y de ahí que su inclusión sea «injusta». Pero las auténticas pruebas son las investigaciones científicas con una muestra de población sustancial y con integridad metodológica, y esta afirmación no hizo uso de ninguna de las dos.

La carta no demuestra tales «pruebas» a la hora de determinar por qué exactamente Lia posee una ventaja injusta, excepto para decir que es rápida. Lo que se traduce como: «Cuando las mujeres cis son rápidas, no pasa nada; cuando las mujeres trans son rápidas, es injusto». Así que esto no tiene nada que ver con la justicia. Es transfobia pura y dura.

El segundo problema es objetivo: ni yo ni mis compañeros pudimos encontrar esa clasificación en el puesto 462 en ninguna parte.

Y por último y más importante: la afirmación de que Lia no destacaba como atleta antes de competir en el equipo femenino es una mentira cuyo objetivo es engañar a la gente. Su clasificación más elevada *antes* de transicionar fue en el puesto *once a nivel nacional*. Sí, la once, cuando nadaba contra hombres. También quedó duodécima en las 1000 yardas estilo libre en 2018 y 2019. Lia quedó trigésimo octava en las 1650 yardas estilo libre en 2019 y no se clasificó para el campeonato de las NCAA por una décima de segundo.[36]

No es nada raro ni inverosímil que une atleta pase del puesto once al primero en unos cuantos años. La mayoría de les deportistas (si no todes) que triunfan en el más alto nivel no empezaron ganándolo todo enseguida, sino que fueron mejorando con los años y con cada competición. Si una mujer cis pasara de un rango inferior al primer puesto, nadie diría que es injusto.

Personas con poder han manipulado al público

Antes del debut de Laurel Hubbard en los Juegos Olímpicos, une periodista de la BBC me preguntó: «Donald Trump Jr. ha criticado a las mujeres transgénero en el deporte, ¿qué tienes que decir sobre esto?».

Respiré hondo para intentar no decir lo que justo me pasó por la cabeza en ese momento: *¿Qué cojones me importa a mí lo que Donald Trump Jr. tenga que decir sobre nada, y mucho menos sobre el deporte? Cielo santo, ¿es que es deportista o algo?*

Como se trataba de un programa de noticias importante en directo, mantuve la compostura y dije con tranquilidad: «Sinceramente, hasta donde yo sé, Donald Trump Jr. no es experto en deporte, ni fisiólogo deportivo, biólogo, endocrino o experto en cuestiones trans, así que, aunque tiene derecho a su opinión, yo no la consideraría importante ni relevante para este tema. En cualquier caso, sus comentarios son tránsfobos, desinformados, perjudiciales y está abusando de forma irresponsable de su poder».

A lo largo de mi carrera me han preguntado múltiples veces sobre mi opinión o me han pedido que responda a las declaraciones que ha hecho alguna celebridad, política o figura pública sobre las personas trans o atletas trans, y siempre suelo dar una variación de la respuesta que le ofrecí a la BBC.

En el caso de Lia, una de las personas que más habló en su contra fue Nancy Hogshead-Makar (ella), la mujer que había escrito la carta abierta a la NCAA de parte de las dieciséis compañeras anónimas del equipo de Lia.

Como campeona olímpica y abogada por los derechos civiles, les aseguro que no hay nada justo en la mujer transgénero Lia Thomas, que compite por la Universidad de Pensilvania en el equipo de natación de la NCAA.

El intento de Hogshead-Makar de calificarse como experta es manipulador y erróneo. Aunque ser campeona olímpica y abogada por los derechos humanos son logros impresionantes que requieren un compromiso intensivo, ninguno de ellos la autoriza a ser una experta sobre si es justo que una mujer transgénero compita en un deporte femenino. Ser campeona olímpica y abogada por los derechos civiles no es lo mismo que ser bióloga, fisióloga, endocrinóloga o experta en fisiología deportiva. Afirmarlo es lo mismo que decir: «Como soy una neurocirujana de fama mundial, también estoy claramente calificada para ser abogada».

Este intento de engañar al público al considerarse como persona experta en el tema se ha convertido, por desgracia, en una táctica habitual y abusiva entre la gente con poder. Hogshead-Makar no es la única ni la primera en poner en práctica esta táctica, aunque parece que la ha perfeccionado, igual que han hecho otras personas como los gobernadores Ron DeSantis y Greg Abbott.

Lia no es un símbolo de que las mujeres trans «dominarán» o «han dominado» el deporte femenino

La mayoría de la gente no puede ni nombrar a cinco mujeres trans que hayan ganado competiciones internacionales o incluso nacionales. Ya es impresionante si puedes mencionar a alguien aparte de Lia Thomas. En la historia conocida, hay menos de un par de docenas. Las mujeres trans *no* «dominan» el deporte femenino. Son las mujeres cis quienes lo dominan.

¡Siempre habrá grandes atletas excepcionales que parezcan imposibles de vencer!

Titulares como: «Michael Phelps destaca en los Juegos Olímpicos de Pekín», «La nadadora olímpica Katie Ledecky echa a la competencia del agua», «Esto es lo que convierte a LeBron James en un "atleta extraordinario" según su entrenador de la NBA» son llamativos, pero en general no generan preocupación.

Michael Phelps, Shaquille O'Neal (él), LeBron James (él), Katie Ledecky y muches de les grandes poseen características físicas que les permiten tener ventajas en sus deportes, pero nadie las ha considerado como motivo de descalificación. Puede que haya quien exclame con asombro que las ventajas son injustas. Pero nadie dice: «Los brazos de Michael Phelps son demasiado largos, debería acortárselos para igualar las condiciones» o «Los pulmones de Phelps son demasiado grandes, deberían darle una desventaja para que sea una competición justa». No, se le permite disfrutar de estas ventajas biológicas y lo alaban por ser un «fenómeno raro de la naturaleza» asombroso. Sin embargo, en cuanto aparece una atleta que es también un «fenómeno raro de la naturaleza» en la categoría femenina (y sobre todo si no encarna una definición de feminidad aceptable), entonces sus logros se consideran injustos.

Madison Kenyon (ella), una corredora cis de diecinueve años procedente de la Universidad Estatal de Idaho, apoyó la normativa antitrans en su estado y declaró ante la NPR que: «Salir a la pista y que no haya equidad y que te venza alguien que posee ciertas ventajas que tú nunca tendrás, por mucho que entrenes, es muy frustrante».[37]

Este concepto de «igualdad de condiciones» en la pista es escurridizo. El privilegio y la opresión hacen que sea imposible que exista una auténtica igualdad de condiciones en el deporte. Pero, además, que una persona piense que no podrá vencer a otra no es un pensamiento exclusivo que alguien tiene solo cuando compite contra mujeres trans. Muchas personas en natación bromean sobre que, cuando compites contra Katie Ledecky, en realidad estás peleando por el segundo puesto. A esta mujer se la ha considerado invencible durante mucho tiempo y posee decenas de títulos nacionales e internacionales que secundan su invencibilidad. Así pues, acusar a las mujeres trans de ser invencibles solo por ser trans no es un argumento basado en pruebas ni en hechos: es otro argumento tránsfobo más.

Dejad de castigar a las mujeres trans por culpa de los hombres cis tóxicos

Una vez que he rebatido los «argumentos» tránsfobos que la gente usa contra Lia u otras mujeres trans que forman parte del deporte femenino, hay personas que al final acaban diciendo algo tipo: «Entiendo que las mujeres trans no son una amenaza. Entiendo que deberíamos dejarlas jugar. Pero, si lo hacemos, los chicos solo fingirán ser chicas... ¡Los *hombres* fingirán ser mujeres con tal de ganar!».

Mi primera respuesta suele ser contener la risa ante esa perspectiva. ¡No es así como funciona la masculinidad tóxica! Ningún hombre que quiera ser campeón para alimentar su ego va a pensar que lo conseguirá ganando en un deporte femenino. ¿Tú has visto cómo tratan a las mujeres trans en la categoría femenina? ¿Te parece el tipo de gloria que buscaría un hombre inseguro?

Aparte de esto, el argumento de que «los chicos fingirán ser chicas» también pasa por alto el proceso largo e intensivo por el que muchas organizaciones deportistas exigen que se sometan las mujeres trans. Una persona no puede entrar así como así en la mayoría de los deportes de élite femeninos. Acabamos de hacer un curso intensivo de las múltiples normas y reglamentos que se requiere para acceder a estos equipos, que en general suelen ser años de terapia hormonal. Por no mencionar que se necesita habilidad y entrenamiento para triunfar en cualquier deporte, sin importar el género de cada categoría.

Y aunque un hombre fingiera ser una mujer para ganar, no habría que echar la culpa a las mujeres trans. Si tienes miedo de que un hombre cis finja ser una mujer con tal de ganar en la categoría femenina, entonces a quienes temes es a los hombres cis, no a las mujeres trans.

—Bueno, entonces, ¿qué hacemos con esos chicos que van a fingir ser mujeres? ¡No podemos permitir que hagan daño a las chicas así como así! —me respondieron en una ocasión cuando salió el tema.

—Coincido en que los hombres no deberían hacer daño a las mujeres, pero la solución no es excluir a las mujeres trans (que, repito, no son hombres). La solución es enseñar a los chicos a ser mejores hombres. La solución es enseñar a los hombres a ser mejores.

· · ·

Les atletas trans no transicionamos para jugar a un deporte, sino que transicionamos para vivir… y luego, si eso, para jugar a un deporte. Les atletas trans no somos una amenaza para la integridad del deporte, ya sea femenino o del tipo que sea. Cuando comprendamos que excluir a las mujeres trans perjudica a todas las mujeres, que es una forma de controlar a toda la categoría femenina y, además, ignora el peligro real para el deporte femenino, entonces podremos unificar nuestra lucha contra nuestro auténtico enemigo: el patriarcado.

18

La masculinidad tóxica desde la perspectiva de un hombre trans

Mi primer curso en Harvard fue, de lejos, el más difícil. Sentía ansiedad en todos los eventos sociales, sobre todo en los que estaban mis compañeros de equipo. Acababa de empezar a vivir, desde la perspectiva de otras personas, como un hombre. En muchos sentidos, me sentía nuevo y solo. Nunca me habían hecho socializar con decenas de hombres (chicos, en realidad) en edad universitaria y ahora pasaba la mayor parte del día con un equipo de cuarenta hombres. Sentía que me faltaba tiempo para aprender esas prácticas sociales.

Encima, mis compañeros de natación me malgenerizaron a menudo durante el primer semestre. Nadie me malgenerizaba en clase ni en ninguna otra parte de la universidad. Intenté darles tiempo. A diferencia de mis compañeres de clase, ellos me habían conocido antes de transicionar. Leyeron sobre mí y vieron fotos. Sabía que eso afectaba a cómo me veía la gente. Aun así, que en la piscina me trataran en femenino era como un brillante cartel de neón que gritara: «ESTE NO ES TU SITIO».

De pequeño, nunca encajé en ningún grupo. Me acostumbré e hice las paces con ello. Pero en la universidad, al fin era yo mismo. ¡Y encima en el equipo de natación de Harvard! Menudo viaje había sido llegar hasta allí. Me sentía muy orgulloso y, por primera vez en mi vida, estaba desesperado por formar parte de un grupo.

A finales de agosto, antes de comenzar el primer curso, nos reunimos para estrechar lazos en la casa de un compañero. Mientras comíamos, los otros estaban de pie por ahí, bromeando. Empezaron siendo bromas tontas y divertidas. Algunas eran graciosas, pero la mayoría no las entendía.

En un momento dado, un chico soltó una broma muy misógina y todo mi ser se estremeció. Lo peor era que la había dicho uno de los pocos miembros que aún no me habían malgenerizado y que se había esforzado por hacerme sentir bienvenido y cuidado. *¿Debería reírme y hacer como si nada? ¿Eso es lo que significa ser un hombre aquí?*

Sabía que cuando me presentaba como mujer no habría dejado pasar sin más esa broma. Le habría dicho cuatro cosas en ese mismo momento, delante de todo el mundo.

Pero rodeado de mis compañeros, que gritaban y vitoreaban, sentía un anhelo desconocido, quería encajar. Tuve ganas de unirme a ellos y reírme también.

Venga, Schuyler. No ha sido para tanto, sabes que no lo dice en serio. ¡Solo es un chiste!, intenté convencerme. Sabía que reírme era un paso más para ser uno de ellos. Para que me vieran como lo bastante hombre. Para que me vieran como un hombre, punto.

Pero no pude hacerlo. Me levanté y me marché. No había cobertura allí, así que eché a andar hasta que pude llamar por teléfono.

—Ven a recogerme, mamá —dije entre lágrimas—. No puedo quedarme aquí… No puedo ser uno de ellos. Es demasiado difícil.

Aunque quiso convencerme de que lo intentara durante un par de días más, años más tarde me confesó que ya estaba en el coche, con las llaves en el contacto, lista para salir y recogerme. Pero mi padre la tranquilizó y me animó a que tomara una decisión al día siguiente. La llamada se cortó por la pésima cobertura y me quedé sentado en el bordillo con la cabeza entre las manos.

¿Y qué hago ahora?

Unos minutos más tarde, el chico que había dicho la broma salió de la casa y se acercó.

—Oye, ¿qué pasa? ¿Por qué te has ido? —preguntó con una preocupación real. No tenía ni idea de lo que había dicho.

Me planteé mentir. *¿Y si me llama cobardica o nenaza? ¿Debería decirle lo que siento?* Pero, como ya me sentía excluido y diferente, tampoco tenía mucho más que perder.

—No me ha gustado el chiste ese que has contado antes… —empecé a decir.

—Ah, no lo has entendido. Pues te lo explico —me interrumpió, pero lo corté con un gesto.

—No, sí que lo entiendo, no te preocupes. —Me callé para ordenar mis ideas. Él aguardó, un poco desconcertado, pero también paciente. Se sentó a mi lado y ladeó la cabeza. Respiré hondo—. Lo entiendo y sé que tenía que ser gracioso, pero… es muy misógino y se basa en la cultura de la violación.

—Ah —respondió él, con aire reflexivo—. Pues yo no lo veo.

—Mira, ¿qué harías si uno de los chicos dijera eso mismo sobre tu madre?

Para darle más efecto, le repetí el chiste, pero con su madre en vez de con una mujer anónima.

—Pues me enfadaría —respondió enseguida.

—Vale, ¿y si alguien lo dijera sobre tu hermana? ¿O tu novia? —insistí.

—Me pondría furioso y seguramente… —No acabó la frase—. Ah.

Y se puso a observar el asfalto conmigo.

—Exacto. —Estaba aliviado, y también un poco sorprendido, de que la táctica funcionara. No me alteré, porque él seguía tranquilo. Me armé de valor y añadí—: ¿Por qué una mujer tiene que ser tu madre, hermana o novia para que se la respete?

—Tienes razón… Sí… Lo entiendo.

—Pasé toda la adolescencia recibiendo burlas de chicos como tú. Y los del equipo de natación hacían comentarios asquerosos sobre mi cuerpo y lo que le harían.

—Lo siento —dijo. Me estaba escuchando.

—Hoy en día, la mayoría de las mujeres que conozco han sufrido algún tipo de ataque sexual. Y todo empieza con pequeños chistes como el que has dicho hoy. Así solo comunicamos a los niños que no pasa nada por hacer cosas así. Y es como una bola de nieve que va creciendo... ¿Tiene sentido lo que digo?

—Sí —respondió, asintiendo. Yo seguía sorprendido porque no se había defendido. No había previsto que la conversación fuera fácil—. Pero tío, Schuyler, tienes que entenderlo... No todos crecimos igual que tú. No crecimos... en un entorno donde nos trataban como chicas, igual que tú, así que no lo entendemos del mismo modo.

Aquello tenía sentido. No me lo había planteado.

—Comprendo. Pero las mujeres conforman el 52% de la población mundial. Creo que deberíais empezar a pensar en su perspectiva.

Como ya habrás adivinado, ese día *no* dejé el equipo de natación.

Nos reunimos con el resto de los nadadores y retomé las actividades del fin de semana. Sin embargo, mi vida tampoco fue un camino de rosas a partir de entonces. Por desgracia, me enfrentaría a muchos momentos similares en los años sucesivos que pasé en el equipo y con otros hombres, porque me percibían como uno más. He perdido la cuenta de las veces que algún hombre me ha dicho cosas asquerosas sobre las mujeres esperando que me riera, coincidiera con él o incluso contribuyera. Y en cada ocasión he tenido la oportunidad de elegir: ¿debo hacer lo que se espera de mí (con lo que consigo abrirme hueco en este espacio, mientras perpetúo un sistema de masculinidad tóxica) o me resisto y me arriesgo a que no me acepten?

Y lo que quiero decir con esto es: antes de transicionar, fui víctima de la misoginia. Ahora se espera de mí que sea su cómplice. Esta ha sido una experiencia esclarecedora, difícil y privilegiada en muchos sentidos. Y en este capítulo intentaré explicarla con más profundidad.

Antes de seguir, he aquí unos cuantos términos clave:

Patriarcado: una forma de organización social que empodera a los hombres por encima de las mujeres y de otras personas que no sean hombres. Coloca a los hombres en posiciones de poder en todas partes: en el hogar, en el trabajo y en la sociedad en general. Plantéate lo siguiente: nunca ha habido una presidenta en este país; las mujeres no consiguieron el derecho a voto hasta 1920; a las mujeres se les paga menos que a los hombres;[1] las mujeres no ocupan tantos cargos ejecutivos decisivos; las mujeres hacen al menos 2,5 más trabajo no remunerado que los hombres.[2] Y la lista sigue.

Misoginia: en pocas palabras, es el odio hacia las mujeres. Más matizado: la opresión y la marginalización interpersonal, intrapersonal, estructural y sistémica de las mujeres y de cualquier persona que exhibe rasgos femeninos o que no sea un hombre cishetero. La misoginia es la principal herramienta del patriarcado.

Sexismo: los prejuicios o la discriminación hacia una persona por su sexo o género, en general hacia las mujeres o las personas que se presentan como femmes.

¿QUÉ ES LA MASCULINIDAD TÓXICA?

Al escribir esta sección, no me decidía entre si empezar con *masculinidad* o con *masculinidad tóxica*. Como ya lo estás leyendo, verás que he decidido comenzar por el último término, y he aquí el motivo.

Aunque no me gusta definir cosas por lo que no son, en este caso la masculinidad se suele definir (o, al menos, estereotipar) por lo que no es, por lo que le falta y por lo que no puede proporcionar.

Este tipo de masculinidad no es en realidad la masculinidad en sí misma, sino más bien la cáscara, a la que nos solemos referir como «masculinidad tóxica». En 2019, en un artículo del *New York Times*, Maya Salam (ella) contaba que les investigadores definen la masculinidad tóxica como «un conjunto de comportamientos y creencias que incluyen lo siguiente: suprimir emociones u ocultar el malestar para mantener una apariencia de dureza [y] violencia como indicador de poder».[3] En contra de lo que cree la gente que se toma a mal este término, la masculinidad tóxica *no* significa que todos los hombres sean tóxicos. Es algo que perjudica primero a los hombres y, con ese dolor, represión y soledad, los hombres hacen daño a otras personas.

La masculinidad tóxica adopta distintas formas y, en especial, se vende como billete para encajar. He observado algo sorprendente: participar en la masculinidad tóxica no tiene nada que ver con impresionar a las mujeres o cortejarlas, sino más con impresionar y encajar en un grupo de otros hombres.

A menudo he dicho que mi vida se parece a una clase de estudios de género. No encajar nunca en ninguna parte me ha dado el privilegio de observar desde fuera. Cuando era niño, los chicos que habían sido mis amigos de repente me dejaron tirado, junto con algunas chicas, cuando se dieron cuenta de que su amistad con nosotres perjudicaba su estatus social entre otros chicos. Los oí decir cosas denigrantes y se reían de los chistes horribles que contaban otros chicos, y eso que antes habían sido muy amables y protectores conmigo y con otra gente.

Por desgracia, comprobé que este comportamiento perduraba en la universidad. Vi cómo otros chicos esperaban y observaban las reacciones de los demás a sus chistes, sus excesos, sus comentarios sobre mujeres. La inseguridad y las ganas de recibir la aprobación de otros hombres me resultaban dolorosamente claras. Mis sospechas se confirmaron por duplicado: primero, empecé a darme cuenta de que me sentía presionado para participar en lo que sabía que eran comportamientos tóxicos y presencié de primera mano cómo podría haber entrado en un grupo si lo hubiera hecho. Y, segundo, cuando comencé a trabar amistad con otros hombres en la universidad descubrí que mi experiencia no era la única. Muchos de mis amigos, también hombres, me contaron que compartían estos sentimientos conmigo.

No es una coincidencia que los hombres tengan menos probabilidades que las mujeres de acceder a recursos para su salud mental, como la terapia y la medicación;[4] que los hombres contabilicen un 90 % de la violencia doméstica[5] y que la población con más posibilidades de suicidarse sean los hombres blancos de mediana edad. Aunque el suicidio sea la duodécima causa de muerte en Estados Unidos para la población en general, es la séptima para los hombres. En 2020, un hombre tenía cuatro veces más posibilidades de cometer suicidio que una mujer.[6, 7]

Cuesta comprender cómo la masculinidad tóxica puede resultar en estas consecuencias tan graves, así que planteemos un ejemplo.

Johnny es un niño cis de seis años. Es dulce, amable y le encanta jugar con su hermana mayor. Se lo pasan bien inventando historias con sus Barbies. Pero cuando llora, su padre le grita: «¡Deja de llorar como una niña! Sé un hombre». Johnny se esconde en la habitación de su hermana, que lo abraza, pero no sabe qué más hacer.

Su madre le dice que por ahora puede jugar con su hermana, pero que cuando crezca tendrá que empezar a jugar como un chico, sobre todo con otros niños. Johnny le dice a su madre que no quiere. «Ya querrás, ya», responde su madre, dándole una palmadita en la espalda. «No llores. Ve a hacer los deberes».

Con ocho años, se burlan de Johnny porque le gustan «los juguetes de chicas». Los niños en su colegio lo llaman maricón y se ríen de él. Con diez, ha dejado de jugar con su hermana. La echa de menos, pero está cansado de sentir que no pertenece a ninguna parte.

Con doce años, Johnny se niega a juntarse con chicos que parecen más femeninos por miedo a que lo consideren gay o lo llamen maricón. Él empieza a hacerles bullying también. Al recordar lo que le dijo su padre, se mete con chicos que son más pequeños que él y los llama mariquita. Se esfuerza por no llorar.

A veces se frustra porque le cuesta hacer los deberes. Contiene las lágrimas y su padre le recuerda con aspereza de vez en cuando que tiene que «ser un hombre». A menudo hace bromas sobre los «maricones» en el trabajo a quienes no considera lo bastante hombres. «Los hombres de verdad no lloran en el curro», le dice a Johnny. El niño toma nota.

Con trece años, ve a comediantes que se burlan de la gente queer y trans. Se ríe cuando los otros niños ríen y ellos ríen cuando él ríe. Nadie quiere que lo excluyan del chiste. Nadie quiere no ser lo bastante hombre.

En su primer entrenamiento de fútbol cuando tiene quince años, Johnny recibe un fuerte golpe. No llora. En el coche de camino a casa, su padre lo agarra del hombro con firmeza. «Lo has recibido como un hombre de verdad», le dice, asintiendo. Johnny se siente orgulloso y querido.

Con diecisiete años, su primera novia rompe con él y queda destrozado. Su padre suelta unas cuantas obscenidades sobre la chica y luego termina su diatriba con un gruñido: «No seas un blandengue. Hay más chicas».

Con diecinueve, está borracho con sus amigos en una fiesta universitaria y un hombre, conocido por ser abiertamente gay, flirtea con él. Johnny le da un puñetazo. Sus amigos lo vitorean y se ríen del otro hombre.

Con veintiún años...

- *Johnny se da cuenta de que es gay. Angustiado y sin poder aceptarse a sí mismo, se quita la vida y muere solo en su residencia universitaria...*
- *O conoce a una chica en un bar y la lleva a casa con la intención de acostarse con ella. Al descubrir que es trans, le da una paliza hasta dejarla sin sentido y la chica muere...*
- *O Johnny y sus amigos atacan y matan a un hombre por presuntamente flirtear con ellos.*

Johnny también podría hacer algo menos extremo:

- *Siempre con el temor de no ser «lo bastante hombre», Johnny pasa gran parte de su vida reprimiendo sus sentimientos. Durante la universidad, esto significa que pasa el tiempo en el gimnasio o en el bar, en vez de entablar amistades duraderas. En la adultez, le cuesta mantener una relación romántica, porque las mujeres siempre le dicen que no está «emocionalmente disponible». No comunica su dolor cuando su madre muere, aunque le resulta insoportable y va solo a su funeral. En vez de mostrarse vulnerable con sus amigos, bebe mucho en solitario. Cuando se casa y tiene niños, les transmite la misma vergüenza por sus emociones y su autenticidad. Y así es como el ciclo continúa.*

La masculinidad tóxica comienza con un anhelo profundo e inherentemente humano de pertenecer y puede acabar arrebatándonos nuestra humanidad. Tal como yo la entiendo, la masculinidad más insidiosa, predominante y, por tanto, peligrosamente tóxica no es solo la violencia, el asesinato o la violación, sino también la vergüenza y el aislamiento que inspiran estos comportamientos menores.

«Sé un hombre», «Échale un par», «Sé más viril», «Los chicos no lloran», «Madura de una vez», «Deja de comportarte como una niña», «No seas maricón». Estas son semillas para la violencia y la destrucción que germinan en los chicos jóvenes e infectan a todo el mundo.

¿Con esto estoy argumentando que los hombres blancos cisheteros son un grupo oprimido en la sociedad? No, no exactamente.

Los radicales de la libertad de expresión, como se suelen llamar, han argumentado que la sociedad es estúpida y «enajena a los hombres jóvenes», tal como dijo a la BBC el psicólogo canadiense Jordan Peterson, mencionado antes. «Les decimos que son opresores patriarcales y ciudadanos de la cultura de la violación. Es horrible. Es muy destructivo. Innecesario. Y triste».[8] Aunque estoy seguro de que existen extremistas que afirman que los hombres blancos cisheteros son el único problema, en realidad las afirmaciones de Peterson no explican el problema.

Pedir responsabilidad a los hombres no es horrible ni destructivo, sino totalmente necesario. Sin embargo, el problema no son los hombres cis, sino el patriarcado, la misoginia y la transfobia. El problema no son los hombres heteros, sino la homofobia. El problema no son los hombres blancos, sino la supremacía blanca. Entender estas diferencias es vital para deconstruir el sistema.

MASCULINIDAD TÓXICA Y MASCULINIDAD TRANS

Como hombre trans, he sido tanto víctima de la misoginia como de la masculinidad tóxica; también se espera de mí (y a veces se me exige) que sea un participante activo a la hora de perpetuar estos sistemas de opresión. Como resultado, yo, junto con otras personas transmasc, tengo una perspectiva única con la que podemos inspirar a otros a cuestionar el patriarcado y la masculinidad tóxica. Nuestra posición nos concede poder. Aunque peleé mucho para que se me oyera cuando me presentaba como mujer, a veces no conseguía de ninguna forma el respeto de otros hombres. Esto no es raro: es más probable que los hombres escuchen a otros hombres, con lo que volvemos a mi afirmación anterior de que la masculinidad tóxica es para otros hombres, para buscar su aprobación, admiración, aceptación e incluso amor.

He decidido adentrarme en ello y usar el privilegio que tengo de ser percibido como hombre (gracias al cual mi voz ahora se considera importante) para que otros hombres emprendan este viaje hacia una masculinidad amable y una humanidad más saludable. Y animo a que más hombres hagan lo mismo.

Recibo con asiduidad comentarios de otros hombres del tipo: «No puedes decir que eres un hombre», «No eres un hombre de verdad» o «¡Por mucho que te operes no cambiarás lo que eres!». Y, aunque hacen estos comentarios desde la ignorancia, lo que veo aquí es inseguridad.

Las raíces de estos comentarios son profundas. No es que no crean en mi hombría, porque, si ese fuera el caso, me costaría entender por qué se enfadan tanto. Si el único problema es que no soy lo bastante hombre para ellos, ¿qué pasa? No es un problema real ni una amenaza para otra persona a menos que tengan apego por un tipo específico de hombría. Y lo tienen. Lo cierto es que espero que mi hombría les moleste no porque no la aprueben, sino porque les obliga a definir lo que es la hombría. Y muchas personas cis no han tenido que explicar la validez de su género más allá del aspecto de sus genitales al nacer, mientras que las personas trans, por definición, deben hacerlo. Aunque no se haga de un modo racional, la experiencia trans puede ser una invitación para cuestionarnos nuestro género y, a partir de ahí, cuestionar toda la realidad que una persona ha aceptado sin dudar.

Por desgracia, esta invitación se suele rechazar. Da miedo y es mucho más fácil denigrar a una persona trans que profundizar en estas preguntas. Hacerlo requiere tener la fe de que una persona es algo más que su experiencia de género. Exige deconstruir todo el comportamiento perjudicial que hemos aprendido para sobrevivir. Y una forma de empezar a hacerlo es rechazar la masculinidad tóxica.

(ALGUNAS SUGERENCIAS PARA) RECHAZAR LA MASCULINIDAD TÓXICA

Deja que los niños y los hombres expresen sus emociones

Enséñales a tus hijos y a otros jóvenes en tu vida que tienen permiso para mostrar sus sentimientos y anima a tus novios, maridos, hermanos y otros amigos a expresar sus emociones. Fíjate en si sientes desdén por los hombres que manifiestan esas emociones que se les suelen prohibir, como pena, dolor, miedo o ternura. Intenta mitigar este desdén durante un momento y deja entrar estos sentimientos. Recuérdate, a ti y a otras personas, que todos los humanos deberían experimentar la amplia variedad de emociones que tenemos. Si eres una persona que sale con hombres, dedica un tiempo a reflexionar sobre qué rasgos encuentras atractivos en ellos. Si «ser mi roca», «siempre está tranquilo» o «no se pone muy emotivo» forman parte de la lista, piensa en que a veces esto implica reprimir emociones. Al igual que con los «gustos genitales», los gustos en cuanto a masculinidad también pueden reflejar sistemas de opresión (en este caso, masculinidad tóxica) y vale la pena deconstruirlos.

Deja que los niños y los hombres vistan como quieran, incluso con prendas que la gente podría considerar femeninas

La ropa solo es ropa. En serio, solo es tela cosida de una forma u otra, teñida con un color o con otro. Deja de juzgar a la gente por cómo viste. Piensa en cómo la moda cambia con el tiempo y la cultura. En el siglo XVIII, los símbolos de alto estatus para hombres eran pelucas empolvadas de pelo largo, maquillaje y zapatos de tacón. En la historia reciente, están de moda las faldas para hombre; las han llevado Brad Pitt (él), Jared Leto (él), Harry Styles (él) y (no es por mencionar de nuevo mi metedura de pata) Lil Nas X. Si crees que a tu hijo le van a hacer *bullying* por llevar un vestido, enséñale a defenderse. No contribuyas al *bullying*.

Deja de asignar género a cosas que no lo necesitan

El azul es solo un color. El deporte es para todos los géneros. A cualquiera le pueden gustar las Barbies. Los camiones, los coches y las máquinas son para niñes a quienes les gustan los camiones, los coches y las máquinas. ¡El maquillaje solo es pintura facial!

Rechaza esas frases dañinas que perpetúan la masculinidad tóxica

Elimina de tu vocabulario frases como «sé un hombre», «échale un par», «no seas una nenaza», «es que mira que eres marica» y otras expresiones degradantes. Anima a otras personas a hacer lo mismo; no te quedes de brazos cruzados mientras tus amigues o familiares usan este lenguaje.

Si eres un hombre, diles a los hombres que quieres que los quieres

Comparte tu afecto. Comparte tus sentimientos. Muchos ansiamos hacerlo y la masculinidad tóxica nos impide formar estos vínculos profundos.

Rechaza ideologías como la de: «Es que los chicos son así»

Los chicos serán lo que les enseñemos a ser. Enséñales a ser mejores.

Habrá quien considere que esta lista es sencilla. Pero para otras personas algunas cosas les parecerán imposibles.

Mi mejor amigo, Kevin (él), un hombre cishetero, siempre ha estado abierto a escucharme. En muchas ocasiones ha adaptado su comportamiento si le he dicho que algo me incomodaba y yo he intentado hacer lo mismo por él. Hemos creado una preciosa amistad basada en esta confianza. Y, pese a todo, a veces me pone nervioso decirle si algo me molesta.

En 2020, Kevin estaba confinado conmigo al principio de la pandemia. Por el motivo que sea, las palabras «nenaza» y «zorra» habían pasado a formar parte hacía poco de su vocabulario. No me las decía a mí, ni a las mujeres ni a alguien que nos importara, sino, de hecho, a gente que me hablaba de mala manera. Aun así, no me sentó bien.

—Mira este comentario —le dije y le pasé el móvil.

—«Seguro que todo tu equipo te odia, maric…» —se calló antes de terminar de leerlo en voz alta.

—Me han enviado como veinte comentarios de ese estilo —añadí, molesto.

—Qué asco. ¡Obvio que son un montón de inseguros! ¡Nenazas!

Aunque estaba claro que intentaba animarme, me encogí al oír la palabra «nenaza».

—Ya —respondí, sin saber si debería comentarle mi incomodidad en ese momento. *Venga, Schuyler, solo quiere apoyarte. No todo el mundo usa las palabras adecuadas en todo momento, dale un respiro,* intenté justificarme. *Pero ya van como diez veces esta semana que dice algo así. Debería decir algo. Lo entenderá,* argumenté. *Pero ¿y si piensa que me estoy pasando? ¿Y si piensa que soy una nenaza solo porque no soporto oír esas palabras?*

Sabía que al final le diría algo, pero, sinceramente, tardé más de lo que me gusta admitir.

Unos días más tarde, estábamos sentados en el sofá a punto de ver una peli.

—Oye, tío —empecé a decir. Me sudaban las manos. Kevin me miró, con un cuenco lleno de chuches ácidas en el regazo (le hacía usar un cuenco para que no repartiera azúcar por todas partes).

—¿Qué pasa? —dijo y se metió una azul en la boca.

—Últimamente estás diciendo cosas como «nenaza» y «zorra» y…

—Uf, tienes razón, lo sé —dijo antes de que pudiera terminar—. Y no debería. Iré con más cuidado.

Suspiré aliviado. *Pues ha sido fácil.* Aunque no todas las interacciones serán sencillas como la mía con Kevin, la comparto para animarte si sientes que confrontar a tus amigos es difícil y para recordarte que su respuesta quizás no dé tanto miedo como temías.

Ir en contra de los comportamientos dominantes que, según la sociedad, harán que te sientas incluide es abrumador, sí. Y, pese a todo, te animo a seguir adelante. He encontrado a mucha gente dispuesta a desafiar el *statu quo* en cuanto conocen a otra persona que también lo hace. Así no estamos tan soles.

¿QUÉ ES LA MASCULINIDAD? ¿SOY LO BASTANTE HOMBRE?

¿Qué queda cuando quitamos la toxicidad de la masculinidad?

No estoy seguro de tener una respuesta para esta pregunta. En conversaciones con amigues, tanto trans como cis, parece que muchas de las formas que tenemos para describir y definir la masculinidad y la feminidad es reducirlas a estereotipos de género. La masculinidad es sólida y tranquila; la masculinidad es abrir la puerta a las mujeres, voz grave y cuerpos musculosos. La feminidad es delicada y fina, sosegada y dócil; estética y bonita; suave, cálida y sinuosa.

Pero cuanto más intento reducir estas definiciones, más se parecen y, al final, más idénticas son.

El diccionario *Merriam-Webster* describe masculino como «propio del varón o que posee características atribuidas a él», «con cualidades, rasgos, etc., que tradicionalmente se asocian a hombres» y «perteneciente o relativo al varón». Femenino se define de la misma manera pero con mujeres. Estas definiciones sencillas tienen ciertas implicaciones: si soy un hombre, todo lo que hago es masculino. Y la masculinidad y la feminidad son conceptos puramente sociales que se evalúan a partir de los roles de género sociales.

Hay otra forma de decir esto: la masculinidad y la feminidad pueden tener distintos significados para distintas personas. En muchos sentidos, creo que describirme tanto como masculino como femenino ha sido una forma de comunicar mi *Schuyleridad*, como dijo mi profesor de Literatura Española, de un modo que sea comprensible para las convenciones sociales.

Si consideramos «masculinidad» y «feminidad» como etiquetas imprecisas en vez de como absolutos que nos definen, creo que podemos abrir mucho más espacio para nosotres mismes y para les demás.

¿QUÉ ES EL PRIVILEGIO MASCULINO?

Antes de comenzar mi proceso de afirmación de género, vivía en Boston con mi tío y su familia. Una tarde, me llevó a la cita con la psicóloga y me preguntó si necesitaba que fuera a recogerme.

—No te preocupes —respondí—. Volveré a pie.

Miró el reloj y asintió.

—Vale, bien. Pero si ha oscurecido cuando salgas, no vuelvas andando. Llámame y vendré a recogerte. Puede ser un poco peligroso que una mujer vaya sola por esta zona.

Me pareció bien. Tampoco le di muchas vueltas, porque me lo habían dicho infinidad de veces.

Avancemos unos cuantos meses. Era diciembre en mi primer curso en Harvard. Nos acercábamos al final del semestre y habían pasado meses desde que una persona desconocida me hubiera malgenerizado; en público, siempre me percibían como hombre.

«Nos vemos en Central», me escribió mi tío. «Saldré sobre las once y media, ¿vale? Junto al H Mart».

«Vale, ahora nos vemos», respondí.

Se refería a las once y media *de la noche*. Y ese mismo tío me propuso ir en bici por Boston a una panadería famosa que abría las veinticuatro horas. La preocupación y la cautela de hacía unos meses habían desaparecido, y con razón. La gente ya no me veía como mujer y, por tanto, no corría el mismo peligro.

Aquello me sorprendió, sobre todo al principio. En los primeros meses de ser percibido como hombre, recuerdo ir por una calle y oír a mi alrededor los piropos de unos hombres. Cuando me giré para comprobar mi seguridad o para mirarlos mal como solía hacer, descubrí que había una mujer detrás de mí. Le lanzaban los piropos a ella, no a mí. Una mezcla de alivio y culpa me inunda cada vez que ocurre: alivio porque yo estoy a salvo y culpa porque, aunque yo lo esté, ella no.

La seguridad en público es una faceta principal del privilegio masculino. Desde mi transición, casi nunca he sentido peligro caminando solo o de noche; a veces hasta me olvido de que sentía miedo al hacerlo. La capacidad de olvidar es otro símbolo de mi privilegio. Pocas mujeres pueden caminar con esta misma seguridad.

Aquí hay unos cuantos beneficios que he experimentado porque la gente me percibe como hombre.

Siempre me preguntan primero a mí si estoy con un grupo de mujeres.

Siento que la gente me escucha más y se fía más de mi experiencia, tanto en el ámbito profesional como en cualquier otro.

Siempre me consideran el líder cuando estoy con un grupo de mujeres. Aunque esto a veces lo puedo atribuir a mi forma de interactuar en grupo (me siento cómodo en papeles de liderazgo y tomo la iniciativa cuando hace falta), estoy seguro de que hay algo más. Cada vez que voy con un grupo de mujeres a un restaurante, les camareres siempre me miran a mí primero cuando preguntan: «¿Mesa para cuántos?».

Me dan la cuenta después de la cena.

Otros hombres me suelen llamar «jefe» o «hermano» de un modo que transmite respeto, aceptación y comunidad. Me gusta mucho sentirme incluido, aunque creo que esta interacción bordea la misoginia cuando no reciben a las mujeres con la misma atención y compasión.

El servicio de atención al cliente me escucha a mí y a mi esposa no.

Los hombres cisheteros no me piropean por la calle ni se me insinúan de forma sexual. Sin embargo, esto sí que me pasa con hombres cis gays, un recordatorio de que la sexualidad no excluye la capacidad de perpetuar la masculinidad tóxica. Y, pese a todo, me siento más seguro en estos espacios que si fuera mujer, porque yo sí que dispongo de voluntad propia y autonomía corporal, mientras que las mujeres no tienen este privilegio.

Mi asertividad se suele percibir como confianza, no como «mala leche», «rabia» o incluso «esa época del mes».

Se me permite ir sin camiseta. Bueno, en general. Aquí hace acto de presencia el privilegio cisgénero (o su ausencia). Hay gente que intenta impedir que vaya sin camiseta porque creen que los hombres trans siguen siendo mujeres. Y aunque no les presto atención, es importante destacar este matiz, que es producto, cómo no, de la misoginia.

Cuando las mujeres responden a la pregunta «¿Qué harías si los hombres no existieran durante un día?», dicen cosas como «Pasear de noche», «Pedir un ascenso porque no habría nadie para colarse», «Ir por la ciudad sin sujetador», «Salir a correr por la ciudad de noche con auriculares», «No gastaría tanto dinero en espráis de pimienta», «Iría a sitios públicos sin mirar por encima del hombro» y «Saldría de fiesta sin preocuparme por compartir mi ubicación con gente que conozco».

Como no siempre me he beneficiado del privilegio masculino, he dedicado mucho tiempo a reflexionar sobre estas respuestas. Es una reflexión contradictoria: me siento agradecido de un modo que muchos hombres cis no lo harán, ya que me he fijado constantemente en estos privilegios, sobre todo en los primeros años, cuando me resultaron nuevos. Y también me siento culpable o triste porque esto no debería ser un privilegio.

Si el mundo te percibe como hombre, te animo a que hagas una lista similar. Reflexiona sobre los privilegios que tienes por tu hombría percibida. *¿Qué hago yo que no pueden hacer las mujeres a mi alrededor? ¿Qué me permite hacer la sociedad a mí, mientras que a las mujeres no? ¿Qué actividades hago y me siento seguro haciéndolas, pero las mujeres no pueden hacer?*

LA GENTE PERCIBÍA MI HOMBRÍA, PERO ALGO NO ACABABA DE ENCAJAR

Para mí y para otras personas transmasc que son percibidas como hombres, el privilegio masculino se construye a partir de otro privilegio similar: el privilegio de pasar por cisheteros o de suponer que lo somos*.

Cuando comencé mi viaje de afirmación de género deseaba que el mundo me percibiera como hombre. Lo que no conseguí expresar en esa época fue que eso era sinónimo de ser percibido como un hombre *cis*. Esta distinción es importante, ya que confundir ambos deseos implica que son el mismo, lo que luego también implica que ser un hombre cis es la única forma de ser hombre. Y esto es falso.

A menudo me preguntan: «Schuyler, entiendo que eres transgénero. Pero también eres hombre. Entonces, ¿eres un hombre *transgénero* o *solo* un hombre?».

Con los años, mi respuesta ha sido consistente:

---

* La diferencia entre los dos es que «pasar por» implica cierta voluntad por parte de la persona trans, y esto no siempre es exacto. «Suponer» que somos cisheteros centra la carga de figurar el género (incorrectamente) de alguien en las otras personas y no en una única persona trans.

«Soy las dos cosas. Soy trans y también soy un hombre. No son identidades ni etiquetas que se excluyan la una a la otra. Ser trans solo es un adjetivo más».

Aun así, esta dualidad no se suele advertir. Cuando voy por el mundo, no me perciben como trans; mi historia sobre que me asignaron el género femenino al nacer es invisible la mayor parte del tiempo. Cuando empecé a transicionar, esto era justo lo que quería. ¡Al fin era yo! ¿Verdad…? Por desgracia, he descubierto que no es así de sencillo.

Aunque he pasado años hablando bien de mi experiencia en el equipo masculino de natación y todavía defiendo lo que dije, la época que pasé allí también se caracterizó por un profundo sentimiento de otredad. La universidad me permitiría formar parte de un equipo por primera vez en mi vida. Estaba cansado de la década anterior, en la que nunca sentí que perteneciera a ninguna parte, donde siempre era demasiado diferente (muy chico) para ser una más de las chicas. En Harvard, mi intención era encajar. Decidí que sería un chico más.

Cada vez que me encontraba con obstáculos donde a les demás les costaba empatizar conmigo y yo con elles, intentaba ignorar mis sentimientos. Pero mi experiencia trans era un punto clave en mi forma de vivir muchas cosas, sobre todo en un equipo deportivo dividido por género. No me sentía capaz de compartir nada con los otros chicos; temía que, al hacerlo, dejara de pertenecer a ese grupo. Y quería con toda mi alma que mi hombría fuera justo como la de ellos.

Para, me decía. *¡Soy lo bastante hombre! ¡Soy un hombre! Eso es todo lo que necesito. No hay nada diferente entre ellos y yo.*

En esa época, pensaba que me estaba afirmando. No reconocí mi propia transfobia interiorizada, ya que creía que solo me estaba recordando que los hombres trans son hombres. Creía que debería intentar no verme diferente a los hombres cis. Como no tenía ningún ejemplo que me corrigiera o me guiara durante el proceso, no me percaté de lo dolorosa que era esta afirmación. Me estaba haciendo daño: atacaba mi propia magnificencia trans y la belleza de ser trans.

Más tarde me di cuenta de que esta afirmación no iba sobre ser lo bastante hombre, sino sobre ser lo bastante hombre *cis*. Y, de nuevo, esta distinción es importante. En los años que han pasado desde mi graduación, después de salir de una relación tóxica con una mujer que no toleraba las implicaciones de mi experiencia trans y, al fin, tras verme rodeado de una comunidad trans cariñosa y espectacular, me di cuenta de que me había puesto a buscar mal mi propia masculinidad.

No soy un hombre cis. Nunca seré lo bastante hombre cis. Es normal que no me sintiera como el resto de los chicos en mi equipo. Es normal que mi experiencia en el mundo sea diferente, ¡porque mi historia es distinta! Es normal que intentar borrar mi propia identidad trans cuando describía mi hombría perjudicara tanto mi autoestima como mi capacidad de validar (y celebrar) mi experiencia como hombre trans.

He conseguido una apreciación más profunda de mi identidad desde que disfruto del espacio para descubrir mi hombría y mi humanidad lejos de la presión del deporte masculino y del entorno con el equipo.

Considero mi experiencia trans como una parte integral de mi hombría. Siento que la feminidad que he vivido está vinculada de un modo inextricable a esa hombría y creo con firmeza que las formas en que mi madre me enseñó a ser mujer me han enseñado también a ser el hombre que soy ahora. Y qué verdad más compleja y más bella es esa.

Así pues, cuando voy por la vida y la gente deduce que soy un hombre cisgénero, borran una parte de mí. En un instante, toda mi identidad trans desaparece, mis dieciocho años de ir por el mundo como mujer (o eso creía la gente), las dificultades que he soportado, mi viaje de afirmación de género, mi rica historia como ser humano complejo… Todo eso desaparece en un momento.

He pasado una buena parte de mi vida luchando para que me vean como soy y solía pensar que eso significaba que me vieran como hombre. Pero ahora he llegado a un punto en el que la gente me ve como hombre o, bueno, como hombre cis. Y aunque esto me proporciona seguridad, esa seguridad viene con el precio de perder una parte inmensa de mi persona.

Ese borrado ha sido perturbador y angustiante. Reconocerlo me trajo rabia, que se transformó, con el tiempo, en pena y aceptación.

En mis primeros años de universidad, mis compañeres de residencia y yo estábamos sentades en mi habitación charlando sobre los deberes de primero de Ciencias de la Vida.

—Bueno, al parecer no puede venir porque tiene la regla —dijo Rae (ella) con fastidio.

—Ah, ya, tiene sentido, ¿no? —contesté para intentar suavizar el enfado de Rae hacia Aiyanna (ella), que nos había dejado plantades en el último momento—. La regla es una mierda, si lo sabré yo...

—¿Qué quieres decir? —me interrumpió Rae—. ¿Cómo lo vas a saber *tú*?

Me quedé de piedra. El desconcierto se convirtió enseguida en pánico. Rae no sabía que era trans. No sabía que yo antes también menstruaba.

—Los chicos siempre creéis saber lo que sufrimos las mujeres... —refunfuñó.

No tenía ni idea de qué hacer. Me molestaba que, por accidente, de repente fuera uno de esos hombres que hacen *mansplaining*, esos imbéciles que creen saber más sobre menstruar que las personas que menstrúan de verdad. Pero para decir que no le estaba haciendo *mansplaining* tenía que compartir con ella que era trans. Y no estaba listo para eso.

—Vaya, lo siento, tienes razón —dije en voz baja y agaché la cabeza—. Culpa mía, lo siento.

Seguimos con los deberes y cuando con el tiempo le conté que soy trans, nos reímos de esa situación.

Pero fue un momento crucial para mí.

Antes mi comunidad eran otras mujeres, sobre todo queer o marginalizadas. Me veían como una persona cercana, como un compañero que luchaba contra el patriarcado. Como uno más. Aunque disfruto del privilegio de que me perciban como quien soy, un hombre, también siento la pérdida de esta comunidad y esta camaradería. A veces hasta me perciben como una amenaza, cuando me echan al montón de hombres cis que han causado mucho daño a otras personas (y a sí mismos).

El patriarcado no solo empodera a los hombres por encima de las mujeres, sino que también causa que las mujeres y otros grupos marginalizados teman a los hombres cis. Conocía la teoría y también la práctica, pero desde el otro lado. Antes de transicionar, yo también temía a los hombres cis. No me sentía seguro con ellos. En el instituto, tendía a trabar amistad con mujeres y gente queer, porque allí podía establecer vínculos. Sin embargo, no me había imaginado jamás que, después de transicionar, alguien me temería. Ahora, cuando mujeres, gente queer o trans me perciben como un hombre cis, ya no me ven como elles. Me ven como una amenaza. Me ven como una herramienta del patriarcado e incluso como alguien que puede ejercer la violencia contra las personas que el patriarcado ha privado de sus derechos.

Que me vean como tóxico o incluso peligroso sin importar mis acciones ha sido la faceta de mi transición que más me ha desarraigado. Y tras hablar con otras personas transmasc que también son percibidas como cis, sé que este es un reto habitual para nosotres.

El proceso de duelo para esta pérdida y el cambio en mi posición dentro de la sociedad comenzó con rabia, como ya he dicho. *¿Quiénes son para pensar que soy tóxico cuando ni siquiera me conocen? ¡En ningún momento de mi vida me he beneficiado del privilegio masculino cis! Yo también he sufrido misoginia y me he sentido inseguro caminando solo por la calle, ¿cómo pueden pensar que soy una amenaza? ¡Cómo se atreven a considerarme una amenaza, a mí!*

Darme espacio para sentirme enfadado, enojado y dolido ha sido vital para mi sanación, así como para mi capacidad de reorientarme:

la auténtica dirección que debería tomar mi rabia es hacia el patriarcado, no hacia una persona en concreto que vincula la violencia patriarcal con su percepción de mi persona como hombre.

Este enfado solía incluir rabia porque me creía responsable de este borrado y de la suposición de mi identidad. *No es culpa mía que los hombres cis sean unos mierdas, ¿por qué lo pago yo?* Aunque no es mi responsabilidad solucionar el patriarcado yo solo, sí que lo es comprender cómo me beneficio de él y cómo lo perpetúo también como persona a quien la sociedad considera un hombre.

La triste y perturbadora realidad es que una mujer puede temer por su seguridad si yo, un hombre, camino por casualidad a unos pasos por detrás de ella de noche. Ahora me doy cuenta de que no es culpa mía, ni tampoco lo es la forma en la que el patriarcado influye en su miedo. Sin embargo, mi responsabilidad es comprender cómo mis acciones la afectan a ella. Da igual mi culpabilidad en esta situación: si no reduzco el ritmo y me distancio de ella, la mujer podría tener miedo. Para mitigarlo, nunca camino a menos de diez pasos por detrás de una mujer de noche. Reduzco el ritmo, me paro o cruzo la calle.

Del mismo modo, aunque las voces de los hombres trans no se suelen escuchar y también se nos marginaliza, intento no hablar por encima de una mujer, sobre todo en un espacio donde mi identidad trans no ha sido compartida. Si no he dicho que soy trans, también voy con cuidado de no comentar sobre las experiencias de las mujeres como si tuviera autoridad para hacerlo, a pesar de mi experiencia personal llevando sus zapatos.

Y la lista sigue.

Cada uno de estos ajustes en mi comportamiento requiere ser consciente del impacto de los sistemas patriarcales de opresión, así como una comprensión sobre cómo mis acciones podrían coincidir, sin ser mi intención, con estos comportamientos opresivos.

Al final, la rabia que sentí cuando intenté resistirme a esta idea fue menguando a medida que me liberaba de la culpa y pasaba a la pena y la acción. En vez de cargar con toda la responsabilidad del patriarcado, aprendí que era más correcto y efectivo aceptar que mi responsabilidad consistía en *luchar* contra el patriarcado. Esto me trajo pena por lo que he perdido.

Debo añadir que esta pena no excluye la alegría, nunca lo hace. La pena y la alegría pueden existir juntas. De hecho, creo que deben hacerlo.

Además de la alegría de sentirme a gusto con mi cuerpo y de ser reconocido como hombre, me duele que las mujeres ya no me consideren un compañero de equipo.

De hecho, he sentido pena por perder mi feminidad. Cuando he compartido este sentimiento en el pasado, la gente (fuera trans o no) me acusaba de dudar: «Si aún quieres ser una mujer, entonces es que no eres lo bastante trans. ¡No eres trans en realidad!», decían.

Sin embargo, querer es irrelevante para mí. No *quiero* ser un hombre o una mujer. *Soy* un hombre, uno que les demás creían mujer. Por otra parte, este dolor por la pérdida de mi feminidad no es un indicador de que quiera regresar a ella. Podemos echar de menos algo y no quererlo de vuelta; podemos valorar algo que solíamos tener y no intentar recuperarlo.

Pasé más de dieciocho años creyendo que crecería para convertirme en mujer, madre, hermana, esposa. Aunque no me había imaginado el futuro con gran detalle, sí soñaba con lo aquello en lo que me convertiría. Y entonces, en un periodo de tiempo relativamente corto, descubrí que ese no sería mi futuro. Esto fue emocionante y hermoso, porque ¡podía ser yo de verdad, un hombre! Y enseguida llegó la pena también. El precio fue renunciar a un futuro que, aunque no lo *quería*, había construido durante toda mi vida.

Me preocupa que, cuando leas esto, interiorices esta pena como negativa. Y no podría estar más lejos de la verdad.

Si también eres trans, espero que aceptes tu propia pena. De hecho, esta invitación la extiendo a cualquier persona que sufra cualquier tipo de pena. La pena y la alegría son dos caras de la misma moneda: son esenciales para vivir la vida al máximo. Para mí, la pena es el reconocimiento de la pérdida, mi capacidad para entenderme a mí mismo y cómo he cambiado con los años. Con ella honro a la persona que he sido y a la persona en la que me estoy convirtiendo siempre. Comprometerme a incluir la pena en mi vida significa que acepto lo que es el crecimiento: algo extremadamente doloroso. Y así es como me transformo en quien debo ser.

SÉ CIS A PROPÓSITO

«No me importa si eres cis, pero hazlo a propósito», decía una cita anónima que flotó entre la comunidad trans de Internet.

El género no es algo que solo tenga la gente trans. Si no eres trans, también tienes género y vivencias de género, así como experiencias y expresiones que han estado *limitadas* por el género.

Mira lo que Devin-Norelle, modelo, escritore y defensore por los derechos trans, tiene que decir al respecto:

Todes nos podríamos beneficiar [de deconstruir el género tal y como lo conocemos] porque, si no nos empeñáramos tanto en adherirnos al binarismo, en lo que parece y lo que significa, muchos hombres cis podrían abrirse más a expresarse fuera de la masculinidad. Piensa en todos esos hombres que seguramente tengan mucha rabia reprimida porque no pueden ser ellos mismos y no se sienten seguros siéndolo. Y que luego toman esa rabia para controlar o hacer daño a otras personas, no solo a sí mismos... Cuando digo que estamos oprimiendo a las personas trans, en realidad estamos oprimiendo a todo el mundo, no solo a la gente trans.

Si pudiéramos llegar a un punto donde el género no es algo de lo que nos preocupemos tanto, porque hemos desmantelado el colonialismo, la supremacía blanca y los estándares de género que los acompañan... Qué fácil sería vestir con lo que quisiéramos y llevar el maquillaje que nos guste sin tener que sentir que nos estamos poniendo en peligro. Podríamos hacer mucho más. La gente sería más feliz si nos deshiciéramos del género.

Pensar en por qué eres quien eres es un esfuerzo vital, no solo para desarrollarte como persona, protegerte y ser feliz, sino también para interaccionar con otras personas.

Cuando era niño, le daba la mano a mi padre allá a donde iba. Mi hermano también lo hacía, al menos cuando éramos pequeños. Aunque no sé exactamente cuándo pasó, en algún momento mi hermano dejó de hacerlo. Pero como a mí me percibían como chica, seguí haciéndolo. Y también seguí llamando a mi padre «papi», como había hecho desde que era niño. La mayoría de las niñas hacían lo mismo, aunque hubieran dejado atrás la niñez de forma oficial.

Un día, en los primeros meses de mi transición, cuando el mundo empezó a asociarme con el género masculino de un modo más consistente, estaba haciendo fila en un restaurante de comida rápida con mi padre.

No recuerdo qué dije exactamente, pero mi frase incluía «papi» en voz alta. Seguí hablando, sin darme cuenta de que la gente se giraba y nos miraba. Al cabo de unos minutos, mi padre me tiró de la mano y dijo con suavidad:

—¿Sabes que hace tiempo que tu hermano dejó de llamarme así, al menos en público?

—¿Qué? —dije con desconcierto—. ¿Llamarte cómo?

—Papi —añadió en voz baja—. Solo quería que lo supieras. Muchos chicos dejan de llamar de esa forma a sus padres a cierta edad.

—Ah —dije. Se me cayó la cara de la vergüenza—. ¿Debería...?

—Puedes llamarme como quieras —respondió él, al adivinar mi pregunta—. Yo solo quería decírtelo, pero tú decides.

Mientras escribo esto casi ocho años más tarde, tras entender mejor cómo el mundo percibe a los hombres y a la masculinidad, me estremezco por dentro. Me imagino a un chico de dieciocho años agarrado de la mano de su padre y llamándolo «papi» y entiendo cómo me vio el resto de la gente.

También lo siento por todos los hombres que piensan que no pueden mostrar esa ternura con sus seres queridos. A menudo echo de menos las veces en las que era fácil darle la mano a mi padre y caminar con él. Pero ahora es algo raro e incluso da miedo. No porque mi padre fuera a quejarse, sino por cómo la sociedad podría recibirnos.

Esto no se limita a las relaciones íntimas donde hay amor, con xadres o mejores amigues, sino que se aplica a toda la sociedad.

Antes de transicionar, cuando la gente me percibía como «mujer», vestir con ropa que la sociedad consideraba «masculina» era fácil. No tenía ningún problema en llevar camisas, pantalones de hombre e incluso traje y corbata. Nunca sentí que vestir con ropa de hombre o presentarme de un modo más masculino me pusiera en un peligro concreto.

Pero ahora me perciben como hombre y jugar con ropa que se considera «femenina» o «de mujer» da miedo. Las pocas veces que me he pintado las uñas después de transicionar, la gente se me ha quedado mirando. Sé que si llevara un vestido en público, seguramente recibiría mucha más atención indeseada o incluso violencia.

He descubierto que la masculinidad convencional deja mucho menos espacio para mi humanidad, así que he elegido deshacerme de unas cuantas normas. A veces aún llamo a mi padre «papi» y a veces aún lo agarro de la mano. Lo abrazo cada vez que lo veo. Mi teléfono se ilumina con «papi» y «mami» cada vez que me llaman o me escriben un correo. Les digo a mis amigos que los quiero, y lo hago a menudo. También se lo digo a mis amigas.

Puede que la gente me critique por esto. «Si querías ser una persona femenina, ¿por qué no te quedaste como mujer?». No salí de la caja de la feminidad solo para encajar en la caja de la masculinidad de otra persona. Estoy aquí para ser yo mismo, no para adscribirme a las normas estrictas de la sociedad dominante sobre lo que debe ser la masculinidad. De hecho, he hallado mucha euforia y vínculos nuevos al deshacerme de esas normas y existir tal y como soy.

Sé que esto también ha animado a los hombres que me rodean a profundizar más en su humanidad. Esa es mi intención al compartir estas cosas contigo.

Una noche, mi mejor amigo, Kevin, y yo estábamos viendo la película *Coco*, de Disney Pixar. En una de las escenas finales, me vi intentando contener las lágrimas. No supe por qué; llevábamos años siendo amigos y ninguno había sido especialmente «masculino» de una forma que excluyera nuestras emociones. Habíamos llorado delante del otro en muchas ocasiones. Aun así, tuve miedo de lo que pudiera pensar. Estábamos viendo una película, nada más. *¡No debería ser tan emocional!*, me regañé. Pero al cabo de unos minutos me rendí.

—¡Voy a llorar! —dije.

Kevin soltó un sollozo, aliviado, y dijo:

—Yo también.

Lloramos y reímos juntos el resto de la película. Y luego charlamos sobre masculinidad. Los dos nos habíamos sentido inseguros a la hora de mostrar afecto por otros amigos. Durante gran parte de la universidad, la gente pensó que Kevin y yo éramos pareja, no porque pasáramos la mayor parte del tiempo juntos (otros chicos también lo hacían), sino porque percibían que éramos «demasiado» íntimos. Esta intimidad implicaba abrazos, conversaciones emotivas y compartir jerséis y vacaciones. Mis xadres lo llamaban con cariño su tercer hijo.

Durante gran parte de mi vida me han dicho que soy «demasiado sensible». Después de transicionar, me han dicho que no soy lo bastante hombre por una infinidad de motivos: no soy lo bastante alto, no tengo pene, soy demasiado sensible, soy demasiado emocional, soy demasiado blando, pienso demasiado, no veo ni me importan los deportes (masculinos) e incluso porque no me gustan los videojuegos.

Aunque estos ataques han sido, a la vez, dolorosos y ridículos, en todos y cada uno de ellos veo a hombres renunciando a partes de su humanidad. Veo a hombres escondiéndose, reprimiéndose y machacándose por ser lo que creen que otros hombres quieren que sean.

En este sentido, la masculinidad tóxica está hecha por hombres, para hombres y a costa sobre todo de los hombres. La masculinidad encarnada por estos límites la llevan a cabo hombres para otros hombres. Es esta insidiosa naturaleza de la masculinidad tóxica lo que provoca daño en todas las identidades de género, razas, sexualidades, clase y mucho más. Las limitaciones impuestas a los hombres no tienen nada que ver con la altura, las partes de su cuerpo, las emociones, los deportes o los videojuegos, sino con el control.

Los hombres trans también caen en esta trampa. Conozco a varios que han adoptado comportamientos propios de la masculinidad tóxica por un deseo desmedido de pertenecer y ser vistos como hombres «reales». Al igual que la gente cis, las personas trans no están exentas de perpetuar la toxicidad, porque nosotres también queremos pertenecer a un grupo. Pero aunque siento empatía por estos hombres trans (los años en los que se esperaba de mí que participara en la toxicidad de mis compañeros de equipo fueron largos y agotadores en muchos sentidos), defiendo con fiereza mi resolución de que los hombres trans como yo tenemos una capacidad única de promover el cambio entre los hombres cis y, por tanto, en la sociedad.

Los hombres trans y las personas transmasc que han encontrado cimientos y seguridad en su masculinidad pueden enseñar a otros hombres algo especial: la capacidad de acogerse a esa masculinidad con gentileza y confianza, con flexibilidad e intención. Como resultado, aunque peque de pomposidad y arrogancia, creo que los hombres cis tienen mucho que aprender de los hombres trans que han encontrado esta libertad dentro de la masculinidad y, a partir de ahí, pueden cambiar el mundo.

Cómo no, esto se expande más allá de la hombría; los hombres cis, pero también las mujeres cis, se beneficiarán de esta intencionalidad sobre su condición de cis, porque a través de esta autodeterminación se puede conseguir la libertad.

Es como dice Dylan Kapit:

Yo solo quiero que [las personas cis] sepan que son cis y que están tomando decisiones para consolidar su identidad cis, del mismo modo que yo, una persona trans, también tomo decisiones para consolidar mi identidad trans. Las dos cosas son experiencias de género en sí mismas, pero las personas cis no hablan de ello.

Creo que el mundo sería un lugar mejor si las personas cis pensaran más sobre su género.

19

Trans, coreano, birracial, atleta: ¡cómo es la interseccionalidad!

Mientras escribo este capítulo, estoy sentado a la mesa del salón en la casa de mi abuela. El familiar aroma a aceite de sésamo y daenjang (pasta de miso coreana fermentada) llena el ambiente mientras la tenue conversación entre mi halmoni y mi tía abuela me llega desde la cocina. Están preparando kimbap para después.

Crecí a cinco minutos de aquí y no puedo recordar ningún momento en el que no supiera que era coreano. No puedo recordar ni siquiera un momento en el que no entendiera que era birracial. La raza constituía una de las diferencias más obvias entre mis xadres y, por tanto, siempre era evidente en mi casa. Mi padre, originario del Medio Oeste, es un hombre blanco; mi madre es una inmigrante coreana que se mudó a Estados Unidos en la década de los sesenta.

Durante mi infancia, me preguntaban si era «más coreano» o «más blanco». Aprendí a defender con firmeza mi respuesta: soy las dos cosas. Soy coreano. Soy estadounidense. Soy coreano-estadounidense. Aun así, he pasado gran parte de mi vida sintiéndome atrapado en medio. Nunca era lo bastante blanco para que me consideraran como un niño blanco más y siempre era demasiado blanco para que me incluyeran con otras personas coreanas o asiáticas.

De niño, recuerdo que anhelaba sentir esa conexión coreanoestadounidense. Aunque mis xadres, y sobre todo mi madre, intentaban que viera a más personas asiáticas y coreanas (tanto en mi vida diaria como en los momentos de ocio), siempre faltaba gente birracial como yo. Siempre me sentía como el raro. A veces otras personas asiáticas me excluían explícitamente porque no era «del todo» asiático. Nunca me sentí «del todo» nada.

Este limbo en mi identidad se exacerbó cuando más tarde descubrí mis identidades queer y trans. Temía que, al ser queer, me alejara más de los espacios asiáticos, pero que ser asiático-estadounidense me impidiera sentir que pertenecía a esos espacios queer donde predominaban las personas blancas. No era lo bastante de nada. Nunca pertenecía al cien por cien a ninguna parte.

Esta confluencia de identidades marginalizadas se puede llamar interseccionalidad, un término acuñado en 1989 por Kimberlé Crenshaw (ella), abogada y profesora estadounidense. Crenshaw, una destacada investigadora especializada en la teoría crítica de la raza, empleó por primera vez esta palabra para hablar sobre las intersecciones de raza y sexo, en concreto para referirse a la discriminación que sufrían las mujeres negras. Las mujeres negras existen en la intersección de la misoginia y la antinegritud, y estos sistemas de opresión se mezclan para crear lo que Moya Bailey (ella), una feminista negra queer, llamó misoginoir.[1] Por el contrario, las mujeres blancas sufren misoginia, pero no antinegritud, y los hombres negros sufren antinegritud, pero no misoginia. Las mujeres negras sufren ambas cosas y esta intersección es significativa.

La interseccionalidad se refiere a la dinámica única de opresión que resulta de tener múltiples identidades marginalizadas y se emplea para describir estas opresiones que se superponen. Es importante reconocer que, en este contexto, la interseccionalidad no solo habla sobre múltiples identidades que coexisten en una persona, sino sobre la *opresión resultante* que puede surgir de ellas. Ser una persona blanca y trans no es interseccionalidad. Ser una persona discapacitada y trans lo es. Ser una mujer negra y trans lo es. Ser asiátique y trans, como yo, lo es.

La interseccionalidad considera la opresión en todos los grupos identitarios: identidad de género, expresión de género, género asignado al nacer, sexualidad, raza, religión, contexto socioeconómico, capacidad, edad, ciudadanía, estado migratorio y más.

Para mí, la interseccionalidad ha cambiado a lo largo de mi vida. Antes de descubrir que era trans, me presentaba como mujer y me identificaba como queer. Ambas cosas se cruzaban entre sí y también con mi condición de persona coreana y birracial. En esa feminidad percibida, me solían exotizar y sexualizar por ser birracial y asiático-estadounidense. Personas desconocidas, amigues, xadres de amigues y hasta profesores me solían decir a menudo que «les niñes birraciales son les más bonites/sexies/guapes» o que «les bebés birraciales son más atractives».

Muchos de mis compañeros de natación en el instituto hablaban con detalle sobre lo que les parecía atractivo de mi cuerpo en los vestuarios. Lo comentaban tanto que mi hermano dejó de ducharse después de entrenar porque esta cosificación interminable sobre mí le daba asco y lo incomodaba. Un compañero me insistía sin cesar.

«Le gustan las chicas asiáticas», me contó otro nadador. Más tarde descubrí que salía con mujeres asiáticas casi de forma exclusiva. Esto, combinado con la hipersexualización de las lesbianas, era abrumador. Cuando le dije a uno de mis amigos que me gustaban las chicas, su primera respuesta fue: «Eso es muy sexy».

Nadie me preparó para el cambio que se produjo después de mi transición. Ahora que soy una persona a la que leen como *hombre* asiático, recibo justo el trato contrario.

En vez de ser hipersexualizado, exotizado y fetichizado como *mujer* asiática, ahora como *hombre* asiático sé lo que es el olvido y que me consideren poco deseable. Muchas fuentes y estudios corroboran mi experiencia personal; en ellos se demuestra que las mujeres asiáticas (junto con los hombres blancos) son las categorías más deseadas en las aplicaciones de citas, mientras que los hombres asiáticos (junto con las mujeres negras) son, de lejos, los menos deseados. Para el periódico *Pacific Standard*, Ravi Mangla (él) escribió: «Los hombres asiáticos se enfrentan a la cuesta más empinada». Los estudios revelan que los únicos grupos no discriminados por categorías son las mujeres asiáticas y los hombres blancos.[2, 3]

Estos descubrimientos son consistentes también en las apps para gays, como Grindr, donde aparecen etiquetas de incógnito tipo «no quiero arroz» o «no quiero curri» con la intención de disuadir a los hombres asiáticos de comunicar interés.[4]

Mi propia experiencia es un ejemplo claro:

Unos meses antes de operarme el pecho estaba en la casa de una amiga. A pesar de que no entendía el papel que desempeñaría la raza en el futuro de mi vida amorosa, era consciente de que ya nadie me desearía como mujer. Aunque me emocionara, esto también trajo pena. Quería despedirme de esa parte de mí.

No sé cómo, pero acabamos cotilleando en Tinder y riéndonos de las primeras frases tan ridículas que recibíamos. Aunque había cambiado hacia poco el marcador de género a hombre para reflejar mi identidad de género, en un impulso esa noche lo cambié a femenino de nuevo.

—Seguramente nadie me vuelva a ver así nunca más —le dije a mi amiga—. Será la última vez.

Juntes ideamos un perfil con fotos mías donde aparecía con un aspecto exclusivamente «femenino». Luego acepté todos los perfiles. En una hora, tenía cientos de *matches* y decenas de mensajes. La mayoría no eran bonitos, claro, y muchos comentaban algo sobre mi raza también. No me lo tomé en serio; el proceso nos pareció gracioso en ese momento y, al final de la velada, borré el perfil.

Unos años más tarde, después de ser percibido de forma constante como hombre, realicé el mismo seudoexperimento: subí todas mis mejores fotos y acepté todos los perfiles. Recibí bastantes menos *matches* e incluso menos mensajes, sobre todo de mujeres.

En un experimento menor, también probé de revelar de distintas formas mi identidad trans. Quería ver cómo me sentía más cómodo. Así me quedó claro que incluir que era trans (ya fuera de forma visual, con fotos sin camisa que exponían la cicatriz de la mastectomía, o explícita, al decirlo en la bio) reducía más mis posibilidades de encontrar a alguien.

En nuestra sociedad (occidental), tanto hombres asiáticos como hombres trans son considerados menos masculinos, menos hombres, más pequeños, débiles y dóciles. Ninguno de los dos grupos suele aparecer en los medios y, cuando lo hacen, su representación se reduce a estereotipos.

Según mi experiencia como hombre trans asiático, he descubierto que muchos de los sentimientos antiasiáticos y antitrans están dirigidos a las mujeres con las que he salido, porque es una forma de desacreditar la elección que han tomado al salir conmigo. Imagino que esto surge de una inseguridad sobre una supuesta injusticia: alguien a quien perciben como menos hombre está saliendo con una mujer a la que consideran atractiva y deseable.

Aun así, esta opresión interseccional me ha pasado factura. Una mujer me explicó por qué salir conmigo era difícil para ella: «No es solo que seas trans, es que también eres asiático y bajito y pequeño. Y bueno...». Nunca terminó de explicarlo, pero eso, resumido, es opresión interseccional.

Sí, no soy solo trans, sino también birracial, asiático-estadounidense, queer, hijo de una inmigrante, nieto de personas norcoreanas, un deportista en un mundo que odia a les deportistas trans, un hombre que ha tenido un trastorno alimentario... y la lista sigue. Cada una de estas identidades contribuye a la opresión que sufro y, por tanto, contribuye a la resiliencia que me he visto obligado a desarrollar y mantener.

A mí y a muchas personas trans se nos alaba por nuestra capacidad de ignorar el odio, de mantenernos valientes a pesar de todo y de seguir siendo nosotros mismos.

«Qué valiente eres», me han dicho infinidad de veces.

Pero me gustaría recordarte lo siguiente: para las personas que tenemos identidades que se cruzan, la resiliencia no es una elección. Puede ser valiente, aunque si queremos seguir adelante con la cordura intacta y la capacidad de sentir alegría, también es obligatoria para nosotres.

En este capítulo no puedo repasar todas las identidades en las que la opresión se incrementa cuando se cruzan con la experiencia trans. La lista que sigue es incompleta, pero intentaré proporcionar una base para que consideres lo compleja que es nuestra identidad. Si también eres trans, esta es una oportunidad para que examines tus identidades y privilegios.

RAZA

En mayo de 2019, la mujer negra trans Muhlaysia Booker (ella) recibió una paliza a plena luz del día. La comunidad estaba muy afectada. Yo, junto con otros activistas, subimos posts sobre ella para concienciar y recaudar fondos que ayudasen a pagar las facturas del hospital. A pesar de los horrores que Muhlaysia padeció, la comunidad albergaba la esperanza de que recibiera algún tipo de apoyo y reconocimiento mientras siguiera con vida.

Una semana más tarde, Muhlaysia fue asesinada de un disparo en Dallas. Ese fin de semana también les arrebataron la vida a otras tres mujeres negras trans.

En 2020 y 2021 se registraron cifras récord en cuanto a asesinatos de personas trans, sobre todo de mujeres trans racializadas, a manos de hombres cisgénero. Las mujeres negras trans existen en la intersección de tres enormes sistemas de opresión: la antinegritud y el racismo, la misoginia y la transfobia. Esta opresión interseccional recibe el nombre de transmisoginoir y fue acuñada por la escritora Trudy (ella).[5]

En «La anatomía del transmisoginoir», un artículo de opinión para *Harper's Bazaar*, Ashlee Marie Preston revela que las mujeres negras trans son ignoradas o excluidas de forma activa de las comunidades negras cisheteros porque la identidad trans se suele ver como algo blanco. Las mujeres negras trans no son aceptadas entre las mujeres blancas trans por su negritud. Y no son aceptadas por muchas mujeres cis porque son trans. Por último, a pesar de que mujeres negras trans como Marsha P. Johnson (ella)* y Miss Major Griffin-Gracy (ella) fueron figuras cruciales en los disturbios de Stonewall de 1969, parte de la comunidad queer cis, gay y blanca se olvida de este detalle y no rinde homenaje a las mujeres negras trans.

«Las mujeres negras trans solo nos tenemos las unas a las otras, porque nos han exiliado de todos los sectores de la sociedad», escribe Ashlee.[6]

Cuando le pedí a Ashlee que compartiera las etiquetas que usa para describirse, dijo: «Soy una mujer negra, trans y gorda». Sonrió. Le devolví la sonrisa. Me explicó que cada una de estas etiquetas describe una faceta de su identidad que es tanto política como poderosa. «El objetivo de la opresión [es] romper la capacidad de soñar, de aspirar, de imaginar. Su objetivo es borrarte. Relegarte, en esencia, a los márgenes. Y por eso es poderoso ser gorda, negra y trans sin complejos», dijo.[7]

Ashlee me contó su viaje. Salió del armario en 2004. En vez de recibir apoyo, la echaron del trabajo y acabó en una situación económica precaria. Durante varios años, se vio obligada a sobrevivir mediante trabajo sexual y tuvo varias experiencias cercanas a la muerte. Recurrió a las drogas para sobrellevarlo. Por desgracia, esta experiencia es habitual, sobre todo entre las mujeres negras trans. Y, según señaló Ashlee, las mujeres negras trans sin papeles son incluso más invisibles.

Muchas de las mujeres negras trans que he tenido el privilegio de conocer y con las que he trabado amistad a lo largo de mi carrera son faros de luz, ejemplos de resiliencia y de una fuerza muy especial que encuentran en el amor propio. Estoy seguro de que esa fuerza es el resultado directo de aprender a sobrevivir (e incluso de

---

* Aunque la palabra «transgénero» no se usaba demasiado en la época de Marsha, sí se refería a sí misma en femenino. También se consideraba gay, travesti o reina.

prosperar) a pesar de la opresión. *Algunas* mujeres, como Ashlee, consiguen encontrar su camino.

«He sobrevivido a muchos traumas que deberían haberme roto, que deberían haberme endurecido o hecho que sintiera indiferencia», me dijo. La tenía frente a mí y, pese a todo, brillaba radiante. «Mucha gente me pregunta: "¿Cómo has salido de eso?". Y la respuesta es que no perdí la capacidad de amar, de perdonar, de tener compasión, de ver más allá del comportamiento o las circunstancias de una persona, para contemplarla detrás de todo aquello».[8]

En el verano de 2021 di un discurso en la marcha del Brooklyn Liberation en Nueva York para la juventud negra. La manifestación estaba organizada y dirigida sobre todo por mujeres trans racializadas. Acabé rodeado de una comunidad maravillosa de activistas cuyo trabajo había admirado desde hacía tiempo: Raquel Willis (ella), Joela Rivera (ella), Ianne Fields Stewart (elle, ella), Junior Mintt (ella) y, cómo no, Qween Jean (ella), activista negra trans, diseñadora y escritora.

Alta y espectacular con un precioso vestido blanco y un tocado a juego, Qween lideraba la multitud mientras cantábamos por las calles.

—PODER NEGRO —gritaba ella, y todes respondíamos «TRANS» una y otra vez.

Qween cantó esas palabras durante todo el tiempo que estuvimos manifestándonos. Mi esposa y yo nos maravillamos por su capacidad de seguir. Su voz permaneció fuerte y clara durante horas.

—¿QUÉ HACEMOS CUANDO NOS ATACAN?

—¡ALZARNOS Y PELEAR!

Me vi conteniendo las lágrimas durante gran parte de la manifestación. Aunque nos habíamos reunido por la devastadora opresión interseccional que sufre la juventud negra trans, una alegría desenfrenada e implacable salía a borbotones de la multitud. Ese empoderamiento, en apariencia inquebrantable, resultaba contagioso y muy poderoso.

En aquel momento, la alegría y el dolor se entrelazaron con tanta fuerza en mi pecho que no pude distinguirlos. Era imposible no pensar en lo que nos había llevado hasta allí; no solo en la violencia que había obligado a organizar esa protesta, sino también en la resiliencia y el legado de nuestres antepasades trans que pusieron los cimientos para que hoy nosotres podamos existir.

Qween Jean, que también fundó Black Trans Liberation, una organización con el objetivo de empoderar y ofrecer recursos a la comunidad trans,[9] me recordó a las famosas fotos de Marsha P. Johnson: las dos lucen amplias sonrisas e irradian alegría negra trans en medio de una opresión tan devastadora. La alegría es la herramienta principal en su lucha. Marsha P. Johnson fue una mujer negra trans que se identificaba como drag queen (el término «transgénero» no se usó hasta después de su muerte), quien, junto con otras mujeres racializadas trans y queer, como Sylvia Rivera (ella), protestaron durante los disturbios de Stonewall y fueron alabadas como los cimientos del movimiento por los derechos de las personas LGBTQ+.

Mientras me manifestaba junto a Qween Jean y más jóvenes racializades de les que había tenido el privilegio de conocer, lloré. Qué doloroso y bonito es nuestro empoderamiento, siempre lo ha sido. Qué doloroso es que sigamos luchando por lo mismo. Qué horrible es que las personas negras trans sigan quedándose fuera del activismo *mainstream* no solo por su identidad trans, sino también por su negritud. Qué increíble es que se alcen pese a todo… igual que Marsha P. Johnson.

En 2020, poco después del asesinato de George Floyd (él), subí una foto mía en la que sostenía un cartel que decía: EL PRIMER ORGULLO FUE UNA REVUELTA. En el post lo aclaraba: una revuelta contra la policía. Y así fue: los disturbios de Stonewall, de los que Marsha formó parte, fueron protestas y a veces revueltas destructivas para rebelarse contra las redadas policiales y la brutalidad policial en los bares gays y queer como la Stonewall Inn.

Un compañero de trabajo me contó cómo recibió esta información.

—Me costó entenderlo, la verdad —me confesó. Es un hombre cis gay blanco—. No entiendo por qué tienen que causar disturbios.

Con ese plural, se refería a las protestas de Black Lives Matter, movimiento del cual me considero parte.

—No tendrías ninguno de los derechos que tienes ahora de no ser por los disturbios que comenzaron las mujeres racializadas queer y trans. Ellas iniciaron este movimiento —le contesté.

IDENTIDAD DE GÉNERO

Te habrás fijado en que la mayoría de la retórica antitrans se centra en las mujeres trans y a menudo pasa completamente por alto a los hombres trans. Esto crea distintas dinámicas para cada grupo: las personas transfem son muy visibles, sexualizadas y, como resultado, son objeto de una cantidad desproporcionada de violencia. Las personas transmasc, por su parte, a menudo son olvidadas y borradas por completo de la narrativa.

Los ataques legislativos se centran casi de forma exclusiva en castigar la feminidad trans: a las mujeres trans en el deporte, a las mujeres trans en los baños, a los hombres cis o las mujeres trans que hacen drag, etc. Como ya hemos visto antes, ninguna de estas tentativas quiere proteger de verdad a las mujeres o a les niñes, sino en la misoginia.

Aunque muchas personas transmasc como yo transicionamos al privilegio masculino, las personas transfem cuando transicionan salen de él y se convierten en objetivos de la misoginia y también de la transfobia. En la infancia, las mujeres trans reciben *bullying* por «ser chicas», pero cuando al fin salen del armario y reclaman su feminidad, les hacen *bullying* otra vez por ser trans. A menudo, parece que no hay forma de ganar.

Mientras regresábamos al hotel de la Brooklyn Liberation March, con banderas trans por todo el cuerpo y mi enorme cartel con el lema EL DEPORTE TAMBIÉN ES PARA LAS PERSO-NAS TRANS, un coche nos detuvo.

—Eh, déjame leer ese cartel —dijo una voz detrás de una ventanilla tintada que fue bajando despacio. Me giré para permitir que el hombre lo leyera. Aún estaba muy contento después de la manifestación—. Anda, no me jodas.

Y soltó un montón de insultos tránsfobos que no quiero repetir aquí. Agarré a mi esposa de la mano y nos marchamos a toda prisa.

—¡Si eres un hombre, sé un hombre, porque no puedes ser una mujer! —nos gritó la persona del coche—. ¡Te voy a dar una paliza!

Esta interacción ocurrió a plena luz del día en una intersección concurrida del Brooklyn liberal, en la ciudad de Nueva York. No ocurrió en un callejón, ni en un lugar privado, ni al amparo de la noche, ni en el sur ni en una parte conservadora del estado. Y tuvimos suerte de que no decidieran venir por nosotres. Había tres hombres en ese coche. Quién sabe lo que podría haber pasado.

—Se ha pensado que eras trans y que yo te estaba defendiendo —le expliqué a mi esposa en cuanto tuve un momento para procesar lo que había pasado. Como ya he mencionado antes, las mujeres trans son muy visibles mientras que los hombres trans no, y de ahí que ese hombre pensara que, de nosotres dos, la persona con un aspecto femme (mi esposa) era trans y no yo.

Cuando se nos pasaron los temblores y estuvimos a salvo en el hotel, nos asombramos por la cantidad de mujeres trans y transfem, sobre todo racializadas, que se encuentran en situaciones así cada vez que están en un espacio público. Y, pese a todas las adversidades, son capaces de juntarse como habían hecho en la manifestación, de bailar, cantar y celebrar nuestra lucha.

Está claro que de esta marginalización tan compleja surge algo precioso. Pero no debería ser así. Tengo la esperanza de que llegue un día en que la feminidad y la identidad trans sean hermosas, pero no de un modo radical para desafiar al patriarcado, sino simplemente porque lo son.

DISCAPACIDAD

Un estudio reciente sugiere que la población transgénero tiene un índice mayor de discapacidad comparado con nuestres homólogues cis.[10] Esto se asocia con el hecho de que, comparadas con las personas cisgénero, las personas trans tienen peor salud y usan menos la sanidad, ya que sufren de «estrés de minoría», ese estrés que afecta a las poblaciones marginalizadas por la discriminación sistémica e interpersonal.

Por culpa del capacitismo, las personas discapacitadas tienen más posibilidades de sufrir inseguridad vivencial, deudas médicas, escasez de alimentos, acoso verbal y violencia. Casi un 25 % de las personas sin hogar son discapacitadas y les adultes discapacitades tienen el doble de probabilidades de padecer pobreza y tres veces más probabilidades de ser víctimas de una agresión sexual.[11, 12, 13, 14]

Dado que las personas trans también tienen más probabilidades de sufrir todo esto, la intersección de ser trans y discapacitade puede provocar incluso más daño.

Por ejemplo, la sociedad, e incluso les profesionales sanitaries, duda el doble de la validez de las identidades trans en personas autistas precisamente por su autismo. Aunque muchas personas autistas (sobre todo quienes defienden sus derechos, no xadres de niñes autistas) no consideran que el autismo sea un trastorno, sino una forma más de neurodiversidad, el autismo está muy patologizado. Como resultado, las personas trans autistas a menudo experimentan una discriminación exacerbada y compleja.

Dylan Kapit nos recuerda que «las personas autistas son muy capaces de saber que son trans y sus identidades tienen que tomarse con la misma seriedad que las identidades de las personas trans que no sean autistas. Ser trans y autista es algo precioso, pero a veces tener dos identidades tan estigmatizadas a la vez es muy difícil».

Algunas personas discapacitadas trazan paralelismos entre sus viajes por la discapacidad y por la identidad trans. Cuando hablé con Chella Man (él, elle), modelo, artista y amigo trans, sordo y genderqueer, me contó que su sordera lo había ayudado a crear un espacio y un marco de estudio para descubrir su experiencia trans:

Ambas cosas [ser discapacitade y queer] son experiencias muy somáticas. [...] Es comprender físicamente cómo te sientes en tu cuerpo, de lo que es capaz y de lo que no. [...] Mis dos progenitores se dedican a la medicina, por lo que tuve acceso a una visión muy medicalizada de mi cuerpo desde tierna edad. Y aunque no disponía de la terminología para expresar mi identidad queer, me dieron cierto lenguaje para explicar lo que sentía en mi discapacidad. Sin embargo, todo fue de una forma muy médica. [...] Me dijeron que mi cuerpo estaba roto. Y que se rompía más con el tiempo. Pero ahora no acepto ni creo en esa visión.

Creo que estaba ganando muchas cosas preciosas que no podía comprender por completo ni mantener cerca. Pero desde muy joven me costó aceptar la frase «perder la audición» porque para mí no era una pérdida. Mientras ocurría, me vi obligado a fijarme y a ser consciente de los cambios en mi cuerpo. Y estar más en mi cuerpo intensificó la percepción de mi identidad. Desde el primer día, siempre he sabido quién era y, en el mundo moderno, eso es ser trans, ¿verdad? Pero yo solo sabía cómo quería que fuera mi aspecto y cómo quería sentirme, en un mundo ideal, y de lo que quería ser capaz y cómo quería conectar con la gente.

De ahí que ser sordo me obligara/animara a adentrarme en profundidad en mi auténtica forma.

Cuando Chella me explicó esto, entendí su experiencia a través de mi propia perspectiva como persona birracial. Ser tanto coreano como blanco en un mundo que me pregunta sin cesar no solo quién soy, sino también «qué soy», hizo que yo me planteara lo mismo. Lidié con esta pregunta sobre mi raza mucho antes de que tuviera que aplicarla al género, lo que me ayudó a desarrollar un plan de

336

autoexploración muy superior a las herramientas que me habían dado para ello.

Existen muchas más discapacidades aparte de la sordera y el autismo que podría tratar en esta sección. He ofrecido estos dos ejemplos a modo de introducción. Sean físicas o cognitivas, visibles o no, las discapacidades pueden hacer que las personas trans padezcan mucha más discriminación. Es esencial tener en cuenta esta diversidad cuando hablamos de la población trans.

SALUD MENTAL

Durante mucho tiempo, les profesionales de la salud han patologizado nuestra identidad trans, de ahí que la salud mental pueda ser una lucha que se solape con nuestra identidad. He oído demasiadas experiencias de amigues acerca de médiques que invalidan o ignoran sus identidades de género solo por la presencia de enfermedades mentales como la depresión, el trastorno límite de la personalidad, la ansiedad o cualquier otra cosa. Yo también pasé por esto.

No eres trans, solo tienes un trastorno alimentario y odias tu cuerpo.

No eres trans de verdad, solo tienes trastorno límite de la personalidad y no tienes una percepción de ti misme.

No eres realmente trans, solo estás deprimide.

Es cierto que en la comunidad trans hay una mayor frecuencia de enfermedades mentales que en la población general. Pero la retórica antitrans pasa por alto la explicación: las personas trans no tenemos enfermedades mentales por ser trans, sino porque el mundo es tránsfobo.

Como no puedo explorar de forma detallada en este capítulo las distintas formas en que diferentes enfermedades mentales se entrecruzan con la identidad trans, nos centraremos en una a modo de ejemplo: los trastornos alimentarios.

La mayoría de los trastornos alimentarios giran en torno a las mujeres, sobre todo las mujeres cishetero blancas. Si piensas en la anorexia, supongo que te vendrá a la mente una chica blanca delgada.

Sin embargo, los estudios muestran que las personas trans sufren trastornos alimentarios en mayor medida que nuestres homólogues cis.[15,][16] A pesar de que la tasa de trastornos alimentarios entre las personas trans es mayor que en cualquier otro grupo demográfico, no hacen tratamientos para nosotres. Es casi imposible encontrar ayuda que tenga en cuenta nuestra identidad trans.

Así pues, además de sufrir las adversidades de un trastorno alimentario y de estar en peligro de muerte, a las personas trans con esta enfermedad mental también les cuesta encontrar tratamientos donde las acepten. Una vez en tratamiento, padecen dificultades para que validen sus identidades y experiencias, ya que la identidad de género suele dejarse de lado como otro síntoma de la enfermedad.

Comprender la experiencia trans y, quizás lo más importante, el impacto de la transfobia en una persona es vital para poder atender como es debido a une paciente de cualquier condición, pero sobre todo en temas de salud mental. Algunos cambios que tengan en cuenta el género podrían ser modificar a gran escala la educación sobre la identidad trans, algo que yo he proporcionado a muchas asociaciones centradas en la salud mental y los trastornos alimentarios, así como un cambio más pequeño pero muy importante en nuestra forma de hablar.

Por ejemplo, aunque muchas personas usan las palabras «disforia» y «dismorfia» indistintamente, la disforia de género *no* es lo mismo que la dismorfia corporal.

La dismorfia corporal es una fijación extrema en partes específicas del cuerpo, en general defectos en la apariencia física. Aunque se ha pensado que suele darse sobre todo en personas con trastornos alimentarios, la dismorfia corporal también ocurre en personas con trastorno dismórfico corporal. El *DSM-5-TR* establece explícitamente que «el trastorno dismórfico corporal se debe diferenciar de un trastorno alimentario».[17] La gente con trastornos alimentarios también puede tener dismorfia corporal, pero a menudo se considera que el malestar que estas personas padecen corresponde a alteraciones o distorsiones de la imagen corporal.

«No debería diagnosticarse trastorno dismórfico corporal si la preocupación se limita a la incomodidad o al deseo de deshacerse de las características sexuales primarias y/o secundarias de una persona», dice el *DSM*. Esto es disforia de género.

A diferencia de la disforia de género, ni las distorsiones de la imagen corporal ni la dismorfia se basan en una incongruencia de la identidad, sino en el trauma, lo que resulta en perturbaciones de la autoestima y la imagen propia, además de una percepción de falta de control.

La distinción entre dismorfia o distorsiones corporales y la disforia de género es crítica, porque pueden tener distintos tratamientos: el tratamiento para la disforia de género permite y fomenta las alteraciones físicas si se desean, mientras que el tratamiento para la dismorfia corporal no las permite.

La dismorfia y las distorsiones del cuerpo se pueden usar en contra de las personas trans al afirmar que solo estamos sufriendo una distorsión cognitiva y necesitamos herramientas cognitivas de replanteamiento, o «ajustes psicológicos», como propuso David Cauldwell en los años cincuenta. Pero ser trans no es una enfermedad mental ni una distorsión cognitiva. Tratar la disforia de género mediante la sanidad de afirmación de género ha demostrado que salva vidas, que es vital y de una importancia indispensable en la mayoría de las veces.

Las personas trans con trastornos alimentarios suelen acabar en el mismo saco que las personas cisgénero y, aunque estos trastornos se pueden presentar de un modo muy similar, las estrategias para tratar el dolor psicológico subyacente cambian de una persona a otra, sobre todo cuando se deben tener en cuenta el género y la experiencia con este.

SEXUALIDAD

—Deja de decir que eres queer —me dijo una chica con la que llevaba saliendo unos meses.

—¿Por qué? —pregunté sorprendido. Ella sabía que era trans. *¿Qué tiene de malo decir que soy queer?*

—Pues porque no lo eres. Eres un chico normal y corriente que resulta ser trans. Sales con mujeres, así que eres hetero. Tú no eres como esa otra gente.

No supe cómo responder. Además de la transfobia patente, también había homofobia y queerfobia en ese comentario. Luego siguió diciéndome lo asqueroso que le parecía imaginarme con otro hombre.

Aunque esos comentarios resultan dolorosos y aterradores cuando los dice tu pareja sentimental, no son nada insólitos.

Si querías salir con hombres, ¿por qué no te quedaste como mujer?

¿Cómo puedes ser trans y gay?

Además de tener que aguantar una barbaridad de transfobia, muchas personas trans que no se identifican como heteros también se enfrentan a la homofobia y la queerfobia. Estos ataques entrelazan nuestro género y nuestra sexualidad para intentar invalidarlas a ambas. Este tipo de queerfobia es distinto al que una persona cis queer pueda sufrir, porque su género no se pone en duda.

Durante mucho tiempo, tenía miedo de que enseñar más feminidad (independientemente de su vinculación con mi sexualidad) provocara ataques contra mi género. Como persona que ha peleado para que me vean por quien soy, un hombre, no quería que la percepción de otra gente sobre mi sexualidad me arrebatara esto.

Tengo que reconocer que en ciertos momentos he ajustado cómo me presento para no parecer «gay», no porque tenga miedo de que me consideren gay, sino porque temo que esa percepción dé como resultado que me perciban como «mujer».

En la universidad, e incluso un año después de terminarla, sentía miedo por la posibilidad de que mis compañeros de equipo descubrieran que había mantenido relaciones con hombres. Sentí alivio por querer salir más con mujeres; no soportaba la idea de añadir otra identidad (otro motivo para rebajar mi género y a mí mismo) al plato.

En la actualidad, comparto mi historia y mi autenticidad con mucho más orgullo, pero aún dudo a veces. Entiendo que cuando la gente me percibe como «solo» trans me ven como un hombre trans *hetero*. Como un hombre trans «normal». Soy demasiado consciente de este privilegio y del acceso que esto me proporciona: de que es más probable que otros hombres hablen conmigo y confíen en mí si me perciben como hetero. Esto se llama *palatabilidad*. Como hombre hetero, soy digerible para ellos. Me merezco su respeto y su tiempo. No hace falta decir que debería tener derecho a todo ello sin importar si soy queer o no.

Sinceramente, no sé si he aprendido a aceptar todas las partes de mi género y mi sexualidad. Y no sé si algún día lo conseguiré. Estoy bastante seguro de que será un viaje en constante evolución. Una aventura perpetua hacia la aceptación radical en un mundo que no quiere ni que sea trans ni queer. O, ya que estamos, ni birracial ni asiático. Y aunque esto comporta agotamiento y dolor, también trae mucha felicidad. No quiero deshacerme de mis intersecciones. Quiero que sean sagradas.

• • •

La raza, la discapacidad, la salud mental y la sexualidad no son, ni de lejos, una lista completa de las múltiples identidades que se cruzan con la identidad trans. Y aunque combinar cada una de estas puede empeorar de forma drástica la discriminación que padece una persona trans en este mundo, también crea una perspectiva única con la que vivirlo. Los vínculos personales más fuertes que he formado han sido con otras personas que entienden o que han vivido de primera mano las dinámicas que surgen de mis intersecciones. Sé que esto es cierto para muchas otras personas con identidades complejas.

La práctica de mirar más allá de una identidad (ser trans, negre, asiátique, queer o discapacitade) es un ejercicio de mirar la humanidad. ¿Qué otras cosas encontramos cuando pensamos más allá de esa única etiqueta que nos define? ¿Qué otras cosas encontramos cuando pensamos en la diversidad vital que existe dentro de una etiqueta? ¿Cómo podemos usar esto para fortalecer y empoderar nuestra lucha? ¿Cómo podemos usarlo para fortalecer y empoderar nuestra alegría radical?

20

La transfobia interiorizada y su antídoto: la alegría trans radical

Estaba exultante: acababa de dar un discurso delante de la mayor cantidad de gente a la que había hablado jamás. Más de dos mil estudiantes se habían puesto de pie para darme una ovación en la conferencia anual de la National Association of Independent Schools. Aunque había pasado más de una hora en el escenario, dediqué más de dos a estar con las filas de jóvenes que vinieron a sacarse fotos conmigo. Une a une, subían emocionades los peldaños para situarse a mi lado. Su alegría al conocerme era inmensa y conmovedora. Hasta ese momento, no entendía lo que era que te dolieran las mejillas de tanto reír o sonreír. Después de treinta niñes, me dolían los músculos de la cara.

Hacia el final de la fila, une niñe con el pelo de colores se acercó despacio. Llevaba una libreta cubierta de pegatinas y una chapa con el pronombre «elle» en la camisa.

—Tengo una pregunta —me dijo con nerviosismo.

—Dime.

—¿Alguna vez mejora…?

Se echó a llorar antes de que pudiera terminar la frase. Abrí los brazos para preguntarle sin palabras si quería un abrazo. Quise actuar con amabilidad, pero sabía que, si hablaba, yo también me echaría a llorar.

Por desgracia, su pregunta es frecuente. Justo antes de escribir este libro recibí un correo que preguntaba lo mismo. «Y, por último, me gustaría preguntarte… ¿En algún momento llega a ser fácil?», me escribió un niño trans de diez años procedente de un pequeño pueblo en India.

Preguntas como estas me forman un nudo en la garganta que a veces me impide hablar. Les niñes y su miedo por el futuro se llevan una pequeña parte de mí con elles.

Las cosas *sí* que se vuelven más fáciles. *Sí* que mejoran. Pero no porque *otra gente* cambie. Mejoran porque *nosotres* aprendemos a lidiar con ello. Y no porque les progenitores aprendan a aceptar a sus hijes trans o porque la sociedad deje de ser tránsfoba. Las cosas mejoran porque *nosotres* nos volvemos más fuertes, *nosotres* creamos comunidad, *nosotres* encontramos recursos para apoyarnos. Mejoran porque aprendemos a ser mejores que el odio de otras personas.

El viaje es difícil, y a veces tenemos que dejar a algunas personas por el camino. Pero la tranquilidad va llegando cuando nos damos cuenta de que no tenemos por qué depender de la validación o aprobación de otras personas, sino que debemos encontrar nuestras propias comunidades y espacios, debemos descubrir lo que es la alegría trans y cómo podemos aprovecharla.

Las cosas mejoran… pero no porque otras personas nos acepten. Mejoran porque *nosotres* nos aceptamos.

Puede que te estés preguntando: *¿cómo?* ¿Cómo nos aceptamos a nosotres mismes cuando vivimos en un mundo con cientos de ataques legislativos que criminalizan y/o ilegalizan nuestra atención sanitaria, nuestra privacidad, nuestros deportes, nuestra capacidad de expresar nuestra autenticidad e incluso usar los baños públicos? ¿Cómo puede la gente trans conservar una buena salud mental cuando parece que el mundo quiere que no existamos?

—Leer las noticias es muy duro —me comenta un cliente nuevo al que solo llevo viendo unos meses—. Sé que hay argumentos lógicos que puedo usar para responder al odio y he mirado en tu web. También lo hemos hablado antes. Pero no parece ayudar… me siento triste igual. ¿Cómo te mantienes tan positivo?

—No lo hago —respondo con sinceridad. Él parece sorprendido—. No soy positivo todo el tiempo. Sentir pena, dolor, rabia, tristeza, lo que sea, me permite dejar espacio para lo bueno. Si reprimiera todos esos sentimientos, supurarían en mi interior y me harían daño más tarde.

Él asiente, reflexivo.

—Me da la sensación de tener un pozo sin fin de dolor. Y de rabia. Estoy muy enfadado. ¿Por qué nos odian tanto? —Sus palabras pasan del enfado al dolor y se echa a llorar. Dejo que llore sin decir nada—. Hace que me pregunte si soy yo quien está mal. Sé que no, pero leo lo que dicen y... ¿Cómo haces para no creerlo? —pregunta con angustia.

¿Cómo haces para no creerles? He ahí la clave de la cuestión. Y a mí también me costó tiempo averiguar la respuesta. Le cuento una historia sobre mi época en Harvard que solo compartí con unas cuantas personas antes de escribir este libro.

• • •

Tras los primeros meses en el equipo de natación masculino habían dejado de malgenerizarme. Aunque al principio no acababa de sentir que formaba parte del equipo, empezaba a sentirme un poco más cómodo.

Una tarde de diciembre regresé a pie de la piscina con un chico de mi clase que se llamaba Lionel (él). Había sido bastante amistoso conmigo; yo hasta había pedido compartir habitación con él en el viaje anual de entrenamiento que haríamos al cabo de unas semanas.

—Si estudias Medicina, serás el primer médico trans o algo así —me dijo con desgana. No parecía un cumplido.

—Supongo —respondí. No sabía a dónde iba aquello.

—Leí un artículo sobre ti. En él decías que serías médico. —Ah. Seguramente estaba hablando de un artículo que había aparecido en *The Harvard Crimson* hacía unas semanas—. Y también decías que eliminarías a la gente de una en una.

¿Qué?

—¿Eh? —Fue lo único que pude decir.

—Dijiste que intentarías machacar a la gente. Uno a uno. El objetivo de esto no es ganar y machacar a alguien, Schuyler. Somos un equipo. —A esas alturas ya sonaba condescendiente.

No recuerdo qué respondí. Hervía de rabia. Hice memoria para ver a qué se estaba refiriendo. El periodista me había preguntado si mi estrategia mental para competir había cambiado al pasar de ser un atleta ganador en la categoría femenina a estar ahora en la categoría masculina. Dije que competía contra mí mismo y que esperaba ser más rápido que el siguiente nadador más rápido y que ya seguiría a partir de ahí. *¡Eso no tiene nada de malo! ¡Así es como funciona el deporte competitivo!*, quise gritarle a Lionel.

¿Qué sabía él sobre transicionar y sobre «el objetivo»?

—Tú en realidad no eres como nosotros —añadió—. Siempre tan serio. Te hace falta hablar sobre mierdas más tontas, anécdotas graciosas, deportes y chicas. Cuando estamos contigo —ahí empezó a hablar de parte de todos los estudiantes de primero en el equipo de natación— tenemos miedo de que te ofendas o nos grites, por eso nos sentimos incómodos cuando estás presente.

¿Tienen miedo de que les grite? ¿Quieren que hable de tonterías? Pero si casi no digo nada cuando estoy con ellos. Me siento y escucho.

—Nos estamos esforzando mucho, ya sabes, al llamarte en masculino y todo eso. Es muy duro. Y sí, sí, también es duro para ti o lo que sea —resopló—. Pero no te preocupes. Ya pasará. No es para tanto.

Por desgracia, para cuando terminó de hablar, aún nos quedaba la mitad del camino. No recuerdo lo que dije el resto del tiempo que pasamos juntos, pero sabía que, a partir de entonces, me costaría fiarme de él.

Unos meses más tarde, los nadadores de primer año nos reunimos en la habitación de Joseph (él) para hablar sobre cómo nos alojaríamos juntos los años siguientes. En Harvard, los de primero crean «bloques» de hasta ocho personas para vivir juntos en una casa. Dos grupos se pueden vincular para asegurarse de que sus casas estén en la misma zona. Como el resto de las clases en el equipo de natación ya habían formado bloques, deduje que yo también iría con mis compañeros. Me emocionaba esa perspectiva. Así sentiría que seguía formando parte del equipo.

Cuando llegué a la habitación, todo el mundo ya estaba allí.

—No hay hueco para ti en los bloques —anunció Lionel en cuanto me senté. Desconcertado, examiné la habitación. Ninguno me miraba a la cara, todos agachaban la cabeza. Se me cayó el alma a los pies.

Alguien musitó algo sobre que los grupos estaban llenos porque habían invitado a otros chicos y también a algunas chicas a formar parte del bloque.

—Sí, y nos da la sensación de que no te conocemos tanto —intervino otro chico.

—Vosotros nunca habéis intentado conocerme a mí —repliqué con tono cortante. Uno de los estudiantes no ocultó su reacción a mi respuesta y se quedó boquiabierto—. Ya veo lo que estáis haciendo —dije. Me levanté para marcharme.

Smith (él) me siguió fuera y me tiró del brazo.

—Lo siento, Sky —dijo, suplicante—. Ha sido una mierda. ¿Quieres hablar?

No quería, pero asentí de todos modos.

De vuelta en mi habitación, contuve las lágrimas. Smith confirmó que la mayoría de los chicos no se sentían cómodos con que estuviera en sus habitaciones ni en sus bloques porque soy trans.

—Creen que fastidiarás la dinámica o algo así —explicó—. No se sienten cómodos contigo. No lo entiendo. No te pasa nada.

—Gracias, Smith —dije, y era genuino. Siempre se había portado bien conmigo. El primer día que nos vimos me contó que él también lidiaba con una depresión y que yo era muy valiente por hablar sobre mi salud mental. Era uno de los pocos chicos que nunca me había malgenerizado.

—Mira, formaré bloque contigo si quieres. Podemos ser dos y ya está —se ofreció. Aquello era tan amable que casi me partió el corazón. Sabía que eso no lo haría realmente feliz, porque era amigo de los otros chicos.

—Tío, no hace falta —dije—. No quiero separarte de ellos. Pero ¿podrías decirme lo que han dicho?

La curiosidad sacaba lo peor de mí.

—Hay quien piensa que asustarás a sus novias porque eres trans. Algunos (sí, como Lionel) han dicho directamente que no quieren vivir cerca de ti porque eres trans.

Fue bajando la voz. Estoy seguro de que percibía el dolor en mi semblante, pese a que aún no me había echado a llorar.

—¿Qué ha dicho Lionel?

—No quiero repetirlo, Sky. Es una idiotez.

—Porfa. Quiero saberlo, en serio.

Y quería saberlo de verdad. Quería estar informado. Prefería saber que imaginar.

—Vale, bueno, eh… —Smith dudó. Me observó y luego posó la mirada en el suelo de madera, viejo y machacado por los años de estudiantes que vivieron allí. Carraspeó—. No le caes bien a Lionel porque eres trans. Cree que eres un fastidio y que no mereces formar parte del equipo. Dice que, para él, no te has ganado tu sitio aquí.

Esa noche lloré más que nunca. Después de que Smith se marchara, escribí una lista de cosas que sentía, entre ellas: *inútil, no soy lo bastante bueno, raro, no formo parte del equipo, no les caigo bien, bicho raro, friki, el otro* y *malo*. En letras grandes, escribí MARGINADO.

Alternaba entre sentirme pequeño y querer gritarles, sobre todo a Lionel. No sabía cómo iría a entrenar la mañana siguiente ni cómo aguantaría cuatro años en el equipo. *¿Y si estoy solo para siempre?*, escribí en mi diario. *¿Y si no hago amigos aquí y nunca tengo un grupo social? ¡No quiero que me vean como el chico raro queer! Ojalá fuera «normal».*

Sentí náuseas cuando la última línea caló en mi interior. Había peleado mucho para sentirme orgulloso de mí y de mi identidad y en ese momento deseaba ser diferente, que la cosa que más había aprendido a querer de sí mismo desapareciera.

Al sentir que interiorizaba este sentimiento, agarré un montón de papel en blanco que tenía en el cajón del escritorio. Pegué las hojas una a una en la pared al lado de la cama para crear un póster en el que podía escribir. Y luego, con lágrimas cayéndome por la cara, empecé a escribir.

Sus palabras no me definen.
Sus palabras no me definen.
Sus palabras no me definen.
Sus palabras no me definen.
Sus palabras no me definen.
Sus palabras no me definen.
Sus palabras no me definen.

Una y otra vez, hasta que las lágrimas pararon.

• • •

Aunque no lo sabía entonces, ese fue el inicio de una práctica muy importante de autovalidación y autoafirmación que me ha salvado a lo largo de los años. Una práctica que he perfeccionado y también he enseñado a mis clientes y a la gente que asiste a mis grupos de apoyo.

Aunque mi experiencia en el equipo masculino mejoró de forma drástica después de ese primer curso, he seguido enfrentándome a la transfobia y deduzco que, como persona muy abiertamente trans, siempre lo haré. Todos los días recibo en redes sociales comentarios discriminatorios llenos de odio; los peores suelen decirme que esperan que me muera, bien de un modo violento o que me suicide. «Deberían volver a usar las cámaras de gas para gente como tú», escribió una persona hace unos años.

Comparto estos comentarios no para dar espacio al odio, sino para ilustrar la naturaleza vil de lo que muchas personas trans deben aguantar.

Y, a pesar de todo, siempre he encontrado una alegría inmensa, satisfacción y paz. A pesar de todo, me mantengo fuerte y me siento orgulloso de ser quien soy... la mayor parte del tiempo.

Así que, sin más dilación, te cuento cómo lo hago.

UN MARCO

Valido mi dolor

Antes de replantearme cualquier cosa, dedico un tiempo a mis sentimientos.

Deja espacio para los sentimientos más feos. Si lo necesitas, valídate en voz alta, como harías con une amigue:

Es normal que me duela mucho que me digan que no soy suficiente o que soy demasiado raro o diferente para que me incluyan en el bloque de mis compañeros de natación.

Es normal que me enfade y dé vueltas a preocupaciones futuras por lo que implica todo esto.

Es normal que me sienta así de mal porque me hayan excluido.

Pongo espacio entre mi verdad y la de ellos

Aunque las palabras de otras personas puedan doler, no siempre son hechos. Las opiniones de esos chicos sobre mí no eran hechos y no impactaban en mi verdad.

Si alguien intenta invalidar quién soy, eso no implica que yo no sea una persona válida, pero sí que dice algo sobre esa persona: sobre su carácter, sus inseguridades y miedos, su perspectiva del mundo. No dice nada sobre quién soy yo.

De nuevo, podemos validar nuestra rabia y dolor. Pero no uses las palabras de otras personas como armas contra ti misme.

Decido si quiero involucrarme

En el caso de Lionel y de los otros chicos, elegí no meterme. Le aconsejé a Smith que formara un bloque con ellos y encontré a otros amigues que me dieron la bienvenida en su grupo. Durante mis años universitarios, su apoyo sería muy importante para mí.

Lionel nunca me dijo a la cara que no creía que mereciera estar en el equipo. Y aunque me imaginaba enfrentándome a él, al final no lo hice. Me di cuenta de que mi objetivo no era demostrarle que era lo bastante hombre ni que tenía derecho a estar en el equipo. No tenía por qué demostrarle nada. *¿Por qué estoy aquí?*, me repetía una y otra vez para poder volver a centrarme. *Estoy aquí para nadar.* Y eso hice.

Casualmente, Lionel y yo nos especializamos en la misma brazada. El primer año, él me venció tanto en la carrera de 100 yardas como en la de 200. El segundo, yo le vencí en la de 100. Y en los dos últimos años, lo superé en ambas. Fue una forma discreta de recordarnos (a mí y a él) que sí tenía derecho a estar en el equipo. Y aunque la victoria fue dulce, habría triunfado igualmente tanto si hubiera nadado más rápido que él como si no, porque *yo* había ido a hacer lo que quería hacer.

Ante la transfobia o cualquier otro tipo de discriminación contra tu identidad, tú decides si quieres involucrarte o no. Date permiso para marcharte, para no confrontarlo, para dejarlo ir. No tienes por qué pelear todas las batallas. No siempre vale la pena luchar en todas y cada una de esas batallas.

En mi caso, decido involucrarme cuando se cumplen *todos* estos criterios:

DEPTS:
- Deseo: si quiero hacerlo.
- Energía: si tengo energía para hacerlo (otra forma de verificar esto es: ¿involucrarme me hará daño de algún modo?).
- Productividad: si creo que esto es productivo… tanto para mi interlocutore como para mí.

- Tiempo: si tengo tiempo para ello.
- Seguridad: si no corro peligro físico al involucrarme.

Me afirmo a mí mismo

Cuando las voces externas son demasiado fuertes o frecuentes, como suele ocurrir en el mundo en el que vivimos, tenemos que reforzar nuestra propia voz y nuestras verdades. Para hacerlo, hace falta afirmarse de forma activa. Sí, yo también pensaba que era una tontería. *Pero, a ver, ¿si escribo cosas como «sí que soy lo bastante hombre» algún día me lo creeré?* La verdad es que sí.

Te animo a escribir estas afirmaciones los días en los que te sientas bien, porque a veces es más fácil imaginarlas cuando las voces malas se acallan. Y guárdate la lista para los días más duros.

He aquí unas cuantas frases con las que puedes empezar:

- Sé quién soy aunque mis compañeres me invaliden.
- Sé quién soy aunque mis xadres me invaliden.
- Sé quién soy aunque mis supervisores/superiores me invaliden.
- Soy válide, da igual la opinión que tengan otros sobre mí.
- Puedo saber quién soy y soy capaz de saberlo tenga la edad que tenga.
- Mi sexualidad es válida. Mi identidad de género es válida.
- Me merezco ser queride incluso si mis xadres/familiares/compañeres no me lo demuestran.
- Formo parte de este mundo.
- Formo parte de este equipo.
- Este es mi sitio.
- Soy resiliente. Sobreviviré.
- Tengo derecho a estar triste.
- Decepcionar a otras personas no significa que sea una decepción.
- Estoy haciendo lo suficiente.
- Sus palabras no me definen.

BAÑADORES Y CICATRICES

Cuando me estaba recuperando de la operación de pecho, casi todos los días subía fotos en las que aparecía orgulloso sin camisa. Y en casi todas las ocasiones recibía comentarios con recomendaciones sobre cómo podía reducir el enrojecimiento de las cicatrices. Con el tiempo, se fueron haciendo más gruesas y su color se intensificó. Ahora mis cicatrices miden casi dos centímetros de grosor y son de un suave rojo púrpura, según el frío que haga. Otra gente, trans o no, creyó que querría cambiarlo.

«Usa aceite con vitamina E», me recomendaron decenas de personas. Usa este producto, usa este otro.

No les hice caso. Estoy muy orgulloso de mis cicatrices. Esta es mi historia escrita en negrita sobre mi pecho. Peleé duro para conseguirla y no pienso esconderla.

La primera vez que llevé el pequeño nadador triangular que se suele llamar «Speedo» sentí un miedo terrible. Me había pasado horas delante del espejo de mi habitación para intentar creerme que tenía buen aspecto. Pero nunca acabé de creérmelo y, aun así, decidí que me lo pondría de todas formas. Ese día salí a la piscina sintiéndome más desnudo que lo normal. Pero lo conseguí. Y desde entonces no he parado.

Aunque dejé de competir hace años, todavía llevo ese bañador siempre que puedo, para nadar en la piscina o relajarme en la playa. Si te soy sincero, esa ansiedad no ha desaparecido del todo y no creo que lo haga nunca. Pero no pasa nada. Me pongo el Speedo para lucir no solo mi preciosa cicatriz, sino también el bañador sin bulto.

Tengo la sensación de que soy trans de un modo tan obvio y tan abierto… Pero una parte de mí aún siente que debería esconderlo. Cuando camino casi desnudo por el vestuario de hombres o por la piscina o la playa, me preocupa lo que la gente pueda pensar.

—¿En serio te preocupa? —me preguntó uno de mis amigos trans cuando se lo conté. Estaba incrédulo—. ¡Pensé que lo hacías porque te daba igual! ¡Que ni siquiera te parabas a pensarlo!

Su sorpresa me sorprendió a su vez. *Pues claro que me preocupa, mira el mundo en el que vivimos.*

—Siempre me pongo muy nervioso —le aseguré—. Pero lo hago de todas formas.

Y ese es mi lema. Me niego a permitir que el desdén o desagrado que otra persona sienta por mi identidad trans me impida hacer algo que me gusta mucho, como nadar. Con el paso de los años, esta forma de pensar se ha convertido en una práctica gracias a la cual he encontrado paz y tranquilidad. Pero ni la paz ni la tranquilidad eliminan el miedo y la ansiedad, aunque también he aprendido a ver que no pasa nada por sentirse así.

—Sé que suena un poco raro, pero al miedo le digo que me acompañe —le confesé a mi amigo—. «Vente a dar un paseo», le digo. No vas a conducir tú, aunque puedes acomodarte en el asiento trasero. Te oigo y te veo, pero todo irá bien.

Así me recuerdo que mi cuerpo no está mal.
Así me recuerdo que no soy menos hombre.
Así me recuerdo que sus palabras no me definen.
Soy *yo* quien me defino.

PARTE IV
EL GÉNERO Y TÚ

21

Ser aliade

—Mira que eres maricón.

Así se burlaba el matón de manual en mi instituto de cualquier chico que le molestara. A veces, sin razón aparente, usaba un acento «asiático» estereotípico con cualquier frase, tipo: «Ponme un rollito de primavera» o «¿Quieres arroz frito?». La mayoría de chicos se reían cuando lo hacía y hasta lo imitaban.

Como niño queer en el armario que también era asiático-estadounidense, sus comentarios me incomodaban mucho, pero sobre todo me molestaba la despreocupación del resto de la gente. *¿Por qué nadie dice nada? ¿Por qué se están riendo? ¿Por qué el entrenador no ha intervenido?*

Al principio, este chico fue muy amable conmigo. No sé muy bien el motivo, deduzco que porque me percibía como una persona atractiva (en aquella época me presentaba como mujer). Pero su actitud cambió con rapidez cuando vio que no apoyaba su comportamiento racista y homófobo. Cada vez que decía algo en broma con ese acento «asiático», yo me quedaba mirándolo inexpresivo o decepcionado.

—¿Por qué hablas así? —le pregunté al final. Atónito y sin poder responder, se dio la vuelta y siguió hablando con otra persona. Me sentí solo, sobre todo porque era nuevo en el equipo. Pero no pensaba tolerar que me hablara de esa forma, ni a mí ni a otras personas. Me acordé del acento coreano de mis abueles y en cómo a mis amigues a veces les costaba entender su inglés. La rabia me recorría las venas.

Cada vez que este chico intentaba hablar conmigo, descubría que no era bienvenido.

—Deja de hablar así, es racista —le decía con firmeza.

—No es gracioso, en serio —contestaba con gesto adusto.

Para mi satisfacción, cuanto más me resistía a él, más lo hacía también otra gente. Empezó en el vestuario de chicas.

—Siempre ha sido así, es un incordio —se quejaban.

—Sí, menudo imbécil.

Ellas también empezaron a quejarse de sus insultos y su racismo. En cuestión de meses, casi nadie reaccionaba a sus «bromas», ni siquiera los chicos.

En ese momento me convertí en el objetivo de sus comentarios.

—Te crees la más rápida, ¿eh, Schuyler? —me espetó un día después de competir en 200 yardas a braza. Aunque en esa época competía contra chicas, el entrenador ponía a las chicas más rápidas a competir contra los chicos—. Entonces, ¿cómo es que te he ganado por una diferencia tan grande? —se burló—. Que si los nacionales o no sé qué… —Y se dio la vuelta.

Por aquel entonces yo tenía quince años. Él me percibía como chica y era el más grande del equipo con dieciocho o diecinueve. Ese orgullo que sentía por ser más veloz se me antojaba ridículo.

No le respondí, aunque me sorprendió que una compañera de equipo me defendiera y le dijera que me dejara en paz. Él la ignoró y se metió en la piscina. Un mes más tarde, dejó el equipo.

• • •

Empiezo el capítulo con este recuerdo porque sirve como ejemplo del poder de la resistencia. No siempre es fácil levantarse y resistir, pero, si lo haces, es muy posible que muchas personas se unan a ti.

Mírate ahora, leyendo a mi lado. Has elegido unirte a mí y te doy las gracias por ello.

Tengo la firme creencia de que ser aliade es un trabajo *activo*. Puede resultar agotador, difícil y doloroso. Pero con solo leer este libro ya has empezado tu camino como aliade. Y tu compromiso tendrá un impacto mayor cuando apliques a tu vida diaria lo que has aprendido aquí.

Este capítulo te equipará con habilidades y prácticas tangibles para ayudarte a crear tu estrategia como aliade. Mi esperanza es que este andamio que te ofrezco haga que el trabajo de aliade sea menos desalentador y más efectivo para ti.

¿QUÉ ES SER ALIADE?

La palabra «aliade» implica defender, apoyar y/o trabajar para contribuir en la liberación de un grupo marginalizado cuya identidad no compartes. Ejemplos: una persona cis que lucha por los derechos trans; una persona blanca que fomenta la equidad para las personas negras, indígenas u otras personas racializadas o un hombre que lucha por los derechos de las mujeres.

Con los años, el movimiento de justicia social ha adoptado otros términos, como «cómplice», para describir esta lucha cuyo objetivo es desmantelar la opresión sistémica. Se use el término que se use, hay que llegar a la raíz que causa la opresión, hay que ser actives, hacer ruido y colaborar con las personas marginalizadas para las cuales existe este movimiento. Por este motivo y en aras de la simplicidad, seguiré usando la palabra «aliade» para describir estas acciones.

El trabajo de aliade se desarrolla en dos ámbitos que se retroalimentan y se solapan.

El primero es el interno: donde observamos, cuestionamos y luego modificamos nuestra actitud para ser aliades.

El segundo es el externo: donde integramos lo que hemos aprendido en nuestras interacciones y creamos un cambio social tangible.

ÁMBITO INTERNO

Nuestro sistema de creencias motiva nuestras acciones, sean inconscientes o no. Y aunque podemos intentar cambiar nuestras acciones sin más, es mucho más efectivo empezar examinando los motivos subyacentes que las incitan.

Una cita famosa, atribuida erróneamente a Morgan Freeman (él), dice: «Odio la palabra homofobia. No es una fobia. No tienes miedo. Solo eres gilipollas».

Aunque es cierto que hay bastantes gilipollas por el mundo y muchas personas (sean intolerantes o no) se comportan como tales, creo que el *motivo* de que sean así es porque tienen miedo. El miedo es la raíz de la transfobia y la queerfobia: nuestras identidades queer o trans remueven algo en el interior de estas personas y no saben o no están preparadas para enfrentarse a ello. Y eso, cómo no, resulta aterrador.

Así pues, la gente tiene miedo. Pero lo que pasamos por alto es que no nos temen a *nosotres*, sino a lo que provocamos en *elles*. Temen la libertad y el reino de posibilidades que nuestra existencia sugiere... o exige.

«El pánico moral que sienten algunas personas es por ellas mismas. Si *tú* elegiste esto... ¿acaso *yo* podía elegir?». Le doctore McLean cree que esto es lo que podría pasar por la mente de las personas cis.[1] Aunque, claro, las personas trans no han *elegido* ser trans. A menudo he visto comentarios como este, a veces del tipo: *Bueno, si puedes elegir ser un hombre sin más, entonces, ¿qué es ser hombre? ¡Le quitáis el sentido a la hombría!*

Vemos este argumento con frecuencia cuando se habla del matrimonio igualitario. «El matrimonio gay arruina la santidad de mi matrimonio», suele decir la gente hetero. Pero la realidad es que el matrimonio de otra persona no puede arruinar la santidad del tuyo. Solo tú puedes hacerlo.

Del mismo modo, proclamar que soy hombre no hace que la hombría en sí carezca de sentido ni se la arrebato a cualquier otro hombre. Pero entiendo por qué puede parecer que sí. *Si una persona no es hombre al nacer por tener pene u otros factores biológicos concretos, entonces, ¿qué es ser hombre?*

Y ahí es cuando aparece el miedo.

«Rompe muchos esquemas. La gente ve que el mundo que creía conocer se desmorona a su alrededor», reflexiona le doctore McLean.[2]

Une aliade auténtique y con los pies en la tierra debe empezar su camino tomando conciencia, porque gracias a ella nos observamos a nosotres mismes y nuestras creencias. A través de esta lente, podemos reconocer que la transfobia no parte de la gente trans, sino de nuestro sesgo interno, nuestro miedo y las limitaciones que nos creamos.

«Creo que la identidad trans es un compromiso con el futuro», dice le doctore shawndeez. «Y es un compromiso muy radical: ¿qué es posible cuando no solo contemplamos este tipo de vida, sino que nos abrimos a otras formas de existencia y expresión?». Por eso el primer paso para ser aliades, y el más importante, es examinarnos a nosotres mismes.

· · ·

En octubre de 2021 tuve el honor de recibir el premio Spirit of Matthew de la Matthew Shepard Foundation. Mi padre voló desde la otra punta del país para reunirse conmigo en Denver, donde se celebraba una gala de etiqueta. Asistieron cientos de personas y yo estaba nervioso por mi discurso de aceptación, pero también porque la pandemia seguía presente y no quería contagiarme con el virus.

Durante el cóctel previo a la cena, mi padre y yo socializamos con otros asistentes. Mucho más sociable y experimentado con eso de crear nuevos contactos que yo, mi padre se lanzó directo al ruedo. Siempre he envidiado su comodidad en este tipo de ambientes, porque parece capaz de hablar con cualquiera. Sin embargo, al crecer y ser más consciente de cómo mis identidades influyen en la percepción que tienen de mí otras personas, también me he fijado en que la forma de percibir a mi padre es el resultado de sus identidades. Como hombre blanco alto, exitoso y, en general, atractivo, la gente se remite a él de forma automática. Siempre le abren espacio. Siempre lo escuchan.

Estábamos de pie en una de esas pequeñas mesitas altas típicas de estos eventos tan elegantes y mi padre me estaba frustrando. No dejaba de interrumpir a la gente con la que conversábamos, movía las manos sin tener en cuenta el espacio que su propio cuerpo ocupaba, casi le dio un manotazo al hombre que tenía delante y, además, se acercaba demasiado a su interlocutor, que llevaba mascarilla, porque al parecer aún le ponía nervioso exponerse al COVID, igual que yo.

Intenté, sin éxito, decirle con delicadeza que retrocediera un paso. Tras unos cuantos intentos se apartó, molesto. Lo seguí fuera para charlar o, mejor dicho, para discutir.

—¿Qué haces? —preguntó con enojo—. ¿Hay algún problema?

—Te acercas demasiado a la gente y le vas a pegar un manotazo a alguien —dije. Intenté mantener la calma, pero no lo conseguí.

—¡Siempre quieres que la gente se comporte de un modo determinado, Schuyler! No puedes controlar a todo el mundo. No todos podemos ser un robot. ¡No soy un puto robot! —espetó. Estaba furioso y hablaba en un tono que era una mezcla de susurro y de grito.

En muchos sentidos, mi padre es la persona que más me entiende. Siempre ha sido mi mayor apoyo y mi defensor más fiero. Pero en momentos como ese no ha sabido procesar que su privilegio me puede hacer daño a mí o a otras personas. Está tan cegado por su privilegio que toda comprensión desaparece. Presenciar esta desconexión me resulta tan chocante que casi nunca puedo contener mi temperamento o mi dolor. En general, es como si estallara. Y eso fue lo que ocurrió en 2021.

—¡No eres ni queer, ni trans ni una persona racializada! —Yo no intenté susurrar, sino que grité directamente—. ¡Tienes que ir con más cuidado! —Aunque estábamos solos en ese momento, mi voz resonó en los pilares de cemento y me acordé de que debía bajar el tono, así que ajusté el volumen—. Estamos rodeados de personas queer y trans y tú te comportas como si tuvieras permiso para acaparar todo el espacio en el mundo, tanto física como verbalmente. Esto no solo me molesta, sino que me avergüenza. Estamos hablando de mi vida y de mi trabajo. ¡Muchas veces tengo que enseñar a la gente a entender su privilegio! Pero resulta que mi propio padre no lo entiende. Yo, al igual que muchas personas marginalizadas, incluida tu esposa, que es una mujer coreana, hemos tenido que aguantar que muchos hombres cis y blancos nos hablen con condescendencia. —El semblante de mi padre cambió y su rabia se disipó. Parecía que quería decir algo, pero yo no había terminado—. Me he sentido insignificante e inútil porque hombres como tú hablan por encima de mí o piensan que mis contribuciones no importan. Me he sentido irrelevante porque hombres como tú no piensan en cómo sus actos afectan al resto de gente y ocupan espacio porque creen que es su derecho. No seas uno de esos hombres.

Estaba sin aliento. Me limpié las lágrimas, con miedo a que la gente las percibiera durante mi discurso, que se acercaba a toda prisa. Esperaba que nadie nos viera allá fuera. *Un famoso docente y defensor trans no puede ni tener una conversación tranquila con su padre.* Me avergonzaba mi estallido, aunque sabía que mis emociones eran válidas.

—Ah —musitó mi padre—. No había visto que... que esto era por el privilegio.

Cuando comencé a escribir esta sección del libro, le conté a mi padre que incluiría esta historia. Aunque mi intención no era pedirle permiso ni recibir su aprobación, le pregunté qué pensaba. Me envió esta respuesta:

Para mí, nuestras charlas sobre ocupar espacio han sido muy efectivas. Ya sea en conversaciones, en eventos sociales mixtos, en llamadas por Zoom, en mi papel como padre, en el metro e incluso con mi postura corporal... La actitud de un hombre cis blanco no se anuncia, no tiene límites; todo el mundo a su alrededor la espera y la cuida. La gente se atiene a los hombres cis blancos, les da preferencia, les habla primero, les ofrece la cuenta y, de un modo consciente o no, lo que hacemos es esperar que esto sea así la mayor parte de las veces. Quitamos espacio a esas personas que deberían tener el mismo derecho (o más) a disfrutar de ese espacio. Hasta en situaciones donde es evidente que no deberíamos tener preferencia ni prioridad, el sistema perpetúa este comportamiento deferente hacia nosotros. Hace falta ser conscientes y actuar de forma deliberada para apartarnos y ocupar menos espacio. La mayoría de los hombres blancos cisheteros que lean esto puede que pasen por alto esta sección. Este también es un comportamiento que consideramos como parte de «nuestros derechos». No nos tomamos en serio las críticas hacia nuestro privilegio (porque es lo que el sistema nos enseña) y las consideramos errores o malentendidos. Esto nos permite seguir ciegos mientras hacemos daño.

Cuando leí su respuesta, se me inundaron los ojos de lágrimas. A quien más le he gritado con furia en este mundo es a mi padre. Y aunque no me siento orgulloso de ello, lo hago porque sé que no puedo perderlo. Y sé que él *puede* entenderlo. Hemos discutido bastante y hemos gritado mucho, y tanto mi esposa como mi madre siempre me preguntan por qué insisto. ¿Por qué no le cuelgo el teléfono o salgo de la habitación?

—Porque quiero que lo entienda. Y sé que puede entenderlo.

Aunque no te aconsejo que le grites a nadie, sí te animo a observarte. Que mi padre no entienda mis críticas no es algo unilateral, ya que a veces yo no he conseguido transmitirle la esencia de mi malestar y me he centrado en lo que él ha hecho en vez de en cómo me he sentido yo. He descubierto que decirle cómo me han impactado sus acciones genera una conversación más productiva y es, por tanto, una táctica más efectiva.

Pero, tal y como reflexiona él en su comentario, observarse a uno mismo con sinceridad requiere renunciar al derecho de nacimiento que se otorga con el género asignado y que pone primero a los hombres para que sean escuchados y tengan autoridad. Requiere observar dónde están esos supuestos, por qué están ahí y qué podemos hacer para deconstruirlos para que otras personas tengan un poco más de espacio. Y sí, esto significa que el hombre blanco cis tendrá *menos espacio.*

Me han preguntado en muchas ocasiones por qué estos ataques contra las personas trans culminan *ahora:* ¿por qué hay tantas leyes antitrans, por qué prolifera tanto la retórica antitrans, por qué se considera que las personas trans son una amenaza?

Estos ataques están ocurriendo porque las personas trans *sí* son una amenaza, pero no como lo pintan las acusaciones actuales. La gente trans no es una amenaza para les niñes, las mujeres ni el deporte. No, las personas trans son una amenaza porque nuestra identidad perturba las convenciones más básicas de la sociedad occidental: el poder patriarcal cis y blanco, el sistema de opresión que Estados Unidos ha construido y controlado desde su concepción. Las personas trans somos una amenaza porque nos conocemos incluso cuando quienes tienen el poder dicen que es imposible que existamos. Y, pese a todo, existimos.

La identidad trans es muy poderosa y aterroriza a quienes *tienen* el poder. Nuestra verdad exige que el mundo se plantee qué es posible cuando los hombres blancos cisheteros no hacen todas las normas ni controlan todos los cuerpos. Porque estos ataques no tienen nada que ver con «la justicia», ni con «proteger a las mujeres», ni con los baños, la sanidad ni las mismas personas trans...

No, estos ataques tienen que ver con concentrar el poder de nuevo en los hombres blancos cis, porque les aterroriza perderlo. El sistema opresor que construyeron hace siglos ha empezado a erosionarse cuando les oprimides han podido defenderse al fin.

El sistema que ha marginalizado a cualquier persona que no sea un hombre blanco cishetero es lo que corre peligro. El sistema considera que la diversidad debilita su fortaleza, porque lo hace. En un intento por no desmoronarse, se esfuerzan por fortalecer su poder a través de métodos milenarios. Si quitamos el derecho a voto, las personas negras no se organizarán y seguirán marginalizadas. Si prohibimos el aborto, la gente pobre, sobre todo las mujeres racializadas, seguirán empobrecidas.[3, 4, 5, 6, 7] Si prohibimos el contenido LGBTQ+ en los colegios, a la gente le costará descubrir sus identidades y acumularán enfermedades mentales en vez de celebrar quiénes son. Si los medios de comunicación no se centran en las mujeres y niñas indígenas desaparecidas y asesinadas, no perpetuarán su cultura y su historia, con lo que al final se las eliminará porque suponían una amenaza para el sistema. La lista es infinita.

Pero quienes tienen el poder no se dan cuenta de que nunca podrán arrebatarnos este conocimiento. Por muchas leyes antitrans que se aprueben, nunca me impedirán saber que soy trans. Ninguna prohibición de participar en deportes, entrar en baños o acceder a la sanidad, ni ningún intento de reducirme a una estadística, evitarán que sepa quién soy. Y creo que este es el poder innato que justo estamos descubriendo y que nunca nos arrebatarán.

Y esto también es cierto para ti, lectore. Nada puede arrebatarte tus identidades. La gente trans no existe para robar la hombría o la feminidad de una persona cis. Tú sigues siendo tú. Cuando lo comprendamos y aceptemos, podremos seguir adelante.

OBSERVA, CUESTIONA, CAMBIA

—¡Hola! —dijo a toda prisa la chica, deseosa de hacer su pregunta—. Soy una aliada cisgénero que emplea el género correcto con sus amigues trans, pero, para ser sincera, a veces lo hago pero no les veo como son, con su género real. Sé que esto es malo, así que ¿cómo puedo empezar a ver a las personas por quienes son de verdad en vez de lo que a mí me «parecen»? ¿Tienes alguna recomendación para deshacerme del binarismo de género?

—Uf —contesté—. Esa es una gran pregunta. La respuesta corta sería: observa, cuestiona, cambia.

LA ESTRATEGIA

Observa

Sé consciente de nuestros sesgos y de cómo operan en nuestras vidas, sobre todo en cómo afectan lo que hacemos.

Aquí tienes unas cuantas preguntas que puedes hacerte mientras *observas*:

- ¿Qué sesgos de género tengo? (Esta es una forma de empezar a fijarnos en estos sesgos).
- ¿Qué sentimientos he tenido al leer este libro? ¿Me resisto a sus ideas o siento rabia? ¿Qué me genera?
- ¿Cómo pongo género a la gente? (O puedes empezar fijándote en que, de forma instintiva, deduces el género de todas las personas que conoces).
- ¿Qué me hace poner género a una persona de un modo u otro? (Fíjate en qué factores contribuyen a tu conclusión final sobre el género de una persona).
- ¿Qué deduzco sobre alguien a partir de su género?
- ¿Qué cosas hago que tengan un género asociado? ¿Cuáles me sientan bien y cuáles no?
- ¿Cómo y cuándo percibo mi propio género?
- ¿A cuánto espacio siento que tengo derecho?

Estas preguntas deberían plantearse con curiosidad, no con crítica. El objetivo no es castigarte por tus sesgos, creencias o prácticas. Solo estás intentando concienciarte sobre por dónde empezar para establecer tu punto de partida.

Cuestiona

Deconstruye las observaciones que has recopilado para crear más espacio.

Aquí tienes unas cuantas cosas que plantearte mientras te *cuestionas*:

- ¿Por qué he deducido el género de esa persona de esa forma? ¿Por qué he deducido que ese era su género a partir de estos factores?
- ¿Por qué he deducido [X] sobre esa persona a partir de su género?
- ¿Por qué he vinculado [X] con este género? (Ejemplos: sentarme de un modo concreto, hablar así, relacionarse con otras personas de esa forma, limitar/controlar tus emociones, etc.).
- ¿Por qué siento [X] sobre las personas trans?
- ¿Por qué siento que tengo derecho a ocupar este espacio?

Cambia

Aquí trabajamos para deshacernos de las acciones que surgen de los sesgos perjudiciales en los que hemos aprendido a fijarnos y actuamos de una forma que se corresponda con nuestro objetivo de ser justes, aliades e inclusives. Traducir el trabajo interno de observación y cuestionamiento exige tener la voluntad de renunciar a partes sobre nuestra forma de entender el mundo, pero también da pie a aceptar esa curiosidad que hemos cultivado para llegar a este punto.

Recuerda que esto no es un juego de avergonzarte a ti ni a tus pensamientos. El objetivo es que vengas tú completo, con tus sesgos y todo, para que puedas examinarte de forma holística y actuar para desafiar el sesgo. El cambio no requiere una ausencia total de sesgo, sino actuar de forma radical a pesar de él.

Aquí tienes unas cuantas cosas que plantearte mientras *cambias*:

- ¿Puedo interrumpir este proceso de poner género a la gente de forma automática? ¿Qué pasaría si me planteo que la persona a la que he asignado un género concreto *no* es de ese género?
- ¿Puedo introducir nueva información y nuevos datos que he aprendido e integrarlos?
- ¿Qué puedo saber de una persona aparte de su género?
- ¿Qué me parece importante sobre una persona que acabo de conocer, aparte de su género? (Ejemplo: enumera tres cosas sobre alguien que no sea su género).
- ¿Cómo actuaría si no hubiera deducido que su género era ese? ¿Cómo me gustaría reaccionar?
- ¿A qué espacio *debería* tener derecho? ¿Dónde y cómo puedo hacer más espacio para otras personas que no tengan el mismo que yo?

PASAR DEL ÁMBITO INTERNO AL EXTERNO

A estas alturas, has empezado a ser aliade desde dentro en un precioso proyecto interno. Lo siguiente que haremos será ampliar este viaje más allá de nosotres para ser aliades *externes* de un modo efectivo. Pero, antes de hacerlo, tomémonos un respiro para reflexionar sobre un detalle crucial.

Este libro está lleno de revelaciones íntimas y privadas que, además de ser difíciles de escribir, me obligaron a reflexionar sobre si podía compartirlas contigo. He proporcionado respuestas a preguntas inapropiadas y te he invitado a adentrarte en partes muy privadas de mi vida, todo con la esperanza de que me veas de verdad, de que tengas una pequeña ventana hacia la experiencia trans.

Pero no todas las personas trans harán algo así. Y no tendrían por qué hacerlo.

Cuando doy discursos educativos, me esfuerzo mucho para no transmitir rabia o frustración, porque he descubierto que así la gente no aprende. La decisión de adoptar esta actitud es una elección (*mi elección*) que he podido tomar gracias a una serie de privilegios que me han permitido disponer de espacio mental para albergar dolor, incomodidad, las herramientas informativas para defenderme mediante la ciencia y el apoyo necesario para aumentar mi confianza ante un enfrentamiento.

Al final de casi todos los discursos, alguien se acerca a mí para decirme algo como:

—He disfrutado mucho de la charla. Qué tranquilo y amable eres. He visto a otras personas haciendo esto y gritan y se enfadan… Pero tú no lo has tratado como si fuera un problema, lo has explicado todo de un modo objetivo. Me encanta cómo nos has invitado a hacer todas las preguntas que queríamos y cómo las has respondido con elegancia. Me has ayudado mucho a aprender.

Puede que hayas leído este comentario y hayas asentido conforme. *¿Qué tiene de malo esto?*

En resumidas cuentas: no es un cumplido. Esto también es una microagresión.

Lo que la frase «Eres tranquilo, mientras que otras personas no» dice en realidad es: «Solo respeto y valoro el dolor cuando se me presenta de una forma que acepto». Y exige lo siguiente: «No me muestres el dolor que este sistema (del que formo parte y seguramente siga perpetuando) te ha causado. Finge que no existe para que yo pueda sentir más comodidad en tu presencia».

Lo que la frase «Me encanta que nos hayas invitado a hacer las preguntas» dice en realidad es: «¡Me alegro de que no tengas límites que yo deba respetar!».

A esto se le llama «vigilancia de tono» (*tone policing*) y exige que las ideas se transmitan de un modo concreto, en general tranquilo, amable y paciente, para que resulten aceptables a le interlocutore. La vigilancia del tono rechaza todo tipo de comunicación que se transmita de un modo enojado, frustrado o negativo.[8, 9]

No niego que usar un tono distinto sea productivo. Conozco a pocas personas a las que les guste que les hablen a gritos o con furia.

Sí, mucha gente aprende mejor cuando se siente segura y bienvenida, y por eso me esfuerzo en regular mis emociones cuando doy charlas. Pero, repito: esta es *mi decisión*.

La diferencia vital es validez versus productividad. Cuando alguien me hace una pregunta inapropiada, para mí es *válido* enfadarme y responder con enojo, pero no siempre es productivo. Sin embargo, incluso con esta dicotomía, es importante preguntarse: ¿productivo para quién? Para mí, hay tres opciones viables: productivo para la persona que ha hecho la pregunta inapropiada; productivo para mí, la persona trans a la que le han faltado el respeto; o productivo para la sociedad en general/otras personas/el aprendizaje. Como mi intención es educar, a menudo elijo dar prioridad a la persona que ha hecho la pregunta y a la sociedad en general en vez de a mí mismo.

Mis decisiones, cómo no, son solo mías. No es el trabajo de todas las personas trans educarte sobre identidad trans solo porque sea trans. Pero *sí* es mi trabajo, cuando doy discursos, asesoro y escribo este libro. En las situaciones en las que decido mantener esta actitud calmada no solo he *elegido* hacerlo, sino que también me *pagan* por ello. Debes reconocer que seguramente este no sea el caso de las otras personas trans que estén en tu vida.

Ten en cuenta lo siguiente: si haces una pregunta inapropiada, irrespetuosa o incómoda, la respuesta enojada de una persona trans es válida. No esperes que te ofrezca su dolor en una bandeja de plata. Esa pregunta a lo mejor te ha parecido inofensiva, pero puede que a la persona trans en cuestión se la hayan hecho más veces de las que han usado el género correcto con ella. Debes aceptar que el impacto y las consecuencias de tus acciones forman parte de la opresión sistémica y asume la responsabilidad del papel que desempeñas al perpetuarla, sin importar cuál sea tu intención.

A partir de aquí, podemos empezar a ver cómo interactuar con otras personas. Ya hemos contextualizado de dónde vienes y cómo puede que te reciban las personas trans. Ahora ha llegado el momento de actuar.

ÁMBITO EXTERNO: CÓMO SER ALIADE DE PERSONA A PERSONA

Las interacciones interpersonales son, posiblemente, el escenario más accesible en el que podemos hacer cambios sociales porque casi todo el mundo tiene a alguien con quien hablar y conversar sobre estos temas. He aquí tu caja de herramientas:

Corrige a la gente cuando malgenerice/necronombre a una persona trans

Usar nuestro nombre y pronombre correctos es una de las formas más fáciles, y más efectivas, de decir: «Te veo». Este respeto debería extenderse a corregir a otras personas cuando sea apropiado. Si alguien malgeneriza o necronombra a una persona, corrígele, aunque esa persona no esté en la habitación o no la conozcas.

Cuando lo hagas, ve con cuidado de no sacar del armario a nadie. Puede que esa persona use pronombres distintos según la situación. Antes de corregir a alguien, asegúrate de saber dónde la persona trans usa cada pronombre, porque quizás no ha salido del armario en todas partes.

No dependas de las personas trans para educarte

Repito: no es responsabilidad de todas las personas trans educarte sobre identidad trans, sino que es responsabilidad tuya.

Se supone que tengo que aprender directamente de las personas trans, pero ¿no les puedo hacer preguntas para educarme? ¿Por qué no?

Porque no puedes hacer preguntas a gente trans al azar con tal de educarte. Pregunta a quienes ya hayan accedido a responderte, consulta recursos (como este libro) que ya han sido creados, pregunta a la gente que se dedica a esto y no te olvides de compensarnos por nuestro trabajo.

Usa tu privilegio para educar a les demás

Mantén conversaciones con gente tránsfoba. Los cambios más importantes ocurren cuando tomas lo que has aprendido y te sales de tu cámara de eco. Las personas trans no tienen energías ilimitadas para educar y necesitamos con desesperación que nuestres aliades cis den un paso adelante para ayudar.

Usa tu privilegio, sea el que sea, para llegar a gente que nunca vendría aquí por su propio pie: gente que no compraría este libro, asistiría a un cursillo de inclusión ni escucharía a una persona trans. Habla con tus tíos, tías, novios, novias, compañeres de equipo y de trabajo tránsfobes. Comparte con elles lo que has aprendido, invítales a conversar y háblales con compasión.

Aquí hay unas cuantas herramientas útiles para mantener estas conversaciones:

Intenta añadir perspectiva en vez de intentar cambiarla

A nadie le gusta entrar en una conversación en la que el único objetivo de la otra persona es convencerte de que te equivocas porque ella tiene razón. Si tu objetivo es convencer a alguien de que se equivoca, a lo mejor has acabado antes de empezar. He aprendido que resulta útil cambiar mi propia perspectiva en estas conversaciones. Cuando me dicen que les deportistas trans no deberían formar parte del deporte, entro en la conversación no con el ánimo de convencerles de lo contrario, sino para compartir más contexto que pueda hacerles ver que han alcanzado una conclusión sin tener todos los datos. En vez de: *Me equivoqué*, prefiero que piensen: *Ah, no había caído en ese detalle. Mi perspectiva se ha ampliado y puede que mi conclusión cambie.*

Cuando todo falla, pregúntales con curiosidad: «¿Por qué te importa este tema?»

Si no dejas de chocarte contra la misma pared con alguien, detente un momento y hazle esta pregunta.

Hace unos años, estaba en un colegio público en Seattle. Después de mi presentación, un estudiante de secundaria se acercó a hablar conmigo. Me dijo su nombre y luego comentó que le había molestado mucho mi sugerencia de presentarnos con el pronombre.

—¡Es una tontería, nadie hace eso! —dijo con enfado.

—Bueno —respondí con amabilidad—, puede que no lo hayas visto a menudo, pero yo, que viajo bastante, conozco a mucha gente que lo hace. ¡Incluso es una práctica habitual en empresas!

El estudiante siguió discutiendo conmigo y, tras unas cuantas réplicas similares por su parte, decidí cambiar de dirección.

—Mmm. Vale, veo que te importa mucho este tema, Jack. Parece que los pronombres y el género son muy importantes para ti. ¿Puedo preguntarte por qué, por curiosidad? ¿Por qué te importa tanto? —lo dije con genuina curiosidad.

—Pues... —respondió, desconcertado por el cambio. Se calló un momento para pensarlo—. Bueno, es que... Mis padres y yo somos cristianos. Y mis padres son muy cristianos y es muy importante para mí. —Lo compartió orgulloso—. Yo también soy cristiano ¡y hablo mucho sobre esto con mis padres! Y la Biblia dice que no a las personas trans.

En el centro de su rechazo hacia el uso de pronombres estaba el miedo de que aceptarme a mí, a las personas trans y nuestros pronombres fuera a causar una desconexión con sus progenitores, un concepto muy real y terrorífico. Empaticé con él. Al final, mantuvimos una conversación muy distinta sobre su vínculo con sus progenitores a través de la religión. No puedo decir que cambié su forma de pensar acerca de las personas trans, pero confirmé una verdad que suele ser bastante habitual: rechazar la identidad trans casi nunca tiene que ver con la experiencia trans en sí, sino con que una persona se siente amenazada o alterada por dentro. Comprender esto puede ayudarnos a reorientar la conversación y abordar la auténtica raíz de esta resistencia hacia las personas trans.

Comprende la diferencia entre validez y productividad

Como ya vimos en el Capítulo 10, las reacciones violentas o muy emotivas son respuestas válidas cuando nos enfrentamos a las declaraciones difíciles de otra persona. Sin embargo, responder con enfado puede que no sea el método más productivo cuando hablamos con alguien.

Si puedes, sobre todo si eres aliade, regula tus emociones para comunicarte con calma y que tu interlocutore aprenda. Si sientes frustración, en vez de chillar, gritar o degradar, intenta nombrar tus sentimientos: «Esta es una conversación difícil, puede que notes frustración en mi voz porque me cuesta oír lo que has dicho. Pero quiero que lo hablemos» o «Entiendo lo que dices y entiendo tus sentimientos. Lo que has dicho me ha molestado un poco, aunque me gustaría que siguiéramos intentando entendernos si te apetece».

Une amigue me dijo: «Intento entablar conversaciones con otras personas de forma que ellas quieran seguir hablando conmigo». Esto es muy acertado. Pero, en la práctica, puede ser difícil de conseguir. A veces es hasta imposible y, en ese caso, vale la pena dar un paso atrás para evitar crear una fisura que luego no sea tan fácil de reparar.

Conversar en vez de criticar

Uno de mis principios personales es «conversar en vez de enfrentar». Intento invitar a la otra persona a la conversación en vez de echarla de ella. Invitar implica no criticar su carácter («*eres* una persona horrible»), sino centrarse en comentar la acción («has *hecho* algo horrible»). Invitar suele ser más privado y le da a la otra persona la oportunidad de aprender y cambiar, mientras que echar es más público e implica regañar o avergonzar.

Comparte tus verdades usando frases personales en vez de hacer suposiciones sobre la otra persona, sus motivos o su pasado, que podrían ser incorrectos. Echar incluye jerga, actitud y tono de ataque; todo esto puede basarse en emociones válidas, pero en general aconsejo una actitud de defensa que no ponga en riesgo la mente ni el corazón.

Comprende que hacer esto requiere cierto privilegio, como no ser trans, con lo que te distancias del dolor; cierta firmeza emocional, como la habilidad de poder expresar tus ideas; energía para conversar o la capacidad de suprimir y manejar ciertas emociones mientras hablas con la otra persona.

Recuerda que estás practicando para desarrollar esta técnica. Sigue intentándolo.

Fíjate en cuándo dejar la conversación

Por desgracia, mucha gente aprueba la transfobia y no escucha la razón, la lógica, los hechos ni la voz de les expertes. La mayoría de las veces, hablar con estas personas es una pérdida de tiempo. Ser aliade no implica trabajar de forma incansable con cada persona todo el tiempo. Sé consciente de tu entorno y sal de la conversación, sobre todo si algo pone en peligro tu seguridad o bienestar.

—Siempre hay gente que no lo entiende —me dijo Kevin Tyrrell (él), mi entrenador de natación en Harvard—. No malgastes tu energía en ellos.

Aunque simple, este ha sido uno de los mejores consejos que me dio.

Pongamos que tengo cien unidades de energía. Puedo gastar las cien unidades en una persona que nunca va a cambiar de opinión, a quien no le importa lo que tengo que decir, no me escucha ni quiere escuchar. O puedo distribuir las cien unidades entre cien personas que están dispuestas a escuchar, aprender y crear cambio de verdad. Usa con cabeza tu energía.

Acepta el rechazo

Estoy seguro de que a lo largo de tu viaje le harás una pregunta a alguien y no querrá responderla. A lo mejor es por la energía que le queda o porque contiene un detalle inapropiado. Sea cual sea el motivo, acepta el rechazo. Puedes disculparte si ves que te has pasado de la raya o la has ofendido.

No te aconsejo que te defiendas con un «Solo es curiosidad». Como ya he dicho en este libro, la curiosidad no requiere de una respuesta, ni es excusa para hacer una pregunta inapropiada ni te da derecho a recibir una contestación. Si de verdad «solo es por curiosidad», ¡sé curiose! No exijas una respuesta.

Rebatir el rechazo de una persona trans pone la carga de tu educación en ella, algo inapropiado y descortés. Si alguien te anima a plantearle preguntas, hazlo con respeto, pero si su consentimiento cambia, recibe esa información y modifica tus acciones en consecuencia.

Pon límites

Si intentas conversar con alguien que muestra odio o un comportamiento discriminatorio y no te está escuchando ni tiene intención de aprender o incluso hace que te preocupes por tu seguridad, pon límites. Los límites pueden ser físicos (salir de la habitación), tecnológicos (bloquear, borrar, eliminar de tu lista de contactos) o contextuales (negarte a hablar sobre ciertos temas).

Acepta opiniones sin ponerte a la defensiva

Es normal que cometas errores y es normal que otras personas tengan algo que decir al respecto. No importa con cuánta tranquilidad te respondan, esfuérzate por escuchar las opiniones. Esto es algo que he practicado como persona que recibe una cantidad enorme de opiniones por Internet. Te preguntarás por qué no los llamo «críticas» o «ataques». Digo «opiniones» con toda la intención del mundo: es un esfuerzo por no juzgar ni regular la opinión que otras personas tienen de mí.

Las opiniones me dicen muchas cosas. Un mensaje del tipo «Maricón, espero que te mueras» (mensaje real que, por desgracia, he recibido muchas veces) me hace ver que mi contenido está llegando a gente que seguramente no me siga y que no apoya mi comunidad.

Otro que diga «Puto trans, estás discriminando a las personas negras» (otro comentario real, de cuando hablé sobre Lil Nas X) me hace ver que mi post ha hecho daño a alguien y perpetúa la antinegritud.

Lo que quiero decir es: a veces una persona nos dice cosas crueles cuando se siente molesta o enfadada, pero yo intento ahondar en estos comentarios para oír la opinión importante que se esconde detrás. Intento borrar todo el ruido (las frases, palabras, insultos o declaraciones que se podrían considerar fruto del odio o un ataque) que ocultan el mensaje central. Y me pregunto: *¿Cuál es la base de lo que está intentando comunicarme?* Y luego trato de abordar ese tema.

Al no interiorizar estos comentarios que se lanzan como ataques, he aprendido a no vigilar tanto el tono de otras personas y he integrado las opiniones significativas para mejorar, como persona y lo que hago. Te animo a usar un método similar para reducir las posibilidades de que controles el tono de las personas trans cuando las ofendes, les haces daño o las molestas. Así mejorarás como aliade.

También he perfeccionado otro método que me ayuda a desconectar mi ego cuando recibo opiniones: separo mi persona del trabajo, lo que hago de quién soy. Si integramos las opiniones que recibimos en la esfera laboral, en vez de en nuestra persona, es más posible que mejoremos nuestras acciones y mantengamos un bienestar mental.

SEPÁRATE DEL TRABAJO

CRÍTICAS → TÚ

TRABAJO ← CRÍTICAS

diálogo interno negativo →
autocríticas negativas →
disminuye el bienestar
subjetivo ☹

críticas constructivas →
mejora tu trabajo →
mejores resultados ☺

DEL APOYO INTERPERSONAL A SER ALIADE EN GRUPO

En el verano de 2022 pasé unos cuantos días con una decena de atletas jóvenes trans de todo el país. Le más joven tenía siete años, le mayor dieciocho. La mayoría estaban entre los nueve y los doce años. El evento se llamaba Let Kids Play (Dejad jugar a les niñes) e hizo honor a su nombre, al menos durante los tres días que duró. Les niñes pasaron gran parte de ese tiempo jugando. Yo pude disfrutar del glorioso ruido que hacían al gritar de alegría y corretear por ahí.

Pero la mayoría de eses niñes regresaron a sus hogares, en estados como Texas y Florida, donde no podrían jugar a ningún deporte, donde sus compañeres de clase les hacían *bullying*, donde no les permitían ser trans en público ni mostrar su identidad con orgullo.

En la última tarde, me senté con todo el grupo a mi alrededor. Les leí un capítulo de mi novela *Obie is Man Enough*, que trata sobre un atleta trans que va al instituto. Y dejé que me plantearan preguntas.

¿Qué hago cuando me hacen bullying en el colegio por ser trans?

¿Qué hago cuando mis profesores les dicen a los otros niños que soy trans y se burlan de mí?

¿Alguna vez podré practicar deporte como tú?

Estas preguntas me rompieron el corazón. No sabía qué responder. Porque, a pesar de que en el evento todo el mundo les llamaba por el nombre correcto y usaba el género que preferían, no les hacían preguntas invasivas y les niñes podían ser niñes durante unos días, luego tenían que regresar a sus casas, a sus pesadillas legislativas y sistémicas. Es decir, por muy amable que fuéramos con elles, no podíamos darles acceso al deporte, a la sanidad ni ofrecerles más autonomía si el gobierno les ponía trabas por todas partes.

Y es aquí donde entras tú.

Crear cambio implica pasar de las relaciones interpersonales a un nivel grupal (meso) y sistémico (macro). Todo parte de esos vínculos interpersonales.

He aquí unas cuantas situaciones para resaltar cómo podemos crear cambio en estos niveles.

UN MIEMBRO DE UNA FRATERNIDAD SALE DEL ARMARIO COMO TRANS

—Soy presidente de un grupo de antiguos alumnos de una fraternidad, así que tenemos gente desde los dieciocho años... hasta los noventa, en realidad. Una persona salió hace poco del armario como trans y quiero mostrarle mi apoyo, pero no sé cómo ayudarla. Dentro de poco tenemos un encuentro. ¿Qué me sugieres? ¿Cómo puedo ayudarla?, sobre todo cuando seguro que hay... bueno, otras opiniones.

—Esta es una pregunta fantástica. Responderé con una anécdota de mi entrenador, que no era el presidente de una fraternidad (aunque en el pasado lo fue), pero la verdad es que no se diferencia tanto de un equipo masculino de natación.

La persona que había hecho la pregunta se rio. En la videollamada de Zoom vi varias caras en silencio que se reían.

—Lo primero que siempre recomiendo cuando alguien quiere mostrar apoyo a una persona que empieza su viaje para presentarse de nuevo en sociedad es: pregunta. Pregúntale qué necesita, qué es lo que quiere. Pregúntale qué le sería de ayuda en su caso.

»Cuando mi entrenador y yo empezamos a decir al equipo de natación que era trans, no teníamos ningún otro modelo. Kevin me preguntó cómo quería hacerlo y elegí escribir un correo. Envié la nota a todo el equipo. Cuando llegó el momento de unirme a los demás, Kevin me preguntó por adaptaciones físicas: ¿en qué vestuario me sentiría más cómodo? ¿Me sentía seguro en el campus al ser abiertamente trans? Elegí el vestuario masculino y, aunque me sentía seguro, Kevin me dio su número de teléfono y me animó a llamarlo si pasaba cualquier cosa.

»Con la persona de tu fraternidad, asegúrate de tener en cuenta la seguridad, sobre todo porque las mujeres trans tienen más posibilidades de sufrir violencia física. Si el evento es en persona, dile que entiendes que le preocupe su seguridad y pregúntale si puedes apoyarla de algún modo. En mi primer año, Kevin se puso en contacto con les entrenadores de los equipos con los que íbamos a competir para garantizar mi seguridad en sus piscinas. Esto se puede aplicar a muchas situaciones, pero siempre deberías preguntarle a la persona en cuestión, porque es posible que tengas que revelar su identidad trans a otras personas cuando hagas esto.

»Por último, también hablamos sobre las interacciones interpersonales con el equipo. ¿Qué quería hacer si (o cuando) alguien decía o hacía algo tránsfobo? ¿Prefería que Kevin interviniera o me encargaba yo? En general, elegí encargarme yo, ya que la mayoría de esos hechos no pasaban durante el entrenamiento. Pero él sirvió como ejemplo sobre cómo aceptarme: usaba mi género correctamente y nunca me trataba de forma distinta en la piscina.

»Cada uno de estos pasos (individual, interpersonal, en el equipo y más) se pueden aplicar a tu fraternidad o, para el resto de les asistentes —señalé a quienes estaban en la videollamada—, a cualquier otra dinámica grupal como espacios de trabajo, colegios u otras organizaciones.

Aquí te dejo un rápido desglose de esto:

Cuestiones individuales

- ¿Qué tipo de instalaciones físicas necesita o quiere la persona? (Baños, vestuarios, cambiadores, etc.).
- ¿Qué método para salir del armario o difundir la información es más productivo? (Por correo electrónico, en persona con el grupo, en persona de forma individual, con un video, etc.).

- ¿Quién debería hacerlo? (La persona trans u otra persona de su parte; lo último suele ser productivo en colegios).

Cuestiones grupales

- ¿Cómo manejamos las preguntas que tenga la gente? (Quién debería responderlas, qué recursos se deberían ofrecer, qué preguntas prefiere responder la persona trans, etc.).
- ¿Cómo deberíamos manejar la transfobia a la que seguramente se enfrente la persona trans?

Cuestiones sistémicas

- ¿Qué pasará si alguien del órgano rector revoca un derecho básico que afecta la capacidad de esta persona de estar presente en una situación concreta?
- ¿Cómo la apoyará el grupo y le mostrará compasión en caso de transfobia sistémica?
- ¿Cómo podemos abogar por los derechos de las personas trans?
- ¿Cómo podemos usar nuestros privilegios para hacer ruido a favor de la lucha por los derechos trans?

DEFENDER EL GÉNERO Y EL PRONOMBRE DE UNE NIÑE TRANS

—Mi hijo es trans. Lo quiero y lo apoyo. Mi marido y yo lo llamamos por el nombre que ha pedido y usamos el género correcto. Pero ¿qué hago cuando otros adultos lo malgenerizan? ¿Cómo lo defiendo en el colegio y delante de otros padres?

Cuestiones individuales

- ¿El niño quiere que otra gente use el género masculino con él? Puede parecer una pregunta tonta, pero hay niñes que no están preparades para usar otro pronombre en público y no pasa nada. Ve a su ritmo y asegúrate de que esté listo.

- ¿Qué tipo de apoyo quiere el niño cuando lo malgenericen?
  - ¿Quiere ser él quien corrija a otras personas?
  - ¿No quiere hacer nada? Recuerda que esto también es válido.
  - ¿Quiere que tú y otras personas corrijan a la gente que lo ha malgenerizado? Si es así, aquí hay unos cuantos métodos para hacerlo según la gravedad de la situación:
    - Interrumpe e introduce el género correcto cada vez que la otra persona malgenerice al niño: «él», «querrás decir el niño», etc.
    - Si una persona sigue malgenerizándolo, mantén una conversación aparte con ella: «¿Por qué te cuesta usar el género correcto con mi hijo? ¿Necesitas practicar?». Aquí también puedes explicar el dolor que causa malgenerizar a alguien. Invita a la otra persona a que comprenda el impacto de sus actos.
    - Si alguien se niega a usar el género correcto de tu hijo, plantéate tomar las siguientes medidas: distanciarte de esa persona, marcharte, impedir que haga daño a tu hijo.
- ¿Qué emociones siente el niño cuando habláis sobre esto? Es vital dar espacio a los sentimientos del niño trans durante la conversación.

Cuestiones grupales

- ¿Qué prefiere el niño que se sepa sobre su género?
  - ¿Quiere que une progenitore informe a sus profesores?
  - ¿Quiere ser él quien se lo diga a sus compañeres y profesores?
- ¿Cómo protegerás a tu hijo?
  - Si eliges llevar a tu hijo a un espacio donde no se afirme su identidad trans de forma reiterada y donde lo rechazan y le hacen daño (física o verbalmente), entonces le estás transmitiendo que no vale la pena protegerlo. Esta es una

realidad dura y dolorosa para muchas personas trans cuyes progenitores dan prioridad a sus relaciones y estatus social por encima del bienestar de su hije trans.

- Plantéate alejarte o distanciarte de la gente en tu vida que hace daño a tu hijo.
- Valida a tu hijo en vez de desestimar la transfobia en los actos que cometan miembros de la familia u otros seres queridos problemáticos. Demasiades progenitores le quitarán importancia a la transfobia de personas mayores con comentarios del tipo: «Ah, pero la abuela/el abuelo te quiere». A lo mejor quieren al niño, o a lo mejor no, pero te aconsejo fomentar un tipo de amor que no sea una impresión sin más. Cultiva amor que proteja al niño.

• ¿Cómo te cuidarás si tienes que distanciarte de gente a la que quieres?

- Es normal llorar la pérdida, pero no culpes al niño por ello. Recurre a tus amigues, parejas, terapeutas u otres adultes, pero no responsabilices al niño de tu dolor. Es responsabilidad tuya.

Cuestiones sistémicas

• Si existen leyes que afectan la capacidad de tu niño de estar seguro y de ser incluido en el colegio (como usar baños que se correspondan con su identidad de género, mantener su identidad trans en privado, jugar a un deporte con sus compañeres), lucha contra ellas. Si puedes, vota. Organiza reuniones de la asociación de padres y madres. Defiende los derechos de tu hijo en el colegio, el deporte o cualquier otro ámbito.

Estas cuestiones no solo se aplican a les progenitores, sino a más gente. Cualquiera puede sentir amor protector. En mi caso, aunque pocas veces sentí que tenía espacio en el colegio o en otras situaciones sociales, unes cuantes profesores se aseguraron de que nadie me hiciera *bullying* en el aula. En esa época, cuando tanta gente tenía algo que decir sobre mi ropa, mi pelo y mi género, Lida (ella), mi profesora de Ciencias en secundaria, me permitió ser yo. Acogió a ese joven empollón y extravagante que siempre iba con bermudas. Ni una vez me pidió que demostrara mi género como otres profesores. Tampoco le dio mucha importancia a mi pronombre. Los recuerdos que tengo de su aula siguen nítidos, me acuerdo de casi todo lo que nos enseñó. En la actualidad, Lida y yo somos amigues y es uno de mis mayores apoyos.

Muches niñes no tienen el privilegio de tener xadres y profesores que les apoyen como los tuve yo. Une niñe trans que tenga el apoyo de al menos une adulte en su vida reduce las posibilidades de suicidio en un 40 %.[10] Sé ese adulte. Tu apoyo puede salvar la vida de une niñe.

APOYAR A UNE COMPAÑERE DE TRABAJO TRANS

—Une compañere de trabajo hace poco me contó que era trans. Aún no se lo ha dicho a nuestro jefe y quiero apoyarle siempre que pueda. Me dijo que quiere salir pronto del armario. ¿Qué sugieres que haga para ayudarle?

Cuestiones individuales

- ¿Cómo prefiere tu compañere salir del armario? ¿Por correo electrónico o en persona? ¿Quiere comunicárselo a todo el mundo directamente o une a une? Si la persona quiere, puedes ayudar a difundir esa información.
- ¿Tu compañere quiere tener apoyo cuando se lo cuente a tu jefe? (Podrías, por ejemplo, estar en la reunión, motivarle antes o comer con elle después para que te cuente cómo ha ido).

Cuestiones grupales

- Después de que tu compañere salga del armario, pregúntale si quiere que le ayudes a corregir a la gente cuando le malgenericen o necronombren. Si dice que sí, corrige a quien lo haga.
- Ofrece tu apoyo si surge algún conflicto: comunica los incidentes de transfobia a tu jefe o apoya a tu compañere cuando decida hacerlo elle, pronúnciate cuando se cuenten chistes tránsfobos, pide baños no segregados por género, incluye tu pronombre en la firma del correo o en tu credencial, etc.

Cuestiones sistémicas

- Asegúrate de que la política antidiscriminación de la empresa incluye la identidad y la expresión de género y que se mantenga en vigor a pesar de cualquier ley estatal o federal que perjudique a las personas trans.
- Anima a la empresa a publicar declaraciones en apoyo a la comunidad trans.
- Anima a la empresa a donar dinero a organizaciones trans.

· · ·

Mientras escribo estas sugerencias, espero que te parezcan un poco obvias. A lo mejor has pensado: *Así es como apoyo a cualquier persona que pase por un gran cambio.* ¡Exacto! En muchos sentidos, apoyar a una persona trans en el trabajo, en el colegio o en un grupo social implica pensar en la persona trans como un ser humano con autonomía y emociones que merecen ser protegidas. Lo que viene a decir que: tengo fe en que poseas las habilidades necesarias para apoyar a una persona trans, aunque ahora pienses que no las tienes. Guíate con el corazón; tu compasión y empatía te ayudarán más a ser aliade que estas sugerencias detalladas.

A mis lectores trans: si no encontráis el apoyo necesario en vuestres progenitores o cuidadores, buscad a alguien que os lo dé. Hay muchas personas que os aceptarán tal y como sois. Puede que tardéis un tiempo en encontrarlas, pero os prometo que están ahí.

22

El amor trasciende

Mi madre y yo íbamos en su viejo Prius plateado a casa de mi abuela. Se hallaba a tan solo a cinco minutos de la casa en la que me había criado, pero el trayecto por la carretera rodeada de espeso bosque duró una eternidad. Observé los árboles pasar mientras aferraba la carta que había escrito. Intenté no estropear el papel con las manos sudorosas. Era como la décima versión que escribía. Había tardado semanas en componerla, y más semanas aún en reunir el valor de decidir leerla en voz alta.

Estábamos a mediados de junio en el año que comenzaría en Harvard. Aunque había salido del armario en un gran post de Facebook, no se lo había dicho a mis abueles. Eran les últimes de la lista, las personas a las que más miedo tenía de decírselo, sobre todo a mi halmoni, que durante mi infancia me regaló muchos vestidos y blusas con volantes, camisetas rosa y maquillaje. Nada de aquello encajaba conmigo. Se lamentaba de que, según ella, fuera una niña muy guapa pero no lo luciera. ¿Por qué no lo hacía?

Veía a mi abuela como una mujer devotamente católica que había inmigrado a Estados Unidos desde Corea a finales de los años sesenta. Para mí, era chapada a la antigua. Nunca la había oído hablar sobre cosas queer, y mucho menos trans, y me imaginaba que no le gustaba nada de aquello.

Un año antes, iba con ella en su coche, que olía exactamente como su casa. Había guardado silencio durante un rato hasta que me hizo una pregunta.

—Schuyler, he visto una cosa en FaceTime.

—¿FaceTime?

—Sí, FaceTime, en el ordenador —dijo, asintiendo.

—¿Te refieres a Facebook?

Supuse que no era difícil confundirlos.

—Ah, sí. Sí. He visto una cosa… con un arcoíris.

Se calló, pensativa. Estaba claro que había reflexionado sobre cómo hacerme esta pregunta, seguramente durante todo el trayecto en coche.

—¿Un arcoíris?

No sabía a qué se estaba refiriendo. *¿He subido por accidente algo sobre ser queer?* Me estaba entrando el pánico.

—Sí, un arcoíris, algo así. Decía… ¿gay?

—Ajá —dije con sequedad. Fue lo único que pude decir. Me estaba devanando los sesos, porque yo nunca subía nada sobre mi sexualidad. *¿Cómo es posible? ¿Alguien ha subido algo a mi muro?*

—¿Qué es?

—No lo sé, halmoni —respondí y saqué mi móvil. La funda verde estaba desgastada. Bajé por mi página de Facebook hasta encontrar lo que me decía.

—Ah —dije, aliviado—. Es solo algo que he reposteado de otra cuenta. Me lo envió mi amiga que es queer. Me pareció gracioso.

El gesto de halmoni se amargó. No dijo mucho más.

Aunque mis amigues más cercanes (excepto les de natación) y mi núcleo familiar sabían que me identificaba como lesbiana, nunca se lo había dicho a mi abuela. Pensé que, algún día, me casaría con una mujer y ya se lo diría entonces. Pero mientras tanto, ¿para qué?

Salir del armario como trans era otra historia. Mi apariencia cambiaría de forma drástica, pero también sabía que podían darle mucha publicidad a mi historia. Ya me habían contactado para hacer varias entrevistas. Cuando salí del armario en Facebook, no había estado listo para decírselo a halmoni. Como no tenía ganas de que me preguntara qué era aquello, la bloqueé. No quería que se enterara por Internet.

Mi madre y yo hablamos mucho sobre salir del armario y cómo sería, qué pasaría y qué era más probable. Reinaba el pesimismo.

—No sé qué dirá halmoni —confesó mi madre—. Sé que me culpará a mí... Así que por lo menos toda la culpa no recaerá sobre ti.

Se suponía que eso debía reconfortarme, pero no lo hizo.

Mi madre me dejó tomar la iniciativa sobre el momento de decirlo, cómo hacerlo y qué compartir con ella exactamente. Me aseguró que estaría a mi lado. Pero percibí sus nervios.

Para cuando preparé la carta y me decidí a hacerlo, no tenía muchas esperanzas. Determiné que se lo diría a halmoni porque la quería y respetaba. Era lo correcto, reaccionara como reaccionara.

Cuando el trayecto infinito de cinco minutos llegó a su fin, nos sentamos a la mesa de la cocina mi abuelo, mi abuela, mi tía abuela, mi madre y yo.

—Schuyler-neun keun mal-eul eesohyoh —anunció mi madre. «Schuyler tiene una noticia importante que daros».

Me pregunté si se habían dado cuenta de lo mucho que temblaba al sentarme. O si sería la última vez que me sentara a esa mesa. O si me darían de nuevo la bienvenida en su casa.

Leí la carta, con una voz más potente de lo que esperaba. Terminé y me quedé a la espera. Mis palabras flotaban en el aire.

Mi abuelo empezó a aplaudir despacio. Plas, plas, plas. Cada palmada resonaba un poco.

—Bueno, has salido del armario —dijo con acento coreano y la voz áspera por la edad—. Enhorabuena.

Dividió la palabra en sílabas y las pronuncio despacio: e-no-ra-bue-na. Luego sonrió.

Atónito, le devolví una sonrisa extraña. *Pero ¿qué? ¿Cómo sabe harabuhji que se llama «salir del armario»? Hay días en los que parece que no habla mucho inglés pero luego va y conoce esta frase tan coloquial.*

Mi tía abuela guardaba silencio. Estiró el brazo y me apretó la mano, como para desearme buena suerte con mi abuela. Aunque me habían preocupado las reacciones de halmoni y harabuhji, nunca había dudado, ni por un segundo, de la reacción de mi keun imo. Tras comunicar su amor, mi tía abuela se levantó para volver a servirnos té.

Mi mirada pasó a halmoni. Su semblante permanecía indescifrable.

—Vale. Ahora tengo dos nietos de parte de tu madre. Eso está bien.

Lo dijo con naturalidad, como si le acabara de decir lo que había para comer.

Estupefacto, no dije nada. Oí que mi madre se echaba a llorar. Halmoni alzó el dedo índice.

—Pero... —Mi alivio flaqueó. Eso era lo que había esperado. La decepción— en la cultura coreana las hijas cuidan de los padres. Tu madre ha sido una hija muy buena para mí. Me cuida mucho.

Mi madre sollozaba. No es típico de la cultura coreana alabar a otra gente, y menos a las hijas. Nunca había oído a halmoni hablar con veneración sobre mi madre. Nunca la había oído decirle ni un cumplido.

—Vive cerca para cuidar de mí. Se asegura de que estoy bien. Es una buena hija. La mejor —prosiguió halmoni con gesto adusto. Nunca en mi vida había oído a mi madre llorar de esa forma. Estiré un brazo y le agarré la mano mientras intentaba recuperar la compostura. Se limpió los ojos y la nariz con una servilleta porque, por algún extraño motivo, mis abueles nunca tenían pañuelos a la vista, sino que los guardaban en el fondo de la despensa. Le apreté la mano mientras halmoni seguía hablando.

—Puedes ser chico, hijo, hermano. —Se detuvo para pensar—. ¡Ahora puedes ser médico! —exclamó con emoción. Yo me reí. *¡Los roles de género, halmoni!* Eso también podría haberlo hecho *como mujer* (no te preocupes, ya lo hemos hablado)—. Puedes ser hombre, pero tu madre ya no tiene más hijas, Schuyler. Aún es tu responsabilidad cuidar de tu madre igual que ella cuida de mí. Cuida de tus padres.

Asentí con ganas, también con lágrimas en los ojos.

—Por supuesto, halmoni —le prometí.

Unos años más tarde, me tatué las palabras de mi abuela con su letra debajo de la cicatriz de la mastectomía, junto a mi corazón. 부모효도. *Boo-moh-hyoh-doh*. Cuida de tus progenitores.

El tatuaje es un tributo a mi historia, mi cultura, mi abuela y la gente de la que procedo. Es un tributo a toda la feminidad que me vio nacer. Es un tributo a la hija que se me asignó, con la que nunca me identifiqué, pero cuyo deber pienso cumplir.

Cuando me hice el tatuaje, le envié a halmoni una foto. Ella me respondió dándome las gracias por hacer «el voto eterno» de cuidar a mis xadres.

Es extraordinario que halmoni haya sido el miembro de mi familia que más me haya apoyado. Empezó a llamarme por mi género y pronombre de la noche a la mañana, y eso que su lengua materna no tiene pronombres de género. Casi enseguida empezó a llamarme guapo y su «superhombre».

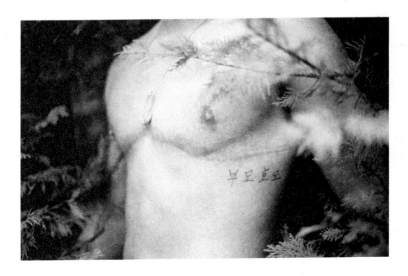

—Ah, el hombre guapo vuelve de la universidad —decía al final del semestre—. ¡Eres mi superhombre!

Emprendió la tarea de compartir mi identidad con su numerosa familia coreana que seguía en Corea. Mi abuela tiene seis hermanes y mi abuelo cinco.

Cuando fueron de visita a Corea a ver a la familia y mis xadres, mi hermano y yo les acompañamos, me sentí nervioso.

—¿Qué dirán sobre… mí? —le pregunté a halmoni.

—¡Nada! —replicó con indignación.

—¿Cómo que nada? ¿Y si alguien dice algo cruel?

—No lo harán —me aseguró con determinación—. Pero si lo hacen les gritaré.

Asintió. No bromeaba.

El viaje transcurrió sin ningún problema.

Halmoni incluso me preguntó si quería que harabuhji me diera un nuevo nombre coreano. Un día, estábamos en la mesa de la cocina y pregunté si mi nombre coreano tenía género.

—Sí —respondió halmoni al cabo de unos segundos—. Creo que sí.

Harabuhji asintió para confirmarlo.

—Es un nombre de chica —dijo.

—Pero lo puede llevar un chico. Si quieres —añadió halmoni. Pero harabuhji ya se había levantado a buscar un bolígrafo—. O harabuhji puede darte un nuevo nombre. ¿Quieres?

En nuestra familia coreana, mi abuelo pone nombre a les niñes. A mí me dio el nombre Miwon, 미원, que significa «cimientos de la belleza». El primer carácter, 미, también es el primero en la palabra para Estados Unidos, 미국, que significa «país bello». Harabuhji me había dado este nombre porque fui el primer niño de mi familia coreana en nacer en Estados Unidos. Yo soy los cimientos estadounidenses. El primer carácter, 미, también es el segundo carácter en el nombre coreano de mi madre, 여미, que significa «amanecer bello» porque nació por la mañana muy temprano.

—No —le dije a halmoni—. Me encanta mi nombre. Me da igual que sea un nombre de chica. Habla de mis raíces y quiero conservarlo.

Halmoni sonrió y harabuhji dejó el bolígrafo.

Luzco mi cicatriz (mi historia) y mi tatuaje con mucho orgullo. Los dos son una promesa personal: nunca olvidaré de dónde vengo, ni mi género asignado, ni mi cultura coreana, ni a mis xadres y abueles, ni mi historia personal ni mi cuerpo como lo que fue, lo que es y siempre será, porque este soy yo y no pienso olvidarlo.

Ahora veo a mis abueles siempre que puedo. Son lazos con mi historia y mi cultura, una muestra de que el amor trasciende cualquier frontera. Mis abueles y mi tía abuela tenían todas las excusas para renegar de mí: el idioma, la religión, la edad, la generación y la cultura. Pero eligieron el amor.

Si mis abueles coreanes inmigrantes católiques pueden hacer esto, cualquiera puede. ¿Significa que todo el mundo lo hará? Por desgracia, no: sigue siendo un privilegio que mi familia me recibiera con los brazos abiertos.

La aceptación y el amor incondicional nunca deberían ser privilegios. Ser amable no cuesta nada y debería ser algo esperable. También deberíamos poder repartir esa amabilidad libremente.

Lucho para que llegue ese día. Espero que tú también luches conmigo.

Hasta entonces, mi familia cercana y lejana es un ejemplo de que esto es posible. Es un ejemplo del tipo de amor que todes merecemos y del tipo de amor que nosotres podemos dar a les demás. El amor, si se lo permitimos, puede trascender cualquier tipo de barrera.

23

Al embarcarte en este viaje, llévame contigo

Queride lectore:

Espero que hayas disfrutado de este viaje conmigo. Te agradezco mucho que hayas elegido este libro y, más aún, que hayas llegado hasta aquí.

Ahora empieza el trabajo duro de aliade: cuando cierres estas páginas para regresar al mundo real y aplicar lo que has aprendido a tu vida y tus acciones diarias.

Espero que este libro te ayude a ser une aliade con la gente que no lo haya leído y que nunca lo hará. Esas son las personas que más necesitan un cambio. Usa este libro como apoyo y difunde estas conversaciones difíciles. Extiende esta atención y compasión que sentirás por las personas trans después de leer este libro a ti misme.

Gracias de nuevo por tu voluntad para conectar, aprender y educarte a ti y a les demás.

Espero que, al invitarte a conocer mi humanidad, también te hayas invitado a ti misme a conocer la tuya.

Aquí está, esperándote.

• • •

Y a mis compañeres trans que estén leyendo esto:

Ser trans es una de las mayores alegrías de mi vida.

Lo digo en serio.

Me aferro con fuerza a todo lo que esta montaña rusa del género me ha enseñado.

Desecho las expectativas que el mundo me ha impuesto con alegría, pero también con dolor.

—Este soy yo —susurro—. ¡Este soy yo! —grito al aire.

Saboreo las lágrimas mientras esbozo una enorme sonrisa.

Y nadie me lo podrá arrebatar.

Nadie puede arrebatarte tu identidad.

No importa dónde estés ni quién te conozca de verdad: espero que respires el poder de tu identidad trans.

Qué mágico es poseer todas estas multitudes.

GLOSARIO

AFAB: acrónimo en inglés que significa «assigned female at birth» (género femenino asignado al nacer). También se usa a menudo en español.

Afirmación de género: un término paraguas que algunas personas usan en vez de o como complemento de «transición». Es, en general, más preciso e inclusivo, porque describe justo lo que es: un proceso indeterminado e individual que una persona trans emprende para afirmar su género, una identidad que ya existía antes de que comenzara cualquier proceso de afirmación.

Agénero: persona que no experimenta el género.

Aliade: persona que lucha por un grupo marginalizado pero no comparte esa identidad. Ejemplo: una persona que no es transgénero, pero apoya y lucha por la comunidad trans.

AMAB: acrónimo en inglés que significa «assigned male at birth» (género masculino asignado al nacer). También se usa a menudo en español.

Asistencia sanitaria de afirmación de género: intervenciones sociales, psicológicas, conductuales y/o médicas que apoyan y afirman la identidad de género de una persona.

Binarismo de género: considerado a menudo como la construcción eurocolonial del género, es un concepto según el cual solo hay dos géneros diferentes, hombre y mujer, y el género viene determinado por el sexo, en concreto por los genitales al nacer.

Cirugía de afirmación de género: cirugía que busca afirmar la identidad de género de una persona.

Cirugía de pecho: cirugía para reconstruir el pecho, ya sea una reducción, un aumento o una mastectomía. En la comunidad transfem es más habitual oír hablar de «aumento de pecho».

Cirugía genital: cirugía de afirmación de género para reconstruir los genitales. A veces se le suele llamar «cirugía de reasignación de género/sexo», «cirugía genital de reasignación» y, aunque en menor medida, «cambio de sexo». Estos términos son anticuados e imprecisos. La reconstrucción de los genitales no «reasigna» la identidad de género ni cambia de verdad el género de una persona. La cirugía es una forma de afirmar esa identidad de género *que siempre ha existido*.

Cisexismo: sistema de creencias que presupone que el género está definido por los genitales, que solo existen dos géneros y que, por tanto, todo el mundo es cisgénero. Esto es transfobia. El cisexismo también afirma (ya sea consciente o inconscientemente) que los cuerpos y las identidades cisgénero son más legítimas y naturales que los de las personas trans y que ser trans es, por tanto, inferior a ser cis. El cisexismo es el centro de control desde el que opera la transfobia.

Cisgénero: adjetivo que describe a una persona que no es transgénero, es decir, a alguien cuya identidad de género encaja con el género que se le asignó al nacer.

Cishetero: adjetivo compuesto que combina dos versiones abreviadas de «cisgénero» y «heterosexual». Describe a las personas que no son ni transgénero ni queer.

Cisheteronormativo: describe una visión social o cosmovisión en la que se cree que todo el mundo es tanto cisgénero como heterosexual.

Cisnormativo: describe una visión social o cosmovisión en la que se cree que todo el mundo es cisgénero y/o los cuerpos se ajustan a las expectativas cisgénero.

Disforia de género: el malestar o la incomodidad que pueden aparecer por la incongruencia entre el género asignado al nacer y la identidad de género. A menudo se acorta como «disforia».

Disidente del género: expresión para describir a las personas cuya identidad de género y/o expresión de género no se corresponde con las normas o expectativas de género que tiene la sociedad.

Dismorfia corporal: según el DSM-5-TR, la obsesión que una persona tiene sobre un defecto o más que percibe en su apariencia física, pero que para otras personas no es detectable o parece algo menor. No es lo mismo que la disforia de género.

Expresión de género: se refiere a la forma en la que cada persona presenta su género, como la forma de hablar, de comportarse y la apariencia. La expresión de género está unida a los roles de género construidos dentro de la sociedad y puede cambiar según la época, la cultura, la localización geográfica y otros factores que reciban influencia social.

Femme: sustantivo o adjetivo que se emplea para describir a una persona que se ajusta y/o se identifica con la feminidad. Es un término paraguas que está evolucionando y cambia de uso según la persona. También se puede usar para describir a personas a quienes la norma social de género percibe como mujeres.

FTM: en inglés, «female-to-male» (de mujer a hombre), una etiqueta que las personas a quienes les asignaron el género femenino al nacer, sobre todo hombres trans, pueden usar para describirse. Yo intento no emplearla porque implica que en el pasado fui mujer y esto no es correcto. Recomiendo usar «hombre trans» o «género femenino asignado al nacer» en vez de FTM, a menos que una persona indique que lo usa para sí misma.

Genderfluid o genderqueer: término empleado para describir a una persona cuyo género no está fijo y cambia con el tiempo o según la situación.

Género asignado al nacer: se refiere al sexo que aparece en el certificado de nacimiento de una persona, que se suele deducir por la apariencia de los genitales externos de le recién nacide.

Heteronormativo: describe una visión social o cosmovisión en la que se cree que todo el mundo es heterosexual y está (o debería estar) en una relación heterosexual.

Hombre cis: hombre a quien le asignaron el género masculino al nacer.

Hombre trans: hombre a quien le asignaron el género femenino al nacer.

HRT/GAHT: siglas en inglés para «hormone replacement therapy» (terapia de reemplazo hormonal) o «gender-affirming hormone therapy» (terapia hormonal de afirmación de género). Es la administración de una hormona cruzada (la que no se produzca en concentraciones altas durante la pubertad natal de una persona) para afirmar el género de alguien.

Identidad de género: el conocimiento y la comprensión que tiene una persona sobre su propio género.

Interseccionalidad: término acuñado en 1989 por Kimberlé Crenshaw, abogada y profesora estadounidense. Inicialmente se usaba para hablar de las intersecciones entre raza y sexo, sobre todo de la discriminación que sufrían las mujeres negras. La interseccionalidad se refiere a las dinámicas singulares de opresión que surgen al tener varias identidades marginalizadas.

LGBTQ+: acrónimo que representa a la comunidad queer y trans. Las letras significan: lesbiana, gay, bisexual, transgénero y queer. El símbolo + representa a otras identidades marginalizadas de género y sexualidad que no aparecen en el acrónimo. También es habitual ver:

LGBTQ2S+: incluye a las personas dos espíritus.

LGBTQI+: incluye a las personas intersex.

LGBTQIA+: incluye a las personas intersex y el espectro asexual.

Masculinidad tóxica: conjunto de creencias, comportamientos y expectativas en los hombres que los obliga a suprimir emociones, ocultar la incomodidad, mantener una actitud externa estoica o dura y usar la violencia o la agresión como indicadores de poder.

Microagresión: según el diccionario *Merriam-Webster*, una microagresión es «un comentario o una acción que, de un modo sutil, y a menudo inconsciente e involuntario, expresa un prejuicio hacia un miembro de un grupo marginalizado (como una minoría racial)». En palabras de mi amigo Kevin: si estás hablando sobre un grupo marginalizado y dices algo que no te parece ofensivo pero que sí resulta ofensivo para una persona que pertenece a ese grupo, entonces es una microagresión.

Misoginia: en pocas palabras, es el odio hacia las mujeres. Más matizado: la opresión y la marginalización interpersonal, intrapersonal, estructural y sistémica de las mujeres y de cualquier persona que exhibe rasgos femeninos o que no sea un hombre cishetero.

Misoginoir: término acuñado por Moya Bailey, feminista negra queer, para describir la discriminación compuesta que sufren las mujeres negras al existir en la intersección de la misoginia y la antinegritud.

MTF: en inglés, «male-to-female» (de hombre a mujer), una etiqueta que las personas a quienes les asignaron el género masculino al nacer, sobre todo mujeres trans, pueden usar para describirse. Recomiendo utilizar «mujer trans» o «género masculino asignado al nacer» en vez de MTF, a menos que una persona indique que lo usa para sí misma.

Mujer cis: mujer a quien le asignaron el género femenino al nacer.

Mujer trans: mujer a quien le asignaron el género masculino al nacer.

NB: sigla de no binarie.

No binarie: término paraguas que describe a las personas cuyo género no encaja en la construcción social actual (eurocolonial) de «hombre» o «mujer».

Patriarcado: una forma de organización social que empodera a los hombres por encima de las mujeres y de otras personas que no sean hombres. Coloca a los hombres en posiciones de poder en todas partes: en el hogar, en el trabajo y en la sociedad en general.

Pubertad natal: pubertad que se produce sin intervención médica. Por ejemplo, para una persona a quien le asignaron el género femenino al nacer, sería en general una pubertad por estrógenos;

para una persona a quien le asignaron el género masculino al nacer, sería en general una pubertad por testosterona.

Queer: término paraguas que puede englobar una gran variedad de identidades marginalizadas de identidad o sexualidad. Puede describir la sexualidad, el género o una combinación de ambas cosas. Se suele aplicar a personas que no son cisgénero, no son heterosexuales o no son ni cisgénero ni heterosexuales.

Sexismo: los prejuicios o la discriminación hacia una persona por su sexo o género, en general hacia las mujeres o las personas que se presentan como femme.

Sexo biológico: abreviado a menudo como «sexo» sin más, se refiere técnicamente a la constitución anatómica, fisiológica y biológica de los órganos reproductivos de una persona y las características sexuales secundarias, lo que se suele clasificar en el sistema binario incompleto de «hombre» o «mujer». Coloquialmente, sexo biológico se suele usar sobre todo para referirse a los genitales externos de una persona o su género asignado al nacer.

Sexualidad: la clasificación de la atracción romántica, sexual o emocional de una persona hacia otres (por ejemplo: gay, hetero, bisexual, pansexual, queer, asexual, etc.).

TERF: acrónimo para «"feminista" radical transexcluyente». Describe a las supuestas feministas que niegan que las mujeres trans sean mujeres.

Transexual: término obsoleto que se solía emplear para describir a una persona trans que se había sometido a una transición médica, en concreto a la cirugía. Como a menudo se considera una palabra peyorativa, no aconsejo usarla a menos que alguien la emplee para describirse a sí misme.

Transfem: término paraguas que puede hacer referencia a una persona a quien le asignaron el género masculino al nacer y que no es un hombre.

Transfobia: la aversión, el prejuicio o la discriminación hacia las personas transgénero por su identidad trans.

Transgénero: adjetivo que describe a alguien cuya identidad de género difiere del género que le asignaron al nacer. No se usan palabras como «transgenerizado» (porque implica que ha pasado algo para que una persona sea trans y esto es falso), «un transgénero» (reduce a una persona a una mera etiqueta y no es bonito) o «los transgéneros» (lo mismo de antes).

Transición: cualquier medida que una persona toma para afirmar su identidad de género, que podría (o no) incluir cirugía, terapia hormonal, corte de pelo, cambio de pronombres, vestuario o nombre.

Transmasc: término paraguas que puede hacer referencia a una persona a quien le asignaron el género femenino al nacer y que no es una mujer.

Transmisoginoir: término acuñado por Trudy para describir la discriminación compuesta que sufren las mujeres negras trans al existir en la intersección de la transfobia, la misoginia y la antinegritud.

APÉNDICE
GUÍA RÁPIDA SOBRE
TERMINOLOGÍA TRANS

EN VEZ DE...	PRUEBA DECIR...
✗ Es un transgénero. «Transgénero» es un adjetivo. Usarlo como sustantivo es un error gramatical, pero también: a) deshumaniza o b) implica que nos ha pasado algo para ser trans, lo cual es falso.	✓ Es <u>transgénero</u>. ✓ Es un <u>hombre</u> transgénero.
✗ <u>Transexualizó</u> el año pasado.	✓ <u>Transicionó</u> el año pasado.
✗ <u>Cambió</u> de género. Yo no he cambiado de género. He cambiado mi forma de presentarme. Siempre he sido yo: un chico, un hombre. Pero no siempre he tenido las palabras, los recursos o la confianza para explicarlo.	✓ <u>Transicionó.</u> ✓ <u>Afirmó su género.</u>
✗ Nació <u>chica.</u> ✗ Cuando <u>era una chica.</u> ✗ Antes de que <u>se convirtiera en chico.</u> Esto implica que en algún momento fui una chica, pero nunca lo fui. Aunque pudiera «parecer una chica» (o me presentara como una), siempre he sido yo, un chico, un hombre, pese a no poder explicarlo. Para mí, esto también se aplica a la sigla «FTM» (de hombre a mujer). Cuando es relevante comentarlo, prefiero decir que me asignaron el género femenino al nacer y me identifico como hombre.	✓ Le asignaron <u>el género femenino al nacer.</u> ✓ Cuando <u>se presentaba</u> como mujer. ○ Cuando <u>lo percibían</u> como mujer. La diferencia entre estas dos es que la primera implica que la intención de la persona trans era presentarse como mujer, mientras que en la última les demás lo percibían como tal. ✓ Antes de que él <u>transicionara.</u>
✗ Ser trans significa que eres gay.	✓ La identidad de género y la orientación sexual no son lo mismo.
✗ ¿Te has operado de eso?	✓ No preguntas sobre cirugías ni sobre las partes íntimas de una persona a menos que esta te dé su consentimiento para hablar de ello.

Agradecimientos

He vertido todo mi ser en este libro. Cada persona que he conocido, cada oportunidad que se me ha presentado y cada pesar que he sufrido ha dado forma a mi escritura. Soy todas mis experiencias y todo lo que he amado y toda la gente que me ha amado. Y este libro también lo es.

Es imposible hacer una lista completa de todas las personas por las que me siento agradecido, pero aquí hay unas cuantas.

Gracias a mi equipo de Hachette Go: Sharon Kunz, Michael Barrs, Ashley Kiedrowski, Abimael Ayala-Oquendo, Mary Ann Naples, Michelle Aielli, Terri Sirma, Sean Moreau, Logan Hill, Erica Lawrence, Kay Mariea, Robie Grant, Linda Mark, Bart Dawson y, por supuesto, Renee Sedliar, mi editora, que más que editar me guio. Su compasión y preocupación por el trabajo es lo que ha hecho que este libro sea el que has leído.

Gracias a mi equipo de Penguin Life UK, a Martina O'Sullivan y Susannah Bennett, que han llevado con alegría este libro a Reino Unido, Australia y Nueva Zelanda.

Gracias a mi equipo en Fortier. A mis agentes Susan Canavan, que siempre ha creído en el poder de este libro, y a Scott Waxman, que supo que lo escribiría mucho antes de que me pusiera manos a la obra y apoyó mi carrera antes de su concepción.

Gracias a las personas a quienes he entrevistado y que han aportado una visión, profundidad y humanidad muy valiosas a este libro.

Gracias a Ellen Oh, cuyos ánimos y fe prendieron la chispa para escribir la propuesta (¡y para comenzar mi carrera como escritor!).

Gracias al YES! Institute de Miami, donde recibí por primera vez educación sobre identidad de género, experiencia trans y la complejidad del sexo biológico.

Gracias a Josephine, que me salvó la vida y en cuyas sesiones de terapia me descubrí a mí mismo y mi hombría.

Gracias a mis profesores Lida y Clay; a mis entrenadores Steph, Kevin, Ron y Peter; a mi terapeuta Deb y a les otres mentores que me han guiado todos estos años.

Gracias, Michael, por ser el hermano mayor más amable que podría tener.

Gracias, Saren, porque tu compañía me ofreció una seguridad que no sabía que buscaba.

Gracias, Kevin, mejor amigo y compañero de equipo, porque contigo sobreviví a la universidad con alegría, risas y paz.

Gracias a todes mis compañeres de natación.

Y a todes les amigues que me han querido.

Gracias, Emma, porque sin ti no sé si habría sobrevivido al instituto. Fuiste la primera persona que me oyó pronunciar las palabras «Creo que soy trans».

Gracias a Kayden, Ely, Dylan, Taylor, Saren, Hansa, Kris y les demás, que me orientasteis cuando me atascaba escribiendo.

Gracias a todas las personas trans que me habéis demostrado que vivir es posible, sobre todo a nuestres transcestres, sobre todo a las personas trans negras que abrieron el camino, que entraron antes de que nos abrieran las puertas, que se aseguraron de que tuviéramos un lugar en este mundo.

Gracias a todas las personas que me siguen y me apoyan por redes sociales. Y gracias también a las redes sociales, el primer lugar donde dije mis pronombres, donde anuncié que era trans.

Gracias a mis clientes y a las personas que asisten a los grupos de apoyo, que me enseñan sobre la hermosa diversidad que existe en nuestra comunidad, que me recuerdan sin cesar el poder de la ternura, la alegría queer y trans y que debemos empoderarnos desde dentro.

Gracias a les niñes trans que he conocido y cuyas ansias ilimitadas de vivir su verdad brillan a pesar de la transfobia y la discriminación.

Gracias a mi yo de ocho años, que sabía quién era con claridad y facilidad y que sobrevivió a todas las barreras de la vida para poder ser quien soy ahora.

Gracias a mi hermano, mi primer amigo y confidente, que siempre me anima a pensar fuera de mi cámara de eco.

Gracias a mi suegra y mi suegro, cuya calidez, amor y aceptación soñaba con tener algún día.

Gracias a les xadres de mi padre, que llenasteis vuestra casa y vuestros corazones con arte y amasteis sin necesidad de entender.

Gracias a mi halmoni, harabuhji y kumja, mis abueles inmigrantes católiques, que podrían haber usado cualquier excusa para rechazarme pero eligieron amar. Son un ejemplo que todes deberíamos seguir.

Gracias a mis xadres, que se aseguraron de que nunca me sintiera solo. A mi padre, que aún se ríe en mis discursos pese a haber oído mis palabras cientos de veces y cuya tierna masculinidad me ha invitado a descubrir la mía propia. Él me ha enseñado a ser yo mismo. A mi madre, porque su amor es el más fiero que conozco y porque su fuerte feminidad me ha enseñado a ser mejor hombre. Ella corrige mis escritos con mucho cuidado y por eso me sentí preparado para escribir.

Y, cómo no, gracias a mi esposa, Sarah, que me abrazó mientras lloraba de cansancio y frustración al escribir este libro. Sarah, que escuchó con atención cuando le leía fragmentos y, al final, el manuscrito entero una y otra vez. Sarah, que me preparaba aperitivos caseros con amor y cenas fáciles de comer cuando me pasaba días sentado delante del escritorio. Sarah: no quiero vivir sin tu paciencia, amor y compañía.

Y gracias a ti, queride lectore, por elegir este libro y zambullirte en él de cabeza.

Biografías de las personas entrevistadas

Addison Rose Vincent (elle) es une educadore y asesore para la inclusión LGBTQ+ transfem y no binarie.

Ashlee Marie Preston (ella) se describe como mujer gorda, negra y trans. Es escritora, oradora, asesora y figura mediática.

B. Hawk Snipes (elle, ella) es artista, icono de estilo y actore transfem negre a quien puede que hayas visto en *Pose*.

Charlie Amáyá Scott (elle, ella) es académique, escritore y creadore de contenido nádleehí, indígena (diné) transfem no binarie.

Devin-Norelle (ze) es defensore de los derechos trans, escritore y modelo negre, birracial y transmasc no binarie. Es neoyorquine y está muy integrade en Harlem.

Dylan Kapit (elle) es una persona queer, trans no binarie, judía y autista. Estudia un doctorado en Educación Especial en la Universidad de Pittsburg. La investigación de Dylan se centra en crear materiales educativos que incluyan a las personas autistas, queer y trans.

Elle Deran (elle, ella) es actore, cantante y creadore de contenido trans no binarie comprometide con crear contenido educativo, de entretenimiento y queer.

Indya Moore (ella, elle) es una artista, modelo y actriz queer, genderqueer y disidente del género afrotraína y birracial. Se la conoce por interpretar a Angel Evangelista en *Pose* y en 2019 fue nombrada una de las cien personas más influyentes de la revista *TIME* en todo el mundo. Indya se describe como una persona «muy curiosa» que «no teme a la gente».

Lia Thomas (ella) es una mujer trans y atleta que compitió para la Universidad de Pensilvania. En 2022 se convirtió en la primera campeona abiertamente trans de primera división en toda la historia de la NCAA.

Meg Lee (elle) es une activista y artista asiático-estadounidense trans no binarie. Meg crea ropa y arte para representar y luchar por las comunidades racializadas y LGBTQIA+.

Mila Jam (ella) es una artivista pop que usa su experiencia como mujer trans negra para fusionar su arte con su activismo.

Pınar Ateş Sinopoulos-Lloyd (elle) es una persona quariwarmi y no binaria de orígenes quechua y turcos. Como futurista multiespecie, mentore, asesore y ecofilósofe indígena, ha ganado muchos premios y también ha fundado Queer Nature, un proyecto educativo naturalista dirigido por personas trans que ayuda sobre todo a la comunidad LGBT2S+.

Le doctore shawndeez (elle) es une académique transmasc no binarie musulmane e iraní-estadounidense que completó su doctorado en Estudios de Género en la Universidad de California (Los Ángeles). Su tesis explora cómo las personas iraní-estadounidenses queer y trans se comprometen con las dimensiones espirituales y místicas del islam como forma de resistencia y superación.

Le doctore Shay-Akil McLean (elle, él) es biólogue evolutive, genetista, antropólogue biológique y sociólogue negre transmasc no binarie. Su trabajo como docente se centra en desentrañar la opresión sistémica disfrazada como ciencia.

Bibliografía y notas

https://www.reinventarelmundo.com/elellaelle

Escanea el QR y accede a la bibliografía y notas del libro.